스타트업을 준비하고 있는 사람이라면 반드시 읽어야 할 책이다. MIT 학생들이 뛰어난 스타트업 경영자가 되는 데는 다 이유가 있었다. 우리가 원하는 목표 지점까지 아주 훌륭하게 안내해주는 책이다.

— 그레고리 비트Gregory Vit(맥길대학 돕슨 기업가연구센터 소장)

■ 지난 3년간 스코틀랜드의 예비창업가들이 저자와 함께 책 속에 나오는 24단계를 훈련했고 만족스러운 결과를 얻었다. 이 책에 나오는 방법론은 훌륭한 가이드 역할을 했고, 창업가들이 자기 사업을 한 단계 더 성장시킬 수 있는 계기를 마련해주었다. 국가나 지역을 막론하고 모든 창업가에게 유용한 접근법이다.

— 알렉스 패터슨Alex Paterson(스코틀랜드 기업청 대표)

■ 내가 창업할 때 이 책이 있었더라면! 요점만 콕 집은 내용, 풍부한 사례, 올바른 기업가정신과 빠르게 변화하는 창업 환경에 대처하는 방법까지 창업을 고민하고 있다면 반드시 꼼꼼하게 읽고, 경영을 해나가는 과정에서도 절대 손에서 놓지 말아야 할 책이다!

— 프레드릭 커레스트Frederic Kerrest(옥타Okta 공동창업자, MIT 패트릭 맥거번 창업경진대회 수상자)

■ 가치를 따질 수 없을 정도로 훌륭한 책이다. MIT 스타트업 수업을 잘 요약하고 있다. 6년 전 내가 창업할 때 이 책이 없었다는 사실이 아쉬울 뿐이다.

— 브라이언 핼리건Brian Halligan(허브스팟Hubspot CEO, 《인바운드 마케팅》Inbound Marketing 공동저자)

■ 이 책은 창조적으로 사고하고 이를 창조적으로 활용하는 방법을 잘 알려준다.

— 미치 케이퍼Mitch Kapor(로터스 디벨롭먼트Lotus Development 창업자)

■ 나는 사업계획서를 좋아하진 않지만 사업을 계획하는 과정은 즐기는 사람이다. 혁신 주도적 창업가라면 사업을 계획하는 과정에서 이 책의 포괄적이고 통합적인 틀이 큰 도움이 될 것이다.

— 브래드 펠드Brad Feld(파운드리 그룹Foundry Group 이사, 테크스타스TechStars 공동창업자, 스타트업 혁명 운영자)

■ 이 책에 나오는 24단계의 창업 프로그램은 아이디어를 현실화하는 모든 비즈니스 유형에 유용하게 적용할 수

있을 만큼 활용도가 높다.

  — 엘라 페이노비치Ella Peinovich와 그웬 플로이드Gwen Floyd(아프리카 최초의 모바일 쇼핑시장 숍소코닷컴ShopSoko.com 창업자)

- 내가 MIT에서 배운 좋은 내용들을 많은 사람과 공유할 수 있게 되어 기쁘다. 스타트업을 시작하면서 반드시 알아야 할 지식과 지혜를 함축한 책이다. 창업 전선에 뛰어든 사람은 물론, 현재 경영을 하는 사람들에게 필독을 권한다.

  — 살 루폴리Sal Lupoli(살스 피자 & 루폴리 컴퍼니스Sal's Pizza & Lupoli Companies 창업자)

- 나는 원래 직감에 따라 움직이는 것을 좋아하지만 이 책에 나오는 24단계를 따라하면서 체계적인 접근이 매우 유용하다는 사실을 깨달았다. 이 책은 창의성과 혁신 의지를 북돋우면서도 현명한 안내서 역할을 결코 소홀히 하지 않는다. 기업가들이 두고두고 참고해야 할 필독서다.

  — 줄리아 후Julia Hu(라크 테크놀로지스Lark Technologies 창업자, 최고경영자)

- 사업을 시작하려는 모든 사람에게 반드시 필요한 책이다. 많은 연구 결과와 경험을 바탕으로 창업 팀 구성부터 조직화, 인재 역량 등을 함께 공유하고 발전시켜 나가는 데 큰 도움을 준다. 이 책은 당신의 창업 성공 가능성을 크게 높여줄 것이다.

  — 토머스 맥도넬Thomas McDonnell(어윙 매리언 카우프만 재단Ewing Marion Kauffman Foundation 대표이사 겸 최고경영자)

- 경영자가 될 사람은 따로 태어나는 것이 아니다. 제대로 배우기만 하면 누구나 성공한 경영자가 될 수 있다. 이 책은 창업 과정을 단계별로 제시하면서 창업의 성공 확률을 극적으로 높일 수 있도록 도와준다. 열정을 품은 모든 예비창업가에게 추천한다.

  — 더글러스 리온Douglas Leone(세쿼이어 캐피털Sequoia Capital 파트너)

- 기업가란 도처에 널린 아이디어에서 가치를 창출하는 사람이다. 기업가는 뜨거운 열정과 기술을 갖춰야 한다. 열정을 가르치기는 어렵지만 기술은 가능하다. 창업의 기술적인 지식과 방법, 지혜가 책 속에 가득하다.

  — 폴 매더Paul Maeder(하이랜드 캐피털Highland Capital 파트너, 전미벤처캐피털협회 전 회장)

■ 지식과 연구 결과가 축적되면서 기업가정신과 창업론은 더욱더 체계적이고 과학적인 모습을 갖추어간다. MIT 최고의 창업멘토가 쓴 이 책은 다양한 산업에 적용 가능한 사례를 제시하고 있어 활용도가 매우 높다.

— 데이비드 스콕David Skok(매트릭스 파트너Matrix Partner 파트너)

■ 지금껏 이처럼 상세히, 곧바로 활용할 수 있게 정리한 스타트업 매뉴얼을 본 적이 없다. 이 책은 '당신만의 가치를 계발하라'고 말하는 대신 '가치제안'을 작성하는 법을 알려주고, '고객 획득 비용이 중요하다'고 말하는 대신 '획득 비용'을 계산하는 법을 알려준다. 창업 과정에서 필요한 단 한 권의 책을 고른다면 나는 주저하지 않고 이 책을 선택할 것이다.

— 짐 도허티Jim Dougherty(매더켓 헬스Madaket Health 창업자, 아마존 독자)

■ 이 책은 기업가로서 인생을 새로 시작하는 사람에게 최고의 안내자다. 저자는 자신의 다양한 경험을 바탕으로 어디서도 구하기 힘든 비밀지도를 펼쳐놓았다. 정말로 그에게 감사한다. 이 책이 없었다면 나는 아마 창업을 시작하지 못했을 것이다.

— 개빈 발머Gavin Balmer(아마존 독자)

■ 최고의 창업 실전 안내서! 내가 읽은 경영서 중 감히 최고라고 말할 수 있다. 사람들은 기술만 있으면 창고나 기숙사에서 뚝딱 창업할 수 있다고 생각하지만, 사실 창업은 엄청난 훈련과 체계적인 접근을 통해 진행해야 하는 과정이다. 저자는 창업 과정을 24단계로 나누고, 단계별로 꼭 고려해야 하는 주요 변수와 그 변수들을 다루는 방법을 설명한다. 간결하면서도 매우 정확하다. 스타트업을 준비 중이라면 반드시 이 책을 읽고 시작하라!

— 스콧 선보르Scott Sundvor(아마존 독자)

■ 나는 지난 8개월 동안 이 책에서 제시하는 24단계의 창업 프로그램을 그대로 따라했다. 그 결과는? 당연히 '성공'이다. 나는 창업에 성공해 우리 팀과 함께 지속적으로 혁신하고 있다. 이 책이 참으로 고맙다.

— 캘리포니아의 창업가(아마존 독자)

■ MIT에서 공부할 때 빌 올렛 교수는 내 멘토였다. 석사 과정 내내 나를 이끌었던 가르침이 한 권의 책으로 나왔다. 이 책은 창업하는 과정에서 시시각각 경험하는 '옳은 길로 가고 있다는 확신' 혹은 '시간을 낭비하고 있다는

깨달음'을 명확히 해 줄 것이다. 창업 아이디어를 검증하고 탄탄한 이론에 바탕을 둔 실용적인 안내서를 찾는다면 이 책밖에 없다. 당신의 시작에 건투를 빈다.

– 엘리엇 코헨Elliot Cohen(아마존 독자)

■ 창업을 꿈꾸는 사람은 물론 신제품 개발과 새로운 사업을 개척하려는 사람이면 누구나 꼭 읽어야 할 경영 필독서다. 저자가 제시하는 24단계 프로그램은 신생기업뿐 아니라 기존 제품을 평가하는 아주 훌륭한 로드맵이다. 얼마 전 나는 30년 된 기업을 인수하면서 모든 경영진에게 이 책을 선물했다. 이 책은 우리의 미래에 훌륭한 안내자가 될 것이다.

– 마크 해리스Mark Harris(아마존 독자)

■ 성공적인 스타트업을 위해서는 창의적인 아이디어와 열정이 필요하다. 그리고 그에 못지않게 기업가적 소양과 역량 등 기본기가 잘 갖추어진 준비된 기업가로서의 자세가 필요하다. MIT의 학생들이 실제로 배우는 철저한 창업 준비에 관한 내용을 담고 있는 이 책을 통하여 많은 창업가들이 스타트업에 성공하길 바란다.

– 류창완(한양대학교 글로벌기업가센터장, 창업보육센터장)

■ "기업가정신은 타고 나는 것이 아니다. 가르칠 수 있다"고 주장하는 MIT 빌 올렛 기업가센터장의 글을 지난해 《월스트리트 저널》에서 읽은 적이 있다. 혁신 창업가들의 산실인 MIT교수의 주장이라 흥미롭게 글을 읽었고, 그가 학교에서 기업가정신을 학생들에게 어떻게 가르치는지도 무척이나 궁금했다. 그런데 반갑게도 그의 책이 이번에 출간되었다. 창업가에게 중요한 여섯 가지 질문을 중심으로 창업을 위한 24단계를 풍부한 사례와 함께 설명한 내용을 보니 기업가정신을 배울 수 있다는 그의 철학이 이제 이해가 된다. MIT에서 출발한 한인스타트업인 '온디맨드코리아'의 사례까지 실려 있어서 더욱 반가웠다.

– 임정욱(스타트업얼라이언스 센터장)

스타트업
바이블

Disciplined Entrepreneurship;
24 Steps to a Successful Startup
by Bill Aulet
First published by John Wiley and Sons, Inc., New Jersey

세계 최초로 공개되는 24단계 MIT 창업 프로그램

스타트업 바이블

빌 올렛 지음 | 백승빈 옮김 | 방건동 감수

비즈니스북스

스타트업 바이블

1판 1쇄 발행 2014년 6월 20일
2판 1쇄 발행 2015년 10월 24일
2판 15쇄 발행 2024년 4월 23일

지은이 | 빌 올렛
옮긴이 | 백승빈
감 수 | 방건동
발행인 | 홍영태
편집인 | 김미란
발행처 | (주)비즈니스북스
등 록 | 제2000−000225호(2000년 2월 28일)
주 소 | 03991 서울시 마포구 월드컵북로6길 3 이노베이스빌딩 7층
전 화 | (02)338−9449
팩 스 | (02)338−6543
대표메일 | bb@businessbooks.co.kr
홈페이지 | http://www.businessbooks.co.kr
블로그 | http://blog.naver.com/biz_books
페이스북 | thebizbooks
ISBN 979-11-86805-03-9   03320

"창업자야말로 현대의 영웅이다.
그들은 일자리를 만들고
세계의 변화를 이끌며
문화를 창조한다."

'해적정신'을 품은
한국의 위대한 창업가를 기다리며

내가 아는 한국은 놀라운 잠재력을 지닌 국민이 경이로운 발전을 이룬 나라입니다. 한국의 영토는 99,720제곱미터(CIA 기준)로 세계 109위이며 인구는 약 4,900만 명에 불과하지만, '동급 최강 복서'라는 타이틀로 표현하기에도 부족한 나라죠. 특히 휴대전화, 자동차, 가전제품 등을 생산하는 한국 기업들은 오늘날 세계 경제를 선도하고 있습니다. 여러 이유에서 한국은 분명 경제 발전의 성공 사례 국가입니다.

한 가지 아쉬운 점이 있다면 기업가정신의 발휘와 창업을 지원하는 문화입니다. 새로운 아이디어의 상업화, 즉 혁신은 경제 성장의 핵심 요소입니다. 대기업의 노력도 무시할 수 없지만 신생기업이 훨씬 더 효율적, 효과적으로 혁신에 성공합니다. 혁신을 가로막는 과거의 방식에 얽매이지 않기 때문이지요. 아쉽게도 한국인의 전통적인 사고방식은 창업을 안전하고 바람직한 인생 진로로 여기지 않는 것 같습니다.

나는 2011년 3월 서울에서 열린 MIT 글로벌 스타트업 워크숍MIT Global Startup Workshop
에서 세계 각지의 다양한 기업가를 만나는 행운을 누렸습니다. 그러나 정작 자국에서
개최된 그 행사에 참석한 한국인 창업가는 많지 않았습니다. 뜨거운 열정에 비해 창업
가는 소수에 불과했지요. 그 흥미로운 현상을 보면서 나는 이유가 굉장히 궁금했습니
다. 그리고 한 참석자로부터 그 이유를 들을 수 있었습니다.

《엑스코노미》Xconomy에 기고한 글의 제목 그대로입니다. '당신이 벤처창업자라 부모
님이 결혼을 허락하지 않아요.' My Parents Won't Let Me Marry You Because You're an Entrepreneur.

그 참석자는 자기 친구가 창업에 성공해 직원 여섯 명을 고용한 어엿한 기업가가
된 후, 여자친구의 부모님께 결혼 승낙을 받으러 갔을 때 "대기업에 입사하거나 공무
원 같은 '진짜' 직업을 구하면 결혼을 허락하겠다"라는 답변을 들었다고 내게 알려주
었습니다. 당시에는 최고 인재들의 창업 의욕이 꺾일 수밖에 없는 문화가 한국을 지
배하고 있었습니다.

하지만 이제 한국에도 변화의 바람이 불고 있습니다. 기업가정신 없는 미래도 없
다는 사실을 이해하게 된 것이라고 봅니다. 무엇보다 창업은 고용 창출의 일등공신입
니다. 카우프만 재단Kauffman Foundation의 연구 결과, 1980년부터 2005년까지 미국에서 창
출된 4,000만 개의 일자리 중 설립 5년 미만의 기업이 기여한 비중이 3분의 2를 차지
합니다. 지속적인 성장을 원한다면 한국도 혁신 주도 기업의 창업에 더욱더 관심을 기
울여야 합니다. 이해와 실행은 별개이며 정부 정책과 지원만으로 충분한 것도 아닙니
다. 물론 창업 풍토를 조성하고 활성화하는 유인 체계를 설계하고 규제 완화 등의 하
향식 접근이 효과를 발휘하기도 하지만, 이는 새에게 억지로 고운 노래를 부르게 만드
는 것이나 마찬가지입니다. 성공적인 창업은 상향식 접근을 통해서만 가능하기 때문
입니다.

이 책의 목표는 창업을 꿈꾸는 예비창업가에게 성공 확률을 높이는 로드맵을 제시하는 데 있습니다. 창업은 공식을 그대로 대입해 해결하는 정형화된 문제풀이가 아니라 한 번도 경험하지 못한 흥미진진한 모험입니다. 물론 이 책의 방법론이 당신의 성공을 100퍼센트 보장할 수는 없습니다. 하지만 수십 년 동안 혁신적인 기업가의 성공 사례에서 얻은 소중한 교훈을 전달하는 실용적인 안내서 역할은 분명히 해낼 것입니다. 새로운 길을 걷고자 하는 도전자라면 이 책을 통해 선배들의 경험과 축적된 지식을 최대한 활용하기 바랍니다.

여러분의 성공은 개인 차원에서 끝나지 않고 한국을 변화시키며, 나아가 보다 나은 세상을 만드는 데 기여할 것입니다. 이보다 더 숭고하고 가치 있는 대의가 또 있을까요? 쉽지 않은 길이 펼쳐지겠지만 그만큼 위대한 여정입니다. 한국의 젊은이들이 모험을 기꺼이 받아들이는 '해적정신'spirit of pirate을 가슴에 품는 동시에, 기업가정신을 끊임없이 배우고 훈련하기를 기대합니다. 이 책이 그 훈련의 동반자가 되기를 진심으로 기원합니다.

한국 독자들의 건투를 빌며,
빌 올렛

창업을 꿈꾸는 이들을 위한 만능 도구상자

나는 이 책을 통해 혁신적인 제품 아이디어로 '위대한 기업 설립'이라는 꿈을 가진 창업자들에게 만능 도구상자tool box를 안겨주고 싶다. 그리고 기업을 설립해 특정 산업 및 분야에서 전문성을 갖춘 기업가도 이 책에서 제시하는 24단계의 창업 프로그램을 통해 효율적인 시장진입 전략을 찾길 바란다.

나 역시 기업을 설립한 경험이 있다. 책을 쓰면서 다양한 저서와 훌륭한 스승, 무엇보다 나 자신의 실전 경험이 도움이 되었다.

제프리 무어Geoffrey Moore의 《캐즘 마케팅》Crossing the Chasm, 김위찬과 르네 마보안Renée Mauborgne의 《블루오션 전략》Blue Ocean Strategy, 브라이언 핼리건Brian Halligan과 다메시 샤Dharmesh Shah의 《인바운드 마케팅》Inbound Marketing, 스티브 블랭크Steve Blank의 《깨달음에 이르는 4단계》The Four Steps to the Epiphany, 에릭 리스Eric Ries의 《린 스타트업》The Lean Startup, 애시

모리아Ash Maurya의 《린 스타트업》Running Lean, 알렉산더 오스터왈더Alexander Osterwalder와 예스 피그누어Yves Pigneur의 《비즈니스 모델의 탄생》Business Model Generation 등 예비창업가들이 참고할 만한 훌륭한 책은 아주 많다.

그런데 나는 아쉽게도 모든 지혜와 기술을 하나로 통합한 도구상자를 찾아내지 못했다. 나사를 돌릴 때는 드라이버가 최적의 도구지만 못을 박을 때는 망치만 한 도구도 없다. 예를 들어 《인바운드 마케팅》의 아이디어와 기술은 굉장히 독창적이고 효과적이다. 하지만 여기에서 제시하는 마케팅 전략은 적절한 순간에 적합한 도구로 사용해야 비로소 가치를 발휘한다.

나는 좀 더 쉽게 문제에 접근할 방법을 찾고 싶었다. 사실 모든 창업가는 한 번도 경험한 적 없는 혼란스럽고 두려운 여정을 떠나야 한다. 그때 가장 필요한 것은 무엇일까? 바로 '지도'다. 내가 새로운 길에 도전하는 창업가를 위해 지도를 그려주고자 하는 이유가 여기에 있다. 그 지도에는 어려운 장애물이 숨어 있는 위치와 정말로 중요한 과제가 선명하게 그려져 있다.

그걸 믿어도 되느냐고? 선택은 자유지만 신뢰성을 높이기 위해 세계 각지에서 열린 워크숍, MIT 강의, 수백 명의 위대한 기업가가 건네준 조언 그리고 내 경험이 지도에 담겨 있다는 것 정도는 자신 있게 말할 수 있다.

많은 사람이 알고 있듯 창업에 성공하는 데는 조직 문화, 창업 팀 구성, 영업 전략, 재무관리, 리더십 등 다양한 변수가 영향을 미친다. 그렇지만 뭐니 뭐니 해도 혁신을 기반으로 하는 창업의 토대는 제품이며, 이 책도 제품에 초점을 두고 있다.

혁신적인 제품 창조는 순차적으로 일어나지 않는다. 이 책은 논리적인 순서에 따라 24단계의 프로그램을 제시하고 있지만, 한 단계를 마치면 이전 단계 개선 혹은 재시작이 필요하다는 사실을 빨리 깨닫기 바란다. 단계마다 완벽하게 과제를 끝낸 후 다음 단계로 넘어갈 만큼 시간이 충분치 않으므로 '나선형'spiral 계단에 올라선 것처럼 학습과 수정을 반복하며 최적의 답을 향해 전진해야 한다. 조사와 분석에 근거해 최대한 정확히 추정하되 언제나 수정 가능성을 염두에 두자.

단계별 과제가 무엇이든 초점은 창업 과정 내내 고객이 제품에서 얻는 가치에 둬야 한다. 경기장 사이드라인 밖에서 지켜보는 애널리스트, 잠재적 투자자, 기술 전문기자들의 말에 흔들릴 필요는 없다. 누군가가 이런 말을 했다.

"이론적으로는 이론과 실제가 똑같다고 가정한다. 그러나 현실적으로 이론과 실제는 완전히 다르다."

무엇보다 책을 읽으며 창업 과정에서 계속 사용하게 될 용어를 정확히 익히기 바란다. 투자고문, 멘토, 동료들과의 효과적인 의사소통에 꼭 필요하니 말이다.

나는 창업 과정을 단계별로 구분하면서 적합한 이름을 붙이기 위해 많이 고심했다. 펜치를 원하는 사람에게 스패너를 내밀면 그 사람이 실망하거나 심지어 분노하지 않겠는가. 내가 비즈니스 모델을 물었을 때 학생들이 총유효시장Total Addressable Market, TAM이나 가격 체계Pricing Framework를 얘기하면 나도 똑같이 실망스럽다.

MIT 동료와 학생들은 내가 말하는 '만능 도구상자'를 '기업가정신 훈련'disciplined entrepreneurship이라고 부른다. 기업가정신은 가르칠 수 있는 게 아니므로 창업 과정 교육은 말이 안 된다고 생각하는 사람이 있을지도 모른다. 하지만 그렇지 않다. 일반화하기가 어렵고 예측 가능성이 떨어지긴 해도 가르칠 수 있다. 단, 가급적 체계적인 방식으로 접근해야 한다.

창업은 통제 범위를 넘어서는 리스크(위험 부담)를 안고 시작하는 일이다. 그 리스크를 최소화하려면 체계적인 방법론을 기반으로 통제 가능한 변수 내에서 최대한의 성과를 내야 한다. 이러한 인식을 바탕으로 하는 24단계 창업 프로그램은 성공으로 가는 길을 안내하며, 어쩔 수 없이 실패로 갈 경우 되돌아오는 시간을 단축해준다. 어떤 길을 걷든 24단계의 프로그램은 창업가의 험난한 여정에 훌륭한 동반자가 될 것이다.

20년 전 창업을 준비하면서 내가 간절히 원한 도구상자가 바로 이 책이다. 특히 이 책의 풍부한 사례에 주목하라. 나는 MIT에서 '신생기업'New Enterprises 수업을 수강하는 학생들의 실제 창업 사례를 단계별로 조사했다. 그중에는 더러 구체적이지 못하고 미숙한 아이디어도 있지만 어쨌든 그 덕분에 각 단계의 개념과 과제를 더욱 명확히 할 수 있었다. 사례는 핵심을 그대로 유지하되 모범적인 것과 실패한 내용을 분명히 드러내기 위해 약간 수정했다.

그 과정에서 내가 얻은 결론은 이것이다.

"학생들이 경험한 것은 20년 전의 내 경험과 그리 다르지 않다!"

그 경험이 궁금하지 않은가. 그들의 빛나는 노력과 시행착오는 분명 이 책을 읽는 당신에게 큰 도움을 줄 것이다.

서문
Introduction

기업가정신 배우기,
가능하다는 사실 밝혀져!

강의나 강연을 시작할 때 나는 종종 이런 질문을 한다.

"여러분은 기업가정신entrepreneurship을 배울 수 있다고 생각합니까?"

어김없이 침묵이 이어지고 청중은 몸을 뒤척이거나 자리를 고쳐 앉으며 불편한 기색을 드러낸다. 그때 누군가가 "그렇게 생각하니까 이 자리에 있는 것"이라고 정중하게 말하면 곧이어 찬성과 반대 의견이 조심스럽게 오간다. 웅성거림이 잦아들 즈음, 대다수 청중의 생각을 대변해 또 다른 누군가가 용기를 내 말한다.

"솔직히 전 부정적인 입장입니다. 태어날 때부터 기업가이거나 아니거나 둘 중 하나입니다."

청중이 보내는 암묵적인 지지를 확인한 발언자는 더욱더 열정적으로 변론을 이어간다. 그 모습에서 동질감이 느껴지는가, 아니면 그것이 낯설게 보이는가. 15년 전 나는 그들과 동질감을 느꼈다. 물론 지금은 기업가정신을 배울 수 있다는 사실을 잘 안다.

매사추세츠 공과대학MIT과 세계 곳곳의 강의실에서 많은 사람들이 리처드 브랜슨Richard Branson, 스티브 잡스Steve Jobs, 빌 게이츠Bill Gates, 래리 엘리슨Larry Ellison(오라클의 창업자―옮긴이)을 비롯한 유명 CEO의 사례를 듣는다. 언제나 느끼는 것이지만 그들은 우리와 완전히 다른 사람 같다. 실제로 그들은 비범한 천재처럼 보인다. 하지만 그들을 성공으로 이끈 것은 특별한 유전자가 아니라 '위대한 제품'이다.

기업가로 성공하기 위한 필수 조건은 탁월하고 혁신적인 제품이다. 제품에는 유형 상품은 물론 서비스나 정보 제공 및 전달 같은 무형 상품도 포함된다. 제품이 없으면 성공에 영향을 미치는 다른 변수는 모두 무용지물이다.

내가 가장 강조하고 싶은 메시지는 바로 '탁월한 제품을 만드는 과정을 배울 수 있다'는 사실이다. 이 책의 목적은 혁신 제품을 만드는 방법을 체계적으로 가르쳐 기업가로 성공할 확률을 높이는 데 있다. 여기서 말하는 '체계적'이란 기업을 설립하는 단계를 의미한다. 이것은 교육 현장과 창업 전쟁터에서 모두 적용 가능하다.

그럼 본격적으로 시작하기 전에 창업을 꿈꾸거나 기업가정신을 가르치는 사람들을 미궁에 빠뜨리는 '창업과 관련된 세 가지 오해'부터 속속들이 파헤쳐보자.

창업과 관련된 세 가지 오해

창업과 관련된 오해는 무수히 많지만 여기서는 대표적인 것 세 가지만 살펴보자.

첫째, 창업은 용감하게 혼자서 해야 한다. 사람들은 종종 성공한 기업가를 고독한 영웅으로 묘사하지만 연구 결과를 보면 오히려 그 반대다. 공동창업인 경우가 훨씬 더 많다. 더 중요한 발견은 여러 사람이 모여 함께 설립한 회사가 성공 가능성이 더 크다는 사실이다. 우리는 창업 방정식을 이렇게 수정해야 한다. 창업 멤버가 많을수록 성공 확률은 높아진다.[1]

둘째, 기업가는 모두 카리스마가 넘치며 그것이 곧 성공의 열쇠다. 카리스마 리더십은 단기적으로는 효과가 있을지도 모르지만 오래 지속하기는 어렵다. 연구 결과에 따르면 기업가에게 필요한 역량은 효과적인 의사소통, 훌륭한 인재 선발, 탁월한 영업력이라고 한다.

---

1. Edward B. Roberts, 《Entrepreneur in High Technology: Lessons from MIT and Beyond》(New York: Oxford University Press, 1991), 258.

셋째, 기업가 유전자가 존재하고, 이 유전자를 지닌 특정 부류의 사람들만 창업에 성공한다.

앞의 그림(21쪽)이 보여주듯 기업가 유전자가 존재한다는 보고는 없으며 앞으로도 영원히 없을 것이다. 개중에는 담대함 혹은 무모함 같은 인성과 기업가정신이 상관관계가 높다고 믿는 사람도 있지만 사실은 그렇지 않다. 다만 인력관리, 영업 기술 그리고 이 책의 주제인 제품 기획 및 가치 전달처럼 성공 확률을 높이는 역량이 존재할 뿐이다. 기업가정신은 교육과 훈련으로 계발할 수 있으며 소수의 운 좋은 사람만 타고나는 천부적 재능이 아니다. 기업가가 되는 길을 세부 단계로 나눠 그 구체적인 과제를 정의한다면 얼마든지 가르치고 배울 수 있다.

멀리 갈 필요 없이 MIT만 봐도 졸업생들의 창업률이 엄청난 속도로 증가하는 추세다. 2006년 기준 MIT 동문기업은 2만 5,000개가 넘고 매년 900개의 신생 벤처가 등장한다. 이들 벤처기업이 창출한 일자리는 300만 개, 총매출은 2조 달러에 달한다. 이는 MIT 동문기업을 모두 합하면 세계 11위 국가의 경제 규모와 맞먹는다는 것을 의미한다.[2]

세계 최고의 창업사관학교, MIT

MIT에서 많은 기업가들이 나올 수 있는 이유는 무엇일까? 가장 일반적인 대답은 MIT에 유난히 똑똑한 학생들이 많기 때문이라는 것이다. 사실 MIT 학생들은 캘리포니아공과대학이나 하버드대학 등 세계 유수 대학의 학생들보다 더 뛰어나진 않다. 그런데

---

2. Edward B. Roberts and Charles E. Eesley, "Entrepreneurial Impact: The Role of MIT-An Updated Report," 《Foundations and Trends® in Entrepreneurship 7》, nos. 1-2(2011): 1-149. http://dx.doi.org/10.1561/0300000030.

스탠퍼드대학을 제외한 그 어느 교육기관도 MIT 동문이 기록한 창업률에 근접하지 못한다. MIT의 성공을 설명하려면 다른 이유가 필요하다.

우선 캠퍼스 연구소에서 시시각각 쏟아내는 최첨단 기술을 접하고 익힐 기회가 많아 다양한 창업 기회를 쉽게 포착할 수 있으리라는 추론이 가능하다. 그럼 이 추론을 검증해보자. 학내 연구기관의 기술 특허 관리 및 사업화를 전담하는 MIT 기술 이전 센터Technology Licensing Office, TLO의 자료에 따르면 매년 20~30개의 벤처기업이 탄생한다. 이 수치는 다른 대학에 비해 많긴 하지만 MIT 동문기업이 매년 900개씩 늘어난다는 통계를 고려하면 다소 적은 규모다.[3] MIT 라이선스 기술을 기반으로 하는 기업이 전략적으로 중요하고 또 시장에 큰 파급력을 미치긴 해도(아카마이Akamai가 대표적)[4] MIT 성공의 주된 이유로는 설득력이 부족하다. MIT 동문기업 중 대학연구소의 신기술 창업 사례가 차지하는 비중은 10퍼센트 미만이다.

MIT가 보여주는 탁월성의 원천은 문화와 기술의 융합에 있다. MIT에는 실리콘 밸리와 신흥 벤처 요람으로 떠오르는 이스라엘의 텔아비브, 런던의 테크 시티, 독일의 베를린처럼 창업을 권장하는 문화가 조성돼 있다. 무엇보다 TV나 책에 등장할 법한 롤모델이 일반인과 별반 다르지 않은 모습으로 캠퍼스 여기저기를 누비고 다닌다. 강의실과 실험실은 가능성과 협업 분위기로 활기를 띠며 '그래, 나도 할 수 있어'라는 사고방식이 자연스럽게 학생들에게 스며든다. 이른바 '기업가 바이러스'entrepreneurial virus에 전염된 이들 보균자는 기업가로서의 삶이 가져다 줄 혜택을 굳게 확신한다.

---

3. Edward B. Roberts and Charles E. Eesley, "Entrepreneurial Impact: The Role of MIT-An Updated Report," 《Foundations and Trends® in Entrepreneurship 7》, nos. 1-2(2011): 1-149. http://dx.doi.org/10.1561/0300000030.
4. "Success Stories," MIT Technology Licensing Office, http://web.mit.edu/tlo/www/about/success_stories.html.

MIT는 이러한 열정 및 협력 문화를 토대로 강의, 창업경진대회, 워크숍, 산학연 프로그램 등 다양한 기회를 제공함으로써 예비창업가를 자극하고 활기를 불어넣는다. 현실적이고 실제로 적용할 수 있는 교육이나 실습을 체험한 학생들은 고도의 흥미와 집중력을 발휘해 각자의 목표를 향해 나아간다. 그리고 이런 분위기는 배움에 임하는 모든 학생의 완벽한 몰입으로 더욱 강화된다. 이처럼 참여와 몰입하는 환경에서 이뤄지는 교육 덕분에 학생과 교수는 모두 최대 효과를 얻는다.

MIT의 기업가 바이러스가 선순환을 일으키는 중심에는 사회적 군중 심리social herding mentality가 있다. 일단 창업에 관심이 있어서 훈련을 받는 학생들은 동료와 협력관계를 맺는다. 이들은 각자의 계획과 의견을 이야기하고 토론하는 과정에서 미묘한 혹은 다소 노골적인 경쟁의식으로 서로를 자극한다. 이렇게 상대에게 배우고 자극을 받는 학습 문화는 곧 개인과 그룹의 정체성으로 자리 잡는다.

요약하면 MIT가 성공하는 이유는 MIT의 기업가정신 '교육'이 성공적인 선순환 피드백 고리positive feedback loop를 만들어내기 때문이다(도표 I-1).

두 종류의 기업가정신과 창업

'기업가정신은 이전에 존재하지 않던 새로운 사업을 창조하는 활동과 관련돼 있다.'

정말 그럴까? 세계 전역의 다양한 조직을 대상으로 오랫동안 기업가정신을 강연해 온 동료교수 피오나 머레이Fiona Murray, 스콧 스턴Scott Stern 그리고 나는 많은 사람이 논쟁의 여지가 없을 만큼 명료하다고 여기는 이 정의에 의문을 품었다.

연구를 통해 우리는 사람들이 '기업가정신'이라는 하나의 단어로 전혀 다른 두 종류의 기업가정신 혹은 창업을 설명해왔다는 사실을 깨달았다. 또한 두 기업가정신이 완전히 상반된 목표와 수요를 가정하는 탓에 둘 사이의 간극을 좁히기가 쉽지 않다는

〈도표 I-1〉 MIT의 기업가정신 '교육' 선순환 피드백

시작

캠퍼스 창업 성공 사례라
롤모델 목격

[확신]
'학생' 기업가의 기상 등판
'나도 기업가로 성공할 수 있어!'라는
자신감

[탐색] 학습 욕구
잠재력을 현실화하는 역량

[1등] 창업 성공
사회적으로 존경받는
기업가 반열에 오른 청년 CEO

창업 생태계를 조성하는
MIT의 기업가정신 교육과 문화

[도전] 다양한 프로그램 참여
생각과 열정이 비슷한
동료들과 함께하며 목표의식 강화

[개선] 교육의 질 향상
강의와 프로그램의 질적 개선

[자극] 교수진의 변화
투지 넘치는 학생을 상대하기 위해
즐겁게 연구에 매진

[갈증] 학습 또 학습
배우고자 하는 학생의 열의라
교수의 압박

사실도 발견했다.[5]

중소기업Small and Medium Enterprise, SME **창업** 첫 번째 유형은 중소기업 창업과 그 과정에 필수적인 기업가정신이다. 중소규모 사업체는 보통 단독으로 설립돼 지역시장에서 재화 및 서비스를 공급하며 성장한다. 대개는 가족기업처럼 소수 주주에게 소유권이 집중되어 있어 사업과 조직을 엄격히 통제하는 것이 중요하다. 이 유형에서 창업자가 얻는 '보상'은 독립과 안정적인 현금흐름이다.

일반적으로 중소기업 창업에는 대규모 자금조달이 필요치 않으며, 일단 자본을 투입하면 수익과 일자리 창출에 걸리는 시간이 상대적으로 짧다. 또한 여러 지역에 분산돼 있고 비용 절감을 위한 타 지역 위탁생산이 불가능하다는 점에서 노동력이 '비교역적'non-tradable 성격을 띤다. 이러한 유형은 서비스업과 유통업이 대부분이며 성공의 핵심 요인은 지역시장에 초점을 맞춘 집중 전략이다.

혁신기업Innovation-Driven Enterprise, IDE **창업** 혁신기업 창업은 불확실하고 위험하지만 야심 찬 도전자들에게는 매력적인 영역이기도 하다. 혁신기업 창업가는 지역사회 그 이상을 꿈꾸며 세계시장이나 적어도 특정 경제권역에서 제품을 판매할 방법을 찾는다. 특히 기술, 프로세스, 비즈니스 모델, 그밖에 다른 부문의 혁신을 통한 경쟁 우위를 기반으로 여러 사람이 모여 기업을 설립하는 특징을 보인다. 흥미롭게도 이들은 지배 구조

---

5. Bill Aulet and Fiona Murray, "A Tale of Two Entrepreneurs: Understanding Differences in the Types of Entrepreneurship in the Economy," Ewing Marion Kauffman Foundation, May 2013, www.kauffman.org/uploadedfiles/downloadableresources/a-tale-of-two-entrepreneurs.pdf.

〈도표 I-2〉 중소기업 vs. 혁신기업

중소기업 창업	혁신기업 창업
지역시장에 초점이 맞춰져 있다.	세계시장 또는 경제권역에 초점이 맞춰져 있다.
혁신과 경쟁우위는 기업 설립과 성장의 조건이 아니다.	혁신(기술, 프로세스, 비즈니스 모델)과 경쟁우위는 사업 성공의 필수 조건이다.
'비교역' 노동력: 일자리는 보통 그 지역 내에서 창출된다(식당, 세탁소 등의 서비스업).	'교역' 노동력: 일자리는 지역적 제한이 없다.
가족기업 혹은 외부자본 유입이 필요 없는 사업이다.	다양한 지배구조를 가지고 있고 외부자본이 유입된다.
전형적으로 1차함수를 그리는 성장률을 보인다. 투자한 만큼 단기적인 성과(매출, 현금흐름, 일자리)가 창출된다.	창업 초기는 적자지만 탄력을 받으면 기하급수적인 성장세를 보인다. 투자가 필요하고 단기적인 성과 창출은 어렵다.

중소기업의 매출,
현금흐름, 일자리 성장 추이

혁신기업의 매출,
현금흐름, 일자리 성장 추이

자료: Bill Aulet and Fiona Murray, "A Tale of Two Entrepreneurs: Understanding Differences in the Types of Entrepreneurship in the Economy," Ewing Marion Kauffman Foundation, May 2013, www.kauffman.org/uploadedfiles/downloadableresources/a-tale-of-two-entrepreneurs.pdf.

보다 성과 창출 및 성장에 관심이 더 많고 대담한 성장 계획을 달성하기 위해 지분을 넘기기도 한다.

그래프에서 보듯 혁신기업은 시작은 느려도 고객의 관심을 끄는 데 성공하는 시점부터 기하급수적인 성장곡선을 그린다(도표 I-2). 창업가가 소유권을 분산하고 통제력을 포기하면서까지 오로지 성장을 목표로 하기 때문이다. 중소기업은 보통 일정 수준까지 성장하면 정체 현상을 보이지만, 혁신기업은 '더 크게! 더 멀리!'를 외치며 갈 데까지 가고자 한다. 그러나 야망을 이루려면 세계시장을 무대로 초고속 성장가도를 달리는 거대기업의 위상을 갖춰야 한다.

혁신기업에 필요한 인력은 '교역'tradable 노동력으로 이들은 비용 절감을 통한 경쟁력 강화에 도움이 되면 과감히 아웃소싱을 선택한다. 또한 이들은 여러 지역에 흩어지지 않고 특정 지역에 모여 혁신 클러스터cluster(유사 업종에서 다른 기능을 수행하는 여러 기업 및 기관이 한데 모여 있는 것—옮긴이)를 형성한다.

한편 혁신기업은 단기적인 성과 창출이 가능한 중소기업 모델과 달리 신규 매출 혹은 일자리 창출 면에서 중소기업에 비해 투자 회수 기간이 길다. 그렇지만 혁신기업은 애플, 구글, 휴렛패커드, 기타 상장사가 보여주듯 인내심을 발휘하면 어마어마한 수익을 기대할 수 있다.

이 책의 초점은 혁신기업

건강한 경제에는 중소기업과 혁신기업이 모두 존재한다. 이들은 그저 강점과 약점이 서로 다를 뿐 우열을 가릴 수는 없다. 그러나 앞서 말한 것처럼 둘 사이의 간극이 크기 때문에 각 영역에서 성공하려면 완전히 다른 사고방식과 기술이 필요하다.

거듭 말하지만 기업가정신을 가르치기 위해 쓴 이 책은 혁신기업을 대상으로 한다.

그것은 내가 잘 아는 분야고 또한 내가 창업 과정에 참여한 기업(케임브리지 디시전 다이내믹스Cambridge Decision Dynamics, 센스에이블 테크놀로지스SensAble Technologies)도 모두 혁신기업이었다.

혁신이란?

MIT의 에드 로버츠Ed Roberts 교수는 언제부터인가 여기저기에서 남용하는 바람에 상투적인 단어로 변해버린 '혁신'을 단순 명료하게 정의한다.[6]

$$\text{혁신}_{Innovation} = \text{발명}_{Invention} \times \text{상업화}_{Commercialization}$$

사실 로버츠 교수는 덧셈 부호를 사용했지만 혁신은 발명과 상업화의 단순 합은 아니므로 곱하기로 수정했다. 제품이 발명의 결과물이 아닌 경우(발명=0), 반대로 발명을 제품화하지 못한 경우(상업화=0)는 진정한 의미의 혁신이라고 할 수 없다.

그렇다고 기업가가 꼭 발명(아이디어, 기술, 지적재산권 등)의 주체가 되어야 한다는 말은 아니다. 혁신기업의 원천인 발명은 종종 다른 곳에서 등장하기도 한다. 가령 선구안으로 유명한 스티브 잡스는 혁신적인 발명의 가치를 누구보다 일찍 알아차려 상품화에 성공했다(가장 유명한 사례로는 제록스 팰로 앨토 연구소Xerox Palo Alto Research Center가

---

6. Edwards B. Roberts, "Managing Invention and Innovation," 《Research Technology Management 31》, no.1 (January/February 1988): 13, ABI/INFORM Complete.

발명한 마우스가 있다). 구글의 주수입원인 검색광고 애드워즈AdWords도 시초는 따로 있다. 인터넷에서 키워드 검색으로 이용자 클릭이 발생했을 때 광고비를 지불하는 방식을 개발한 회사는 오버추어Overture지만 그것을 이용해 상업적으로 성공한 회사는 구글이다. 결국 상업적 용도 발견과 제품화는 혁신을 완성하는 필수 요소라고 할 수 있다. 기업가는 무엇보다 상업화 에이전트의 역할에 충실해야 한다.

내가 '기술 주도'technology driven 창업이라는 용어를 피한 이유는 혁신은 기술에 국한되지 않기 때문이다. 혁신 대상은 기술, 프로세스, 비즈니스 모델, 포지셔닝 등 매우 다양하다. 구글, 아이튠스iTunes, 세일스포스닷컴Salesforce.com, 넷플릭스Netflix, 집카Zipcar 등 이 시대를 대표하는 혁신은 비즈니스 모델의 혁신이다. 물론 이들의 혁신은 기술의 뒷받침을 받았다. 이를테면 키리스 엔트리keyless entry(원거리에서 열쇠 없이 문을 여닫거나 시동을 거는 장치—옮긴이)시스템이 없었다면 자동차 공유 네트워크 모델의 탄생은 쉽지 않았을 것이다. 그러나 집카의 성공 핵심은 렌트 서비스를 먼 곳을 방문한 출장객이나 차량 소유자를 위한 임시 교통수단이 아니라 차량 소유 대체재로 정의한 데 있다.

복잡한 기술을 완벽하게 이해해야 하는 것은 아니지만, 고객이 '협력적 소비'collaborative consumption(일명 공유경제. 자신이 소유한 기술 및 자산을 다른 사람과 공유해 새로운 가치를 창출하는 비즈니스 모델—옮긴이)를 받아들이는 방식을 정확히 이해할 필요는 있다.

기술의 상품화가 활발해질수록 기술을 지렛대 삼아 도약하는 비즈니스 모델의 혁신도 늘어날 가능성이 크다. 에너지 저장energy storage, 파워일렉트로닉스power electronics(전력전자공학), 무선통신wireless communications 등 신성장 기술의 기회는 무궁무진하다. 그렇지만 기술이 혁신의 유일한 대상은 아니라는 사실을 반드시 기억해야 한다.

여섯 가지 테마와
24단계 창업 프로그램

Six Themes of the 24 Steps

24단계 창업 프로그램은 각각의 단계가 개별적, 독립적 형태를 띠며 여섯 개의 테마로 구분할 수 있다. 각 단계는 앞으로 나아갈수록 경험과 이해의 정도가 높아져 이전 단계의 선택 및 결정을 재고하거나 수정하는 과정을 반복한다. 이 책에서 소개하는 방법론과 단계별 과제는 지속 가능한 혁신기업을 설립하는 과정에 보편적으로 적용할 수 있는 모델이다. 마음의 준비가 되었다면 이제 한 단계씩 차근차근 따라가 보자.

시작

1 시각화작업

2 거점시장

3 초점집단분석

4 관찰조사

5 페르소나

6 전형적 생애주기 사용 시나리오

7 상위 수준 제품사양

8 가치 제안도 경쟁력

9 예비고객

10 핵심 역량 정의

11 지위 경쟁력 분석

12 의사결정 단위

13 고객의 구매과정 이해

14 수익자산

15 비즈니스 모델

16 가격 체계

17 고객생애가치

18 영업 프로세스

19 고객 획득 비용

20 핵심 가설 확인

21 핵심 가설 검증

22 최소 기능 사업제품 정의

23 최소 기능 사업제품 검증

24 제품 제시

034

고객은 누구인가?

1 시장세분화

2 거점시장 선택

3 최종사용자 구체화

4 총유효시장 규모 추정

5 거점시장에 대한 페르소나 정의

9 예비고객 조사

고객을 위해 무엇을 할 수 있는가?

6 전체 생애주기 사용 시나리오

7 상위 수준 제품사양 정의

8 가치 제안 정량화

10 핵심 역량 정의

11 경쟁적 지위 설정

고객이 제품을 어떻게 획득하는가?

12 고객의 의사결정 단위 분석

13 고객의 구매 과정 이해

18 영업 프로세스 설계

수익 창출 전략은 무엇인가?

15 비즈니스 모델 설계

16 가격 체계 수립

17 고객 생애 가치 예측

19 고객 획득 비용 분석

어떤 과정을 거쳐 제품을 기획하고 설계할까?

20 핵심 가설 확인

21 핵심 가설 검증

22 최소 기능 사업제품 정의

23 최소 기능 사업제품 검증

어떻게 사업을 확장하는가?

14 후속시장 규모 전망

24 제품 계획 수립

Disciplined Entrepreneurship:
24 Steps to a Successful Startup

첫발을 내딛기에 앞서

Getting Started

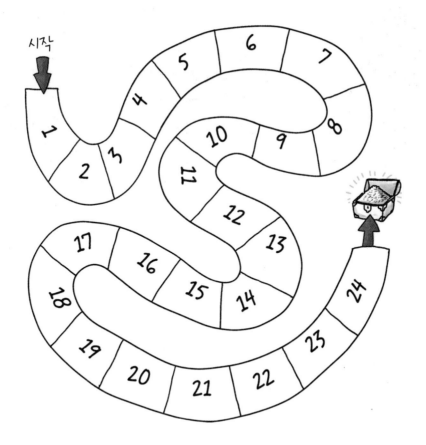

나만의 기술이 있지!

번뜩이는 아이디어가
떠올랐어!

내 열정을
따라올 사람이 있을까?

창업을 시작하는
세 가지 방식

창업의
세 가지 이유

학생들에게 왜 기업가정신에 관심을 보이는지 물으면 대개는 다양한 이유를 쏟아낸다. 어떤 학생은 "몇 년간 한 분야에 몸담다 보니 변화의 필요성을 느껴서"라고 말한다. 자신의 역량을 최대한 발휘해 사회에 큰 영향을 미치고자 하는 학생도 많다. 누구의 지시도 받지 않고 독립적으로 일하기 위해 혹은 특허를 상용화하기 위해 방법을 찾는 이들도 있다. 삶의 질을 개선할 참신한 아이디어가 있는데 혹시 다른 사람도 흥미를 보이지 않을까 하는 호기심에서 비롯된 관심도 있다.

창업을 결심하는 동기는 크게 세 가지로 요약할 수 있다(도표 0-1).

1) 번뜩이는 아이디어가 있다: 일부에 불과할지도 모르지만 이들은 세상을 바꿀 창의적인 발상 또는 기존의 익숙한 방식을 혁신하는 창의적 아이템을 발견해 아이디어의 사업화 과정을 직접 주도하고자 한다.

2) 기술을 가지고 있다: 이들은 획기적인 기술을 개발해 기술 상용화 혹은 기술 진보 가속화로 사회에 긍정적인 영향을 미치고 싶어 한다. 보통 자신이 직접 개발하지는 않았지만 시장 잠재력이 큰 신기술을 알고 있다.

3) 열정을 마음껏 펼치고 싶다: 열정적인 사람은 자신의 역량을 최대한 끌어올리기 위해 스스로를 밀어붙이고 채찍질하는 데 익숙하며 자신감도 충만하다. 이들은 기업가의 삶이야말로 세상에 의미 있는 발자취를 남기는 길이라는 신념을 갖고 있다. 특히 다른 사람 밑에서 일하기 싫어하고 자신의 운명을 통제하려는

〈도표 0-1〉 아이디어 vs. 기술 vs. 관심사

아이디어, 기술, 열정이 있다는 말은 무슨 의미일까?		
무엇보다 자신의 아이디어, 기술, 관심사를 간결한 한 문장으로 요약할 수 있어야 한다.		
아이디어: "아프리카 사람들의 삶의 질을 개선하려면 지속 가능한 비즈니스 모델을 바탕으로 회사를 설립해 일자리를 창출해야 한다." 자선사업보다 지속 가능한 비즈니스 모델이 아프리카의 빈곤을 줄이는 데 더 효과적이라는 아이디어다. 이것을 사업화하려면 보다 구체적으로 정의해야 하지만 시장세분화라는 다음 단계로 이행하기에는 충분하다.	**기술:** "3차원 영상 인식 기술 개발에 성공했다." 기술 잠재력이 명확히 드러나는 문장이다. 컴퓨터 화면에 3차원 입체감을 구현하거나 현실의 물리적인 공간처럼 실감나는 영상을 만들어내는 기술은 어떤 효용을 낳을까? 실제로 내가 공동창업한 센스에이블 테크놀로지스는 이렇게 탄생했다. 각 장의 마지막에 센스에이블 창업 스토리를 단계별로 자세히 소개한다.	**열정:** "나는 기계공학 석사학위 소지자로 필요한 장치는 무엇이든 순식간에 설계할 수 있다. 내 기량을 최대한 발휘해 사회에 기여하고 싶고 내 삶을 스스로 개척하길 원한다!" 기계를 손쉽게 설계하는 자신의 경쟁력이 제품 양산 테스트 과정을 단축하는 데 결정적인 역할을 한다는 사실을 발견했을 경우, 당연히 하드웨어 기반의 기업을 설립해야 한다.

욕구가 강하지만 당장은 아이디어나 기술이 없어 기업가정신을 배우며 훌륭한 아이디어, 기술 혹은 동업자를 찾으려 한다.

나는 '고객 불편'customer pain(고객의 애로사항)을 이해하지 못하면 창업하기 어렵다는 말을 자주 듣는다. 이 말은 불편함을 줄이는 데 기꺼이 비용을 지불하려는 고객 발견 단계가 창업의 첫 단추라는 의미다. 그런데 이제 막 창업을 고민하는 예비창업가 입장에서 이것은 참으로 기운 빠지는 조언이다. 더구나 이 말은 '창업은 자신의 가치관, 관심사와 일치하고 최대한 전문성을 발휘할 수 있는 분야를 찾는 것'부터 시작해야 한다는 중요한 사실을 간과하고 있다. 시장 기회, 즉 불편 해소에 돈을 지불하고자 하는 고객과 고객 문제를 정의하는 단계는 그다음이다.

어떤 이유로 기업가정신에 관심을 갖든 제일 먼저 해야 할 일은 다음의 질문에 자신만의 답을 찾는 것이다.

"오랜 기간 지치지 않고 즐기면서 잘할 수 있는 일은 무엇일까?"

이유를 찾았다면 이제 고객 불편을 발견하는 단계로 나아갈 준비가 된 셈이다. 내 관심사, 나만의 전문성이라는 이정표가 있으므로 고객 불편을 정의하고 해결책을 찾는 여정도 매우 흥미로울 것이다.

열정을
아이디어나 기술로 바꾸는 방법

아직 아이디어 혹은 기술을 찾지 못했더라도 걱정하거나 외로워할 필요는 없다. 내가 가르치는 학생들도 대부분 처음에는 비슷하다. 자신의 관심사, 강점, 기량을 찬찬히 들여다보면 곧 기회를 발견할 수 있다. 혼자도 좋고 파트너와 함께여도 상관없다. 자, 시작해보자.

- 지식: 무엇을 전공했고 어떤 분야에서 경력을 쌓았나?
- 역량: 내가 가장 잘하는 일은 무엇인가?
- 네트워크: 다른 영역의 전문가를 알고 있는가? 지인 중 창업에 성공한 사람이

있는가?

- 재원: 자금조달 방법에는 어떤 것이 있는가? 얄팍한 통장 하나만 믿고 사업을 시작해도 될까?
- 인지도: 나는(혹은 우리는) 전문가로서 인정받고 있는가? 사람들은 나를 어떤 사람으로 인지하고 있는가? 전도유망한 공학도? 광섬유 전문가?
- 경험: 이전에 일하던 분야에서 고객 불편이나 비효율성을 발견한 적이 있는가?
- 특정 산업 혹은 시장에 대한 관심: 의료 서비스 개선에 관한 아이디어가 떠오르면 신이 나는 이유는 무엇일까? 내가 열정을 보이는 곳은 어디인가? 교육? 에너지? 교통?
- 사명감: 나는 지금 새로운 도전에 시간과 노력을 투자할 각오가 되어 있는가? 기업가의 길이 인생 최대의(혹은 유일한) 목표라고 자신할 수 있는가?

만약 창업 멤버들이 컴퓨터 프로그래밍이나 프로젝트 관리 역량에 뛰어나다면 즉각 웹 애플리케이션 개발회사가 떠오를 것이다. 3D 프린팅 등 래피드 프로토타이핑 rapid prototyping(급속조형법. CAD 파일이나 디지털 방식으로 스캔한 데이터로 3차원 시제품을 만드는 기술—옮긴이) 전문가는 시제품 제작업에 관심을 보이는 것이 당연하다. 교육이나 의료 서비스 경력이 풍부할 경우 해당 산업에 기여할 방법을 찾고자 노력하는 것도 마찬가지다.

개인적인 관심이나 문제해결을 위해 애쓰다가 찾아낸 아이디어나 기술이 다른 사람에게도 도움이 된다는 사실을 깨닫고 창업하는 경우도 있다. 이것을 '사용자 창업'이라고 부른다. 카우프만 재단Kauffman Foundation의 조사에 따르면 적어도 5년 이상 살아남은 혁신기업은 절반 정도가 이처럼 사용자 편의성을 높이기 위한 아이템으로 창업했

다고 한다.[1]

팀 빌딩:
창업은 단체경기

MIT에서 내가 다른 교수들과 함께 진행하는 '신생기업' 수업의 학생들은 개강 후 2주 내에 팀을 짜서 학기가 끝날 때까지 함께 강의를 듣고 훈련을 받는다. 이것은 창업 멤버를 구하는 최적의 방식은 아니지만 팀 빌딩team building(조직 개발 및 활성화를 위한 팀워크 훈련 프로그램—옮긴이)을 경험하고 팀 단위로 스타트업의 24단계 프로그램을 실습하는 수단으로는 충분하다.

처음의 멤버로 아이디어 회의에서 사업화까지 이어가는 팀도 있지만, 헤쳐 모여를 거듭해 시장 기회 포착에 유리한 탄탄하고 협력적인 팀을 재창조하는 경우가 훨씬 더 많다. 다시 말해 학생들은 팀 빌딩을 통해 '진화'라는 중요한 과정을 경험한다.

파트너 선택은 굉장히 중요한 문제다. 공동창업이 단독창업보다 성공률이 높다는 MIT의 연구 결과는 이미 앞에서 다뤘다.[2]

---

1. Ewing Marion Kauffman Foundation, "Nearly Half of Innovative U.S. Startups Are Founded by 'User Entrepreneur,' According to Kauffman Foundation Study," March 7, 2012, www.kauffman.org/newsroom/nearly-half-of-innovative-startups-are-founded-by-user-entrepreneur.aspx.
2. Edward B. Roberts, 《Entrepreneur in High Technology: Lessons from MIT and Beyond》(New York: Oxford University Press, 1991), 258.

'훌륭한 파트너십'을 연구한 자료는 쉽게 찾을 수 있다. 가장 자세하고 깊이 있는 내용이 실린 책은 하버드대학 노암 와서먼Noam Wasserman 교수가 저술한 《창업자의 딜레마》The Founder's Dilemmas다. 여기에 도움이 될 만한 자료를 몇 개 더 소개한다.

- 폴 그레이엄의 '우리가 창업가에게서 찾고 있는 것'

(Paul Graham, "What We Look for in Founders," PaulGraham.com, October 2010, www.paulgraham.com/founders.html)

- 마거릿 헤파넌 '창업을 원하는가? 먼저 파트너부터 구하라'

(Margaret Heffernan, "Want to Start a Business? First, Find a Partner," Inc., May 9, 2012, www.inc.com/margaret-heffernan/you-need-a-partner-to-start-a-business.html)

- 페지만 포어 모에치의 '어떻게 당신의 공동창업자를 찾을 것인가'

(Pejman Pour-Moezzi, "How to Find That Special Someone: Your Co-Founder," Geekwire, April 8, 2012, www.geekwire.com/2012/find-special-cofounder)

- 헬게 제첸의 '공동 창업자의 천국을 위한 다섯 가지 규칙'

(Helge Seetzen, "5 Rule for Cofounder Heaven," The Tech Entrepreneurship Blog, March 27, 2012, http://blog.tandemlaunch.com/2012/03/27/5-rules-for-cofounder-heaven)

문제는 언제나
방향이다

혁신기업을 창업하기 위한 아이디어와 기술을 준비했다면 이제 본격적으로 24개의 단계를 하나씩 올라가보자. 창업 과정은 곧 사업 계획을 치밀하게 검증하고 구체화하는 과정이다.

첫 번째 목표는 잠재고객 수요 예측이다. 이것은 초점을 목표고객target customer으로 좁혀 제품시장 적합성product-market fit을 판단하는 과제로, 특정 시장에서 고객이 구매 의사를 보이는 제품을 발견하는 과정이다. 이때 한정된 시간과 자원으로 최대한의 성과를 달성해야 하므로 '초점'Focus이라는 말은 매우 중요하다. 초점을 맞춰 집중하는 전략은 시장세분화로 시작해 페르소나Persona(거점시장의 주요 고객을 대표하는 특정 인물 혹은 잠재고객)를 정의하는 것으로 끝나는 처음 다섯 단계의 성공을 좌우한다. 나는 이 과정을 '구체화의 성배를 찾는 과정'The Search for the Holy Grail of Specificity라고 부른다(도표 0-2).

<도표 0-2> 구체화의 성배를 찾아서

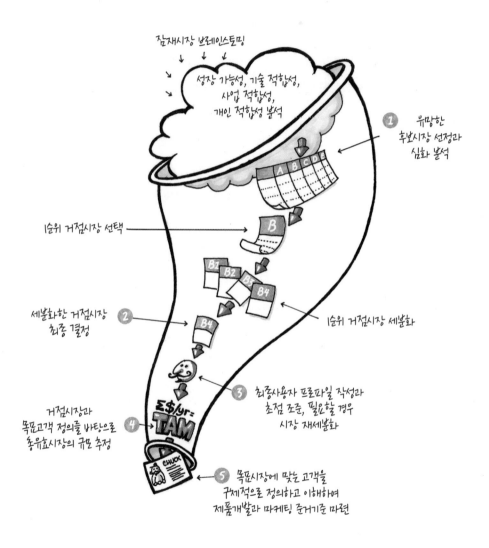

잠재시장 브레인스토밍

성장 가능성, 기술 적합성,
사업 적합성,
개인 적합성 분석

① 유망한
후보시장 선정과
심화 분석

1순위 거점시장 선택

1순위 거점시장 세분화

② 세분화한 거점시장
최종 결정

③ 최종사용자 프로파일 작성과
초점 조준, 필요할 경우
시장 재세분화

④ 거점시장과
목표고객 정의를 바탕으로
총유효시장의 규모 측정

⑤ 목표시장에 맞는 고객을
구체적으로 정의하고 이해하여
제품개발과 마케팅 준거기준 마련

시장을 세분화하라

Market Segmentation

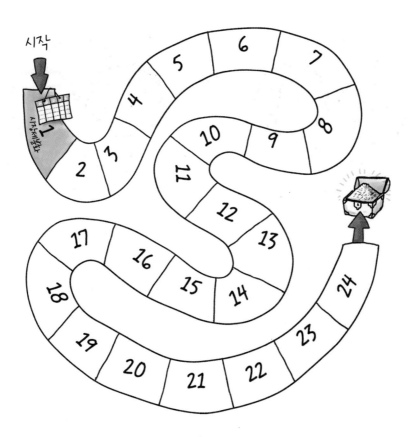

1단계 과제

- 시장 기회와 잠재고객에 대해 어떠한 제한도 두지 않고 폭넓게 토론한다.
- 잠재시장을 6~12개로 범위를 좁힌다.
- 1차 시장조사를 시행해 정보를 수집한다.

 vs.

고객 관점의 세상   vs.   기업 관점의 세상

성공적인 창업을 위해서 상황을 더 잘 볼 수 있게 해주는
두 개의 안경이 있다. 창업가여, 어떤 안경을 쓰겠는가?

첫 걸음을 내딛기 위한 준비 과정을 성실히 따라왔다면 '새로운 가치 창출로 사회에 기여하는가? 내가 잘하는 일이고 오랫동안 즐기면서 할 수 있는가?'라는 질문에 답이 되는 아이디어나 기술을 찾았을 것이다. 물론 창업 파트너와 함께.

24단계의 길고 먼 여정은 아이디어와 기술에 관심을 보일지 모르는 잠재고객을 찾는 것으로 시작한다. 먼저 잠재력이 큰 6~12개의 시장 기회를 선택한 다음, 고객 인터뷰로 고객에 대한 이해를 더해가며 치밀하게 시장조사를 진행한다.

사업을 위한 단 하나의
필요충분조건

마음에 품고 있는 사업의 종류에 상관없이 자기 자신에게 반드시 던져야 할 질문이 하나 있다.

"사업에 필요한 단 하나의 필요충분조건이 있다면 그것은 무엇일까?"

제품? 기술? 아니면 고객 수요, 사업 계획, 비전, 인재, 훌륭한 경영자, 자금, 투자자, 경쟁 우위, 기업 가치? 모두 틀렸다. 그것은 모두 중요한 조건이지만 정답은 아니다. 사업에 필요한 단 하나의 필요충분조건은 **돈을 지불하는 실고객**paying customer이다.

누군가가 당신이 시장에 선보인 재화나 서비스에 돈을 지불하는 날 사업이 시작된다. 이 간단한 진리를 잊지 않으면 정말로 중요한 것에 집중할 수 있다. 아무도 제품 및 서비스를 구매하지 않을 경우 '사업한다'고 말할 수 없으므로 다른 조건으로 사업을 정의하는 것은 옳지 않다. 사업 성공의 최종심판관은 시장이자 고객이다.

물론 돈을 지불하는 고객이 존재한다고 해서 괜찮은good 사업을 찾았다고 말하기는 어렵다. 사업이 괜찮은 동시에 지속 가능하려면 적자를 면하는 수준을 넘어 비교적 단기간에 수익을 올릴 수 있도록 충분한 고객이 존재해야 한다. 만약 자원이 부족한 신생기업이라면 모든 의사결정과 실행에도 주의할 필요가 있다. 최소 투입으로 최대 효과를 낳는 초효율성hyper-efficiency을 지향해야 하기 때문이다.

스타트업의 첫 번째 과제는 흔히 생각하는 것처럼 제품 설계, 개발자 고용, 영업 전문가 영입이 아니다. 가장 우선시해야 할 것은 철저하게 고객지향적인 관점에서 미충족 수요를 발견하고 그 기반 위에 사업을 설계하는 일이다.

—

1인자로 군림할
신규시장을 개척하라

—

창업 성공의 핵심은 혁신제품을 개발해 존재하지 않던 시장을 개척하는 데 있다. 신규시장의 개척은 독점적 지위까지는 아니더라도 높은 시장점유율을 보장받음으로써 향후 기업 확장의 든든한 토대가 된다. 기존 시장에 후발주자me-too로 참여하는 것은 한정된 자원이라는 제약 조건을 고려할 때 불리한 선택이다.

시장을 개척해 창업하려면 목표고객에 집중해야 한다. 목표고객target customer이란 비슷한 이유로 특정 제품을 원하는 것은 물론 여러 특징을 공유하는 잠재고객 그룹을 의미한다. '집중'은 기업가에게 필요한 가장 중요한 역량이다. 곧 깨닫겠지만 그것은 그만큼 발휘하기 어려운 역량이기도 하다. 신규시장을 개척하면서 '학습한 가정'

educated assumption이나 제3자의 연구분석에 의존하는 접근 방식은 어불성설이다. 고객을 올바르게 정의하고 이해하려면 1차 시장조사, 즉 직접적인 시장조사에 심혈을 기울여야 한다.

일단 대체 불가능한 뛰어난 제품으로 목표고객의 지갑을 여는 데 성공하면 시장 확장에 필요한 자원 확보도 쉬워진다. 이때 '인접시장'adjacent market 고객의 특성에 맞게 대응하기 위해서는 전략을 수정해야 한다. 이것은 14단계와 24단계에서 다룬다.

지배가 가능한 시장에
자원을 집중하라

성공을 좌우하는 결정적 주체는 제품을 구매하고 돈을 지불하는 실고객이지만, 초점을 신규시장에 두지 않고 유료고객 기준에만 빠져 허우적거리면 두 가지 함정에 맞닥뜨리고 만다.

첫째, 자원 부족에서 비롯된 '모두가 내 고객'selling to everyone 함정이다. 이것은 모든 고객의 욕구를 충족시키겠다는 허황된 꿈을 말한다.

예를 들어 당신이 획기적인 방수 기능을 자랑하는 폴리머 신소재를 개발했다고 해보자. 친구 샐리는 캠핑장비 시장이 각광받고 있다는 기사를 읽고 텐트를 만들라고 조언한다. 사촌 조는 방수처리 속옷처럼 멋진 아이디어는 없다며 귀가 따갑도록 떠든다. 아기를 키우는 동료는 부모들이 세탁하기 쉬운 봉제인형을 굉장히 좋아할 거라고 말한다.

제법 그럴듯한 이 아이디어 중 어느 하나만 선택해도 많은 시간과 돈이 든다. 어쨌든 당신이 하나를 선택해 제품을 생산했는데 고객이 충분치 않다는 사실이 드러났다고 해보자. 이 경우 수익이 나는 시장을 다시 발견할 때까지 계속 자금난에 허덕일 수밖에 없다.

둘째, '차이나 신드롬'China Syndrome 또는 내가 '숫자 놀이'fun with spreadsheet라고 부르는 함정이다. 이것은 신규시장 개척처럼 고된 길은 내 길이 아니므로 거대한 기존 시장에 진입해 일부라도 차지함으로써 충분한 열매를 거두겠다는 가정이다. 13억 명의 중국 칫솔시장에서 0.1퍼센트만 장악해도 큰돈이 되지 않을까? 그럼 이 논리를 따라가 보자. 중국 인구는 13억에 달하고 누구에게나 치아는 있으니 잠재고객은 무려 13억 명이다. 중국에 칫솔을 팔아 첫해에 최소한 0.1퍼센트의 고객을 확보한다면? 한 명당 1년에 세 개씩 사면 390만 개에다 개당 1달러에 판매할 경우 연매출이 390만 달러에 달한다! 여기에 성장 가능성까지 고려하면……

이 차원 높은 시장 분석을 왜 '숫자 놀이'라고 부르는지 궁금한가? 중국인이 자신의 칫솔을 살 거라고 가정하는 이유, 시장점유율이 점차 증가할 거라고 낙관하는 이유에 대한 설득력 있는 논거가 전혀 없기 때문이다. 그뿐 아니라 고객을 이해하기 위해 직접 발로 뛰어 얻은 정보와 가설을 경험으로 검증하는 과정도 거치지 않았다. 중국에 가본 적이나 있을까? 창업이 그렇게 쉬운 거라면 모두가 중국에 칫솔을 팔려고 하지 않을까?

시장점유율 확대는 자원이 풍부한 대기업이나 넘볼 수 있는 목표다. 창업가에게는 그럴 여유자금이 없으므로 '차이나 신드롬'에 주의하라. 창업가는 시장 지배가 가능한 신규시장을 찾아 시장과 고객을 충분히 이해한 다음 그곳에 자원을 집중해야 한다.

유료고객의 여러 얼굴:
1차 고객 vs. 2차 고객과 양면시장

지금까지는 돈을 지불하고 제품을 구매해 사용하는 가정, 기업, 개인 등의 주체를 통틀어 '고객'으로 지칭했다. 정확히 말하면 고객은 재화 및 서비스를 사용하는 최종사용자end user(1차 고객)와 구매결정 권한이 있는 의사결정권자economic buyer(2차 고객)로 나뉜다. 물론 의사결정권자가 최종사용자인 경우도 있다(고객의 다양한 역할은 12단계에서 자세히 설명한다).

그러나 실제 시장에서 정의하는 '고객'은 그 내용이 좀 더 복잡하다.

첫째, 1차 고객과 2차 고객을 모두 겨냥하는 비즈니스 모델을 설계하는 경우다. 1차 고객은 비용을 거의 지불하지 않거나 재화 및 서비스를 무료로 사용하고, 대신 제3자가 1차 고객에 대한 접근권 또는 고객 정보 획득 비용을 지불하는 모델이 대표적인 사례다. 예를 들어 인터넷 사용자는 구글에 검색엔진의 사용 비용을 내지 않고, 구글은 검색 결과 페이지에 노출하는 광고로 돈을 번다. 구글이 광고주들의 주목을 받는 이유는 목표시장에 맞는 광고 노출과 사용자 정보 분석 기술이라는 이점을 제공하기 때문이다. 하지만 15단계의 비즈니스 모델 설계를 완벽하게 마치기 전까지는 잠재시장의 1차 고객과 2차 고객을 구분하기가 어렵다. 아직은 1차 고객에 집중하자.

둘째, 진입하려는 시장의 목표고객 그룹이 복수인 양면시장two-sided market 또는 다면시장multi-sided market인 경우다. 가령 이베이의 경매시장은 판매자(공급)와 구매자(수요)가 모두 필요한 양면시장이다.

다면시장에서는 각각의 그룹 고객에 대해 24단계의 고민 과정을 모두 거쳐야 한다.

그렇지 않으면 시장조사 결과 성공에 결정적 영향을 미치는 그룹이 하나임을 발견하고 한곳에 집중하는 편이 낫다는 선택을 할 가능성이 크다. 내가 가르치는 학생들 중 아이튠스를 표방해 디지털 예술품을 위한 플랫폼인 '미디엄'Mediuum을 개발한 팀이 있었다. 킴 고든과 샴바비 카담은 고객이 휴대전화, 태블릿, 컴퓨터, TV로 디지털 예술품을 감상하게 하는 일이 어렵지 않다는 사실을 발견했다. 문제는 어떻게 예술가들을 시장에 참여하게 할 것인가에 있었다. 이들은 신규시장 개척에는 수요와 공급이 모두 중요하다는 것을 알았지만 결국 공급자인 예술가에게 집중하기로 결정했다.

시장세분화
절차

STEP 1-A: 브레인스토밍

1단계는 다양한 시장 기회를 광범위하게 탐색하는 브레인스토밍brainstorming으로 시작하자. 브레인스토밍을 할 때는 '말도 안 되는 아이디어'crazy idea처럼 보이는 것에도 일단 관심을 갖자. 가장 흥미진진한 기회가 그 아이디어에서 시작될지도 모른다.

또한 아직 초기 단계지만 아이디어와 기술에 관한 잠재고객과의 대화는 시장세분화에 필요한 정확하고 분명한 피드백을 제공한다는 점을 기억하자. 잠재고객은 상품 전시회나 박람회에 가면 쉽게 만날 수 있다. 창업을 함께 준비하는 동료 네트워크를 활용하는 것도 좋은 방법이다. 아이디어나 기술에 관한 소문을 듣고 먼저 연락해 관심을 보이는 사람이 생길지도 모른다. 최선의 시나리오는 당신 자신이 잠재고객으로서 해결책이 필요한 문제를 가장 잘 이해하는 경우다.

창업 아이템이 있다고 해서 시장과 제품의 구체적인 윤곽도 머릿속에 다 들어 있다고 생각하면 곤란하다. 초보 창업가답게 자신의 가설과 판단이 옳은지 신중히 검토해야 한다. 어쩌면 시장에 대한 정의가 구체적이지 않다는 결론이 날지도 모른다. 기대하던 시장이 자신의 아이디어에 적합하지 않고 다른 시장이 더 훌륭한 대안으로 떠오를 가능성도 있다. 열린 마음으로 정보를 받아들이고 창의적으로 생각하라.

예를 들어 창업 동기를 다음과 같은 한 문장으로 요약했다고 가정해보자. '고등학교 교사와 학부모가 아이들에 관한 의견을 교환하고 자유롭게 의사소통하는 소셜 네트워크를 만들고 싶다.' 이렇게 끝나면 지속 가능한 사업으로 육성하기 어렵다. '기술로 교육 서비스의 질을 개선하고 싶다'는 문장으로 다시 시작하는 게 어떤가. 그다음에는 이 아이디어가 자신의 열정을 불러일으키는 이유를 자문해야 한다. '기술'이 이유라면 교육 이외에도 가능한 분야가 얼마든지 존재한다. 만약 교육이 초점일 경우 교육 서비스 세분화로 출발해야 한다. 단, 교육 서비스 개선 해법을 첨단 기술에 한정해서는 안된다.

신기술 개발이 창업 동기라면 시야를 산업 전반으로 확대해 기술에 따른 혜택을 따져보자. 특정 분야에서 탁월한 전문성이 있더라도 기술을 적용할 여지가 없다면 다른 분야로 눈을 돌려야 한다. 그래야 나중에 자신의 열정을 발휘할 아이디어 선별이 가능해진다.

먼저 아이디어를 적용하기에 적합한 시장을 찾아라. 그리고 각 시장에서 혜택을 얻는 사람을 열거하라. 이때 초점을 그냥 고객이 아니라 최종사용자에게 맞춰야 한다. 가령 수업 교재, 칠판, 학습계획서를 사용하는 주체는 학교가 아니라 교사다. 특히 기업이 수익을 내면서 성장하려면 열렬한 지지자 그룹이 있어야 한다.

그러면 기술로 교육 서비스를 개선한다고 해보자. 최종사용자는 누구일까? 교사, 교장, 학부모, 학생 모두 그 후보다. 이들 그룹은 각각 세분화가 가능하다. 초점을 대학에 둘 것인가, 아니면 초등학교에 둘 것인가? 서로 다른 학교 유형은 최종소비자와 어떤 관련이 있을까? 국가와 지역별로 최종사용자의 특성이 다르지 않을까?

초등학교는 다시 공립학교, 사립학교, 가톨릭학교, 홈스쿨로 구분할 수 있다. 또 공립학교 교사의 교육 방법은 국가와 지역별로 그 내용과 수준이 다양하다. 그것은 한 국가나 지역 내에서도 도시, 교외, 시골 학교가 각각 다르다. 중고등학교 교사는 대개 자신이 전공한 교과목을 담당한다. 그런데 사회과목의 경우에는 역사와 지리처럼 다시 세부 주제로 나뉜다. 대부분의 학교에는 미술교사, 음악교사, 체육교사, 보조교사, 특수교육교사도 있다. 〈도표 1-1〉의 사진을 참고하자.

최종사용자 후보를 결정했다면 그들이 하는 일과 그들의 특성을 정리해보자. 예를 들면 교외에 위치한 고등학교 과학교사는 수업, 평가, 수업 준비, 자기계발 및 훈련, 학부모 상담, 화학약품 정리 등을 하면서 시간을 보낸다. 대도시 초등학교 교사는 화학약품 정리는 하지 않지만 비품 구매 업무를 책임진다. 만약 여러 과목을 가르친다면 '수업'을 과목별로 다시 쪼갤 수 있다.

이때 하위 범주에서 유사성을 발견하고 하나로 묶고 싶은 유혹에 빠지더라도 시장조사 이후 판단하라. 고객을 충분히 이해하지 않고 범주를 통합하는 것은 위험하다.

내가 가르치는 학생들을 관찰해보니 최종사용자가 교사처럼 조직 및 기업의 구성원일 때는 시장세분화 단계를 비교적 쉽게 완수했다. 반면 최종사용자가 개인이나 가계 등 일반 소비자일 때는 시장세분화에 어려움을 겪었다. 시장세분화를 할 때 소비자의 구매 의도를 질문하면 도움이 된다. 학부모들이 기능을 개선한 교육 서비스를

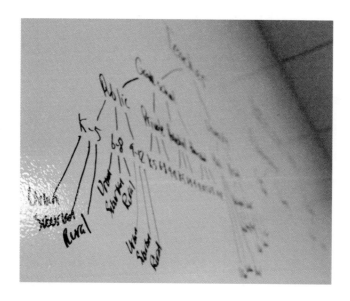

시장을 분석하면 많은 세분시장이 존재한다는 사실을 알 수 있다. 넓은 범주 안에 다시 다양한 특성을 지닌 그룹이 존재하는 것이다. 그러므로 먼저 시장을 세분화해야 한다. 그다음 어떤 기준으로 범주화할지 결정하라.

구매하려는 이유는 무엇일까?

또 다른 예로 배터리 수명을 늘리는 신기술을 개발했다고 가정해보자. 만약 교통산업이 목표시장이고 차량 구매고객을 세분화하는 단계에 있다면, 소비자가 첨단 배터리를 탑재한 자가용을 구매하려는 이유를 알아야 한다. 이 경우 환경의식, 효율성, 과시욕, 편의성, 가치관 등 여러 설명이 가능하다. 소비자의 목적이 효율성에 있다면 다시 저비용에 초점을 두는 소비자, 고성능을 추구하며 가격 민감도가 낮은 소비자로 구분할 수 있다.

이제 요약을 해보자. 최종사용자를 세분화할 때는 우선 포괄적으로 광범위하게 둘러봐야 한다. 여기까지가 브레인스토밍이다. 각 세분시장을 분석하는 다음 단계에서는 목록을 줄여야 한다.

STEP 1-B: 목록 줄이기

아이디어와 기술 적용 가능성, 최종사용자 후보군을 확인했다면 이제 매력적인 시장 기회를 선정해 6~12개로 줄이는 작업에 들어가자. 시장조사 결과, 아이디어와 기술 적용 가능성이 최종사용자의 요구에 부합하지 않을 가능성도 있지만 지금은 최종사용자에게 집중하자.

제프리 무어는《토네이도 마케팅》Inside the Tornado에서 문서관리 소프트웨어 회사 다큐멘텀Documentum이 여든 개의 잠재시장 목록을 줄일 때 사용한 다섯 가지 기준을 소개한다. 이 중 첫 번째 기준을 두 개로 나누고 창업 멤버들의 열정을 추가한 일곱 가지 기준은 다음과 같다. 이것을 매력적인 시장 기회를 판단하는 기준으로 활용하기 바란다.

1) 목표고객의 지불 능력이 충분한가?: 고객에게 돈이 없다면 신생기업이 성장하는 데 필요한 지속적인 현금 창출을 기대하기 어려우므로 전혀 매력적인 시장이 아니다.

2) 목표고객이 판매조직에 쉽게 접근할 방법이 있는가?: 기업 설립 초기에는 품질 개선 주기를 짧게 설정하고 지속적으로 업그레이드를 반복해야 하므로 중개인에게 의존하기보다 고객과 직접 거래하는 편이 낫다. 더구나 이전에 없던 완전히 새로운(파괴적일 가능성도 있는) 혁신제품이므로 제3자가 효과적인 수요 창출 방법을 터득하기도 쉽지 않다.

3) 목표고객이 구매할 수밖에 없는 절박한 이유는 무엇인가?: 유사한 대체 제품이 있을 때 내가 만든 제품을 선택할까? 이미 익숙한 제품에 그냥 만족하지 않을까? 대다수 고객이 변화를 최대한 거부하고 과거를 고수하려는 경향이 있음을 명심하라.

4) 협력업체와 함께 완제품을 당장 출시하는 것이 가능한가?: 강의할 때 나는 종종 "아무리 성능이 뛰어난 엔진이 등장해도 엔진을 직접 구입해 차에 장착하려는 사람은 없다"고 말한다. 고객은 부품 하나하나가 아니라 완성된 자동차를 원한다. 고객의 욕구를 충족시키는 완벽한 해결책을 내놓으려면 다른 제조업체 혹은 판매업체와 협력해야 한다. 더불어 파트너에게 그 작업 공정에 참여할 충분한 가치가 있다는 확신을 주어야 한다.

5) 난공불락의 경쟁자가 버티고 있는가?: 원하는 것을 줄 테니 어서 지갑을 열라고 재촉하는 경쟁자는 어느 시장에나 존재한다. 고객의 관점에서 경쟁자는 얼마나 강력한가?(기업이나 기술적 관점이 아니다) 처음부터 고객과의 관계 형성조차 어려울 만큼 막강한 존재인가? 당신의 제품이 두각을 나타내 고객의 눈에 띄려면 어떻게 해야 하는가?

6) 세분시장segment의 성공을 발판으로 다른 시장으로 진출할 수 있는가?: 거점시장을 장악한 다음 기존 제품이나 영업 전략을 약간 수정해 인접시장에 쉽게 진입할 수 있을까? 아니면 전면적인 변화를 시도해야 할까? 거점시장에 계속 머물며 한곳에 집중하고자 한다면 힘들게 시장을 확장할 필요는 없다. 제프리 무어는 이것을 볼링 앨리bowling ally(볼링에서 스트라이크를 치기 위해 헤드핀[1번 핀]을 집중 공략하는 것—옮긴이)에 비유해 거점시장이 헤드핀 역할을 한다고 설명한다. 볼링에서 헤드핀이 쓰러지며 다른 핀과 충돌해 줄줄이 쓰러지는 것처럼 거점시

장 장악은 인접시장에 진출하거나 동일시장에서 다른 제품을 출시할 때 초석이 된다.

7) 창업 팀의 가치관, 열정, 목표에 부합하는 시장인가?: 다른 기준을 앞세우느라 창업가의 개인적인 목표를 밀어내서는 안 된다. 센스에이블의 창업 멤버들은 처음부터 기술적 능력을 고려해 비교적 짧은 4~5년을 활동 기간으로 가정했다 (이후 상장이나 매각 가정). 공동창업자 토머스 매시와 론다 매시가 고향인 켄터키 주로 돌아가길 원했기 때문이다. 우리에게 중요한 변수는 목표 기간 내에 가시적인 성과를 창출하는 것이었고 이 기준에 적합한 시장을 선택해야 했다.

이제 일곱 가지 질문을 산업 수준에서 던져보자. 또 최종사용자 입장에서 어떤 답이 나와야 하는지 고민해보자. 산업 내에서 여러 범주를 구분했을 경우 이번에는 범주별로 질문을 해보자. 교사, 학부모, 교육행정가, 학생을 구분했다면 고등교육기관과 초등학교로 나눈 다음 국가와 지역별로 구분하고 또다시 공립과 사립으로 나눠 질문하는 식이다.

이때 제약 조건은 시간이다. 시간은 한정돼 있고 각각의 시장을 철저히 조사해야 하므로 그 숫자를 무한정 늘릴 수는 없다. 내가 볼 때 6~12개 시장으로도 충분하다. 아니, 사실을 말하자면 열두 개보다는 여섯 개가 더 현실성이 있다.

STEP 1-C: 직접적인 시장조사

그럼 본격적으로 시장조사에 돌입해보자. 여기서는 고객과 이야기하고 그들을 관찰해 최고의 시장 기회를 판단하는데 필요한 근거를 모아야 한다. 세상에 존재하지 않는 제품을 선보일 시장 기회를 탐색하면서 구글을 검색하거나 시장조사기관의 보고서에 의존하는 어리석은 자세는 버려라. 만약 필요한 정보가 담긴 시장 분석 보고서를 발견했다면 한 발 늦었다는 의미다. 이미 다른 사람이 선수를 쳤고 기회는 날아갔다.

시장조사를 할 때는 잠재고객을 직접 만나 그들이 놓인 상황, 불편한 점, 기회, 시장 등에 관해 풍부한 자료를 얻어야 한다. 유감스럽게도 지름길은 없다. 고객을 만나기 전에 다른 경로를 통해 고객과 시장에 대한 기초 정보를 수집하기도 하지만, 결국 그것은 피상적이고 무의미한 자료에 불과한 경우가 많다. 고객과 직접 접촉하는 시장조사는 그 가치를 따지는 것이 불가능할 정도로 중요하다.

잠재고객과 대화하는 방법　무엇보다 생각의 흐름이 계속 이어지도록 잠재고객을 고무해야 한다. 도중에 말을 가로막거나 약속을 받아내려 애쓰지 마라. 당신이 물건을 팔기 위해 접근했다고 느끼는 순간 고객은 태도를 바꾼다. 창의적인 아이디어라도 거침없이 쏟아내길 멈추고 가급적 말을 아끼거나 당신이 가정한 시장 기회에서 크게 벗어나지 않는 얘기만 해야 한다. 당신이 제공하는 정보는 고객이 본래 알고 있던 지식과 별반 다르지 않거나 오히려 왜곡되어 있을 가능성도 있다.

다른 한편으로 고객이 제품 기획 아이디어를 제공하거나 문제해결책을 알려줄 거라고 기대하는 것도 바람직하지 않다. 직접적인 시장조사의 목표는 고객의 불편사항을 보다 정확히 이해하고 효과적인 해결책을 탐색하는 데 있다. 그러므로 고객이 직면한 근본적인 문제와 시장 기회의 원천을 철저히 분석하고 인터뷰 혹은 '관찰 연구' observational research 를 해보자. 고객의 행동이 말보다 더 중요한 이유는 때로 말과 행동이 일치하지 않는 경우도 있기 때문이다.

가능한 한 최종사용자를 많이 만나는 것이 좋지만 다른 사람에게 유용한 조언과 정확한 방향을 부탁하는 방법도 있다. 때로는 제3자를 통해 최종사용자를 엉뚱한 그룹으로 정의했음을 깨닫기도 한다.

정확한 정보를 수집하려면 어떻게 해야 할까?

- 지적 호기심이 강해야 한다.
- 전화통화, 토론, 장거리 이동 등 사람을 만나는 일을 두려워해서는 안 된다.
- 상대가 많이 말하도록 유도하고 귀 기울여 경청한다.
- 열린 마음으로 상대를 대하고 선불리 해결책을 단정하지 않는다(주장하지 말고 질문한다).
- 유연한 태도를 보이되 제안의 핵심을 간단명료하게 설명한다.
- 정보 수집은 중요한 과정이므로 인내심을 발휘해 충분한 시간을 투자한다.

시장조사를 할 때 반드시 염두에 둬야 할 세 가지 사항도 기억하자.

① 내게 잠재고객의 수요에 대응할 '정답'이 있다고 착각해서는 안 된다.
② 고객에게도 '정답'은 없다.
③ 고객과의 대화는 '질문' 형식으로 이뤄져야 하며 주장이나 판매는 금물이다. 상대의 이야기에 귀를 기울여라. 구매를 종용하지 마라.

시장조사 계획   각 시장에서 수집해야 하는 정보는 다음과 같다.

1) 최종사용자 End User: 제품을 사용할 사람은 누구인가? 최종사용자는 당신과 운명을 함께할 존재로 이들이 시장 진출의 성패를 좌우한다. 따라서 후보 목록을 이

미 한 차례 줄이긴 했어도 시장조사를 통해 최종사용자를 더욱 세분화해야 한다(12단계인 '구매결정에 영향을 미치는 사람들을 분석하라'에서 다시 설명하겠지만 최종사용자는 구매결정권자가 아닐 수도 있다. 가령 아동용 비디오 게임 시장에서 구매결정권자인 부모를 움직이는 존재는 어린이다).

2) 용도Applications: 최종사용자는 어떤 목적으로 제품을 구입할까? 어떤 부분에서 획기적인 혁신을 이뤄내야 하는가?

3) 혜택Benefits: 최종사용자가 얻는 가치는 무엇일까? 제품 특징이나 기능이 아니라 고객이 궁극적으로 얻는 이득을 구체화해야 한다. 시간 단축일까? 아니면 비용 절감? 수익 증가?

4) 선도고객Lead Customers: 사고 리더십thought leadership을 발휘해 신기술 채택에 가장 큰 영향력을 미치는 고객은 누구인가? 이들을 등대고객lighthouse customer이라고 부르는데 그 이유는 이들의 구매가 준거점이 되어 다른 고객도 즉시 신뢰를 보내며 구매하기 때문이다. 더러 '얼리 어댑터'early adopter(선각 수용자. 호기심과 열정으로 남보다 빠르게 신기술 제품을 사용하는 사람—옮긴이)라고 부르는 사람도 있지만 여기서 말하는 선도고객이 기술에 열광하는 것은 아니다. 허세나 특권의식을 누리기 위해 제품을 구입하지도 않는다. 이들은 제품의 진정한 가치를 꿰뚫어보는 혁신적인 자세로 존경을 받는다.

5) 시장 특성Market Characteristics: 신기술의 도입을 장려하는 시장인가, 아니면 가로막는 시장인가?

6) 파트너Partner: 혹은 참가자Players 고객의 욕구를 충족시키는 해결책을 제시하기 위해 어떤 기업과 연합해야 하는가? 이것을 9번과 연결해 고민해보자.

7) 시장 규모Size of the Market: 시장 침투에 100퍼센트 성공한다고 가정했을 때 고객 수

는 얼마나 될까?

8) 경쟁자Competition: 실제로 유사한 또는 유사한 것으로 보이는 제품이 존재하는가? 다시 강조하지만 고객 관점의 경쟁자여야 한다.

9) 필수 보완재Complementary Assets Required: 다른 제품이 있어야 고객 수요를 완벽히 해결할 수 있는가? 만약 그렇다면 고객의 선택을 받기 위해 다른 제조업체의 제품과 묶어서 판매하는 전략을 고려해야 한다. 적어도 고객이 어떤 제품과 함께 구매해야 하는지 알아야 한다. 가령 게임을 개발 중이라면 잠재고객에게는 게임 디바이스도 필요하다.

표를 만들어 가로축에 잠재시장을 적고 세로축에 수집해야 할 정보의 종류를 적은 다음 하나씩 채워 나가자. 아이디어나 기술에 따라 다른 정보가 더 필요할지도 모른다. 불필요한 정보도 있을 수 있으므로 위에서 제시한 기준을 기본 틀로 삼아 적절히 변형해서 사용하기 바란다. 이미 수백 개 기업이 이 표의 도움을 받았다. 그들은 정보의 종류를 추가하거나 삭제해 개별 상황에 따른 맞춤형 표를 사용했다.

시장세분화에
시간을 얼마나 투자해야 할까?

최소한 3, 4주 동안 시장세분화에 꼬박 시간을 투자해야 한다(상황이 허락한다면 더 길게 잡아도 좋다). 또한 무슨 수를 써서라도 목표시장 고객과 직접 만나 양질의 자료를 수집해야 한다. 총 투자시간은 창업 멤버들이 시장조사를 얼마나 효과적으로 수행하느냐에 달렸다.

우선순위가 높은 후보시장의 빈 칸을 정확한 정보로 채우려면 충분한 시간을 쏟아야 한다. 이때 인터넷 검색이나 탁상공론으로 시간을 허비하지 말자. 그런 방식으로는 완벽한 시장 기회를 발견하지 못하거나 정보 과잉으로 '분석 마비 상태'analysis paralysis에 빠질 수도 있다. 설령 완벽한 시장을 발견할지라도 그것이 하나가 아닐 수도 있으므로 주의해야 한다.

시장세분화를 할 때 무한 반복에서 헤어나지 못하면 곤란하다. 목표는 시장 기회를 정확히 평가하는 데 있다. 지금 우리는 첫 번째 단계에 있고 창업 성공을 위한 보물상자는 23단계를 더 지나야 얻을 수 있다. 계속해서 다음 단계로 나아가며 정보와 지식을 축적할수록 1단계로 돌아오는 일이 많아질 것이다. 단순화를 위해 순차적 과정으로 표현했지만 창업은 전진과 후퇴를 되풀이하는 순환적 과정이다(여섯 가지 질문과 24단계 그림을 떠올려보자).

사례

센스에이블 테크놀로지스

센스에이블 테크놀로지스는 3차원 입체 영상이라는 강력한 원천 기술을 토대로 탄생한 회사다. 기술 개발자는 토머스 매시로 당시 그는 로드니 브룩스Rodney Brooks 교수가

〈도표 1-2〉 센스에이블 테크놀로지스의 팬텀

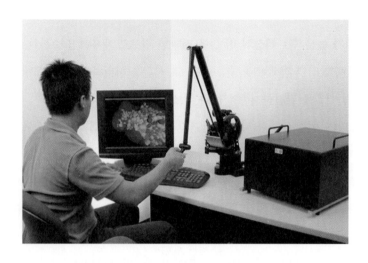

이끄는 MIT 인공지능연구소Artificial Intelligence Laboratory 산하 로봇연구소Robotics Laboratory 소속 학부생이었다. 매시는 지도교수 켄 샐리스베리Ken Salisbury와 함께 스타일러스 펜과 유사한 위치 지정 도구(컴퓨터 화면상의 커서 이동을 제어하기 위한 입력 장치—옮긴이) 기반의 인터페이스interface(서로 다른 두 개의 시스템이나 소프트웨어가 상호작용하도록 이어주는 부분—옮긴이)에서 가상의 형태를 3차원 공간에서처럼 인식할 수 있는 기계를 만들었다. '팬텀'PHANToM이라 불리는 이 기계는 손가락이나 스타일러스의 움직임 혹은 스크린에 가해지는 힘을 감지해 형태, 동작, 무게 등 다양한 물리적 특성을 구현한다(도표 1-2).

아이디어와 기술에서 획기적인 도약을 이룬 기계가 등장했다는 소문이 돌자 전 세계 각지에서 무수히 많은 질문과 제안이 쏟아졌고, 매시는 연구용 버전을 개발해 제품 판매에 들어갔다. 팬텀의 얼리 어댑터는 대부분 대학과 연구소 소속으로 혁신제품이라면 물불을 가리지 않고 사들이는 '기술 애호가'technological enthusiasts였다(제프리 무어의《캐즘 마케팅》에 기술 애호가의 특징이 자세히 나와 있다. 무어는 이들을 '전기 다수 수용자' early majority라는 시장에 도달하기 위해 반드시 건너야 하는 첫 번째 다리라고 설명한다).

내가 매시를 처음 만났을 무렵 그는 '센스에이블 디바이스'를 설립해 연구소를 상대로 제품을 공급하고 있었다. 한층 더 상업적인 기업을 설립해 세상에 긍정적 영향을 미치고자 한 그와 내가 힘을 합친 결과물이 '센스에이블 테크놀로지스'다.

우리의 목표는 5년 이내에 센스에이블 테크놀로지스를 수천만 달러의 가치가 있는 기업으로 키우는 것이었고, 가능성이 있는 시장을 필사적으로 탐색했다. 그때 시장 기회 발견과 시장조사를 통한 고객 수요 확인을 여러 차례 해본 사업개발 부문 책임자 존 랜타가 큰 역할을 했다.

우리는 몇 주간 기존 고객 인터뷰, 상품 전시회 피드백, 고객 문의 리뷰, 각자의 상상력 등 모든 자료를 참고한 뒤 1차 잠재시장 목록을 작성했다. 복싱 채널, 우주정거장 유지 및 보수, 컴퓨터 수술, 포르노그래피, 컴퓨터 게임, 교육, 자료 분석, 모의 비행 장치, 가상 세계, 박물관, 스포츠, 시각장애인용 컴퓨터 등 우리에게 허무맹랑한 아이디어란 없었다. 우리는 모든 선입견을 배제했고 조리개를 활짝 열어놓은 채 온갖 빛을 받아들였다. 그런 다음 주간 아이디어 회의는 기본이고 매일 밤마다 우리의 핵심 가치와 각자의 열정을 쏟아내며 내키지 않는 시장 기회(가령 포르노그래피)를 추려냈다.

브레인스토밍의 또 다른 성과는 차별화된 제품 가치가 2차원이 아닌 3차원 데이터 활용에 있다는 사실을 확인한 점이다.

우리는 완성한 잠재시장 목록을 체계적으로 검토한 후 여덟 개 산업으로 줄였고 이를 바탕으로 세분시장 조사표를 만들었다(도표 1-3). 그렇게 시장조사를 진행하며 표를 채우느라 다시 몇 주가 흘렀다. 우리는 유명 연구기관의 보고서나 인터넷 검색 자료는 거의 참고하지 않았으며 고객 상황, 불편한 점, 기회, 시장 특성 등 정보의 90퍼센트를 잠재고객과 직접 접촉해서 얻었다.

우리가 최초 진입시장 후보로 선택한 여덟 개 시장은 고객군, 최종사용자, 용도, 시장 특성 등 모든 것이 달랐다. 여기에 '연예오락산업'Entertainment이 포함된 이유는《토이 스토리》Toy Story 등의 3D 애니메이션 제작에 참여한 애니메이터들이 들려준 이야기가 매우 흥미로웠기 때문이다. 우리는 애니메이션 전문가의 디자인 의도를 최대한 살리는 기술은 물론 비용 대비 효과성 측면에서도 큰 이점을 제공할 수 있었다.

'산업 디자인'Industrial Design 시장은 활용도 관점에서 선택한 것으로 우리가 만난 제품 디자이너들은 컴퓨터 3D 기술로 실물 모형을 쉽게 제작하고 싶어 했다. 나머지 여섯 시장, 즉 의료 가시화Medical Visualization, 외과적 시뮬레이션Surgical Simulation, 현미경 수술Micro Surgery, 지구물리학 가시화Geophysical Visualization(3D 데이터 분석을 이용한 지진 관측), 인간과 컴퓨터의 상호작용에 기반을 둔 비가시적 인터페이스Non Visual Computer Human Interface(음성이나 촉각 등 인간의 의사소통 수단을 이용한 시각장애인용 컴퓨터), 프로토타이핑Prototyping(본격적인 가동에 앞서 시험적으로 가능성을 확인해보는 최첨단 3D CAD/CAMComputer Aided Design/ Computer Aided Manufacturing 시스템)에 대해서도 충분한 자료를 수집한 다음 매력적인 시장 기회의 일곱 가지 기준에 부합하는지 판단했다.

매시의 혁신제품을 구매하는 기술 광팬들 덕분에 현금흐름은 충분했고 시장 분석에 석 달을 투자했으니 그야말로 호사스런 창업이었다. 사실 몇 달간 시장 분석에 몰두하는 행운을 얻는 것은 거의 불가능하다. 현실적인 얘기를 하자면 단 몇 주 동안 시장 분석을 할 수 있어도 다행이다.

센스에이블의 시장조사표에는 '플랫폼'이 추가되었다. 플랫폼이란 기술을 실행할 기반을 제공하는 컴퓨터 운영시스템 혹은 하드웨어를 의미한다. 고가의 그래픽 전용

〈도표 1-3〉 센스에이블 세분시장 조사표

고객군	연예오락 산업	산업 디자인	의료 가시화	외과적 시뮬레이션	현미경 수술	지구물리학 가시화	비가시적 인터페이스	프로토 타이핑
최종사용자	애니메이터	스타일리스트, 디자이너	방사선전문의, 외과의	의대생, 외과의	외과의	지구물리학자	시각장애인	엔지니어
용도	조각애니메이션, 페인팅	조각, 페인팅, 모델링	의료영상 분할, 내비게이션, 모의 수술, 진단	교육, 모의 수술	안과 수술, 신경외과 수술	정확한 예측, 비상훈련 계획	인간적 인터페이스	디자인 검토, 모델링 예측
혜택	편의성 사이클 단축	사이클 단축, 높은 정확도	편의성, 높은 정확도	신기술 도입 용이, 높은 정확도	사이클 단축, 높은 정확도	오류 감소, 높은 정확도	접근성 강화	사이클 단축, 디자인 개선
선도고객	디즈니, ILM(할리우드 특수효과 회사), 드림웍스	도요타, 포드, 롤러블레이드	브리검 여성병원, 독일암센터	콜로라도대학, 펜실베이니아 대학, BDI	일본의 닥터 오가미, 오타와 클리닉	BHP빌리던, 세계기상센터/호주연방과학원	Certec(과학기술위험센터), 델라웨어대학	폭스바겐, 스트라타시스, 도요타
시장 특성	얼리 어댑터, 고임금, 고성장	CAD와 컴퓨터 반감, 고임금	대세에 따름, 고임금, 민간 의료보험	대세에 따름, 고임금, 민간 의료보험	얼리 어댑터, 고임금, 민간 의료보험, 자동화 어려움	후기 다수 수용자, 과점시장	후기 다수 수용자, 재원부족, 정부지원	대세에 따름, 사이클 단축 압박
파트너 혹은 참가자	앨리어스, 소프트이미지, 디스크리트로직	파라메트릭 테크놀로지스PTC, 앨리어스, 이미지웨어	GE, 지멘스, 피커	스미스 & 네퓨, 하트포트, 에티콘, 미국외과의 사협회	도시바, 히타치	랜드마크, 프랙탈 그래픽스	IBM, 애플, 선마이크로시스템스, 휴렛패커드, 마이크로소프트	파라메트릭 테크놀로지스, 솔리드웍스
시장 규모	4,000만 달러	수억 달러	수천만 달러	수천만 달러	수백만 달러	수백만 달러	수십억 달러	수십억 달러
경쟁자	왓컴	없음	없음	이머전	없음	없음	알 수 없음	없음
플랫폼	실리콘 그래픽스, 윈도	실리콘 그래픽스, 선마이크로시스템스	실리콘 그래픽스, 선마이크로시스템스	알 수 없음	없음	실리콘 그래픽스, 선마이크로시스템스	윈도	선마이크로시스템스, HF
필수 보완재	넙스NURBS, 스타일러스, 동역학 엔진	넙스, 스타일러스	복셀(3D 화소), 스타일러스, VRML	6자유도 표현(6DOF), 맞춤 장치	3 finger 로봇 핸드	복셀(3D 화소), 스타일러스	윈도, P300	넙스, VRML, 동역학 엔진

컴퓨터(당시에는 실리콘 그래픽스Silicon Graphics Incorporated, SGI)와 상대적으로 비용이 저렴한 개인용 컴퓨터가 구현하는 그래픽에는 큰 차이가 있기 때문에 우리는 이것을 매우 중요한 기준으로 봤다.

마지막 기준인 '필수 보완재'는 산업마다 달랐다. 엔터테인먼트 시장, 가령 3D 애니메이션 그래픽 전문회사 앨리어스 웨이브프론트Alias Wavefront의 소프트웨어가 읽을 수 있는 파일을 생성하려면 넙스NURBS(비정형 유리 비스플라인 곡선Non-Uniform Rational B-Spline) 방식의 기하학 연산 엔진geometry engine이 필요했다. 그리고 전 세계 애니메이션 제작자들은 환상적인 시각 효과를 연출하기 위해 앨리어스 웨이브프론트의 솔루션을 사용했다. 특히 애니메이터는 2D 작업에 익숙하기 때문에 스타일러스 펜도 필요했다. 또 다른 필수 보완재는 실물처럼 사실적인 움직임을 구현하는 동역학 엔진dynamics engine이었다.

이 세 가지 보완재는 모두 다른 공급업자에게 쉽게 구매할 수 있었으므로 결정적 요인은 아니었다. 그러나 최종사용자가 사용하는 제품을 정확히 이해하고 기존 시스템에 우리의 기술을 장착했을 때 반드시 필요한 보완재를 확인해 조정하는 일은 매우 중요했다.

파트너와 고객의 관점에서 이미 막대한 투자가 이뤄진 넙스 모델링은 그들에게 꼭 필요한 요구사항이었다. 다시 말해 우리는 원천 데이터와 전달 방식, 솔루션 산출물 및 출력 파일 형식을 정확히 이해할 필요가 있었다.

S·U·M·M·A·R·Y

시장세분화란 시장 기회를 발견하고 그 가능성을 확인하는 과정을 말한다. 먼저 잠재시장의 목록을 작성한 다음 시장 수를 줄이자. 그리고 시장조사 자료를 바탕으로 각 세분시장을 분석하자. 시장조사의 목표는 집중해야 할 사업 영역을 선정하기 위해 광범위하고 다양한 시장 기회를 확인하고 이해하는 데 있다. 인터뷰와 고객 관찰을 통한 시장조사는 시장 기회를 발견하는 최고의 방법임을 기억하라. 그다음 단계인 거점시장 선택은 1단계의 시장조사를 기반으로 한다.

Disciplined Entrepreneurship:
24 Steps to a Successful Startup

거점시장을 선택하라
Select a Beachhead Market

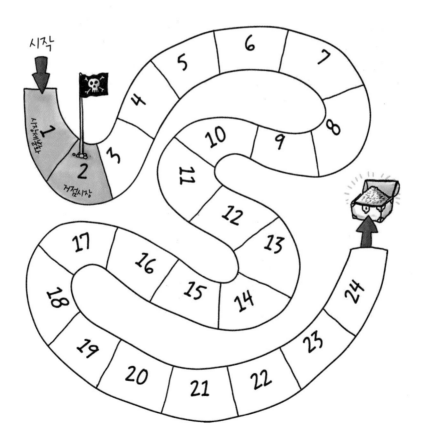

시작

1 시장세분화

2 거점시장

2단계 과제

- 1단계에서 선정한 6~12개의 시장 기회를 분석하고 최종적으로 하나를 결정한다.
- 시장을 더 세분화해 거점시장을 마련한다.

거점시장 선택은 결정적 한 방에 에너지와 열정을 집중하는 과정이다.

우리에겐 시장조사를 바탕으로 한 6~12개의 세분시장 분석표가 있다. 이 중에서 단 하나만 선택해 거점시장을 향해 나아가야 한다. 다른 시장은 깡그리 무시하자.

시장 기회를 무시하는 것은 어렵고도 고통스러운 일이다. 기회가 많을수록 성공 확률이 높고 시장에서 철수할 때를 대비해 차선책을 손에 쥐고 있어야 한다는 생각이 끈질기게 따라붙기 때문이다. 집중을 방해하는 어리석은 집착이 성공 가능성을 줄인다는 사실을 기억하자. 하나를 선택한 후 다른 것은 외면하는 절제력이 성공을 가져온다.

나 역시 집중이 얼마나 어려운 일인지 잘 알고 있다. 최선의 대안이 아님에도 불구하고 여전히 가능성을 열어두는 심리는 행동경제학자behavioral economist 댄 애리얼리Dan Ariely의 2008년 저서《상식 밖의 경제학》Predictably Irrational에 자세히 나와 있다. 여러 개의 선택지 앞에 선 사람들은 성공을 보장하는 지름길을 확인한 후에도 다른 길을 포기하지 않는다.

단 하나의 시장만 선택하라. 그래야 강력한 포지션과 안정적이고 용이한 현금흐름을 구축할 수 있다. 선택한 하나의 시장에 집중하라. 그것이 성패를 가르는 결정적 요인인 입소문word of mouth을 타는 지름길이다.

거점시장을
선택하는 기준

도하작전(적이 통제해 건널 수 없는 하천 건너편에 교두보를 마련하기 위한 작전—옮긴이)으로 적진에 침투할 때는 보통 거점을 집중 공략해 아군부대의 상륙과 세력 확대를 꾀한다. 1944년 나치의 유럽 침공에 맞선 연합군의 노르망디Normandy 상륙작전은 가장 빛나는 거점 전략 사례다. 노르망디 해안을 거점으로 선택한 연합군은 계속해서 유럽대륙 탈환 작전을 이어갔다. 만약 연합군이 거점 전략에서 성공하지 못했다면 연이은 전투에서도 승리하지 못했을 것이다.

거점시장에서 지배력을 확보해야 인접시장을 공략할 기회와 기업 성장의 발판을 마련할 수 있다. 물론 성공에 이르는 길은 하나가 아니므로 절대적인 최적 시장을 선택하는 일을 반드시 해야 하는 것은 아니다(센스에이블은 어떤 시장을 선택해도 성공 가능한 기술을 보유하고 있었다).

요점은 분석 마비 상태에 빠져 무기력하게 앉아 고민하지 말고 당장 뛰쳐나가 실행하라는 것이다. 목표는 전문가 수준의 시장 분석이 아니라 기업 설립이다. 그리고 경쟁력 있는 시장을 선택하는 데 필요한 유의미한 자료는 생각이 아니라 행동의 결과로 얻어진다. 설령 잘못된 선택임이 밝혀져도 신속하게 움직여 시간과 자원이 남아 있으면 세분시장 분석표로 돌아가 두 번째 대안을 검토할 수 있다.

1단계에서 잠재시장의 목록을 줄일 때 사용한 일곱 가지 기준은 거점시장을 선택할 때도 그대로 적용된다.

① 목표고객의 지불 능력이 충분한가?
② 목표고객이 판매조직에 쉽게 접근할 방법이 있는가?
③ 목표고객이 구매할 수밖에 없는 절박한 이유는 무엇인가?
④ 협력업체와 함께 완제품을 당장 출시하는 것이 가능한가?
⑤ 난공불락의 경쟁자가 버티고 있는가?

⑥ 세분시장의 성공을 발판으로 다른 시장으로 진출할 수 있는가?

⑦ 창업 팀의 가치관, 열정, 목표에 부합하는 시장인가?

분석 결과 최적 시장이긴 하지만 규모가 너무 크다면 거점시장으로 적합하지 않다. 처음 발을 들여놓는 시장은 학습의 장이다. 따라서 빨리 진입해 존재감을 드러내고 학습 기회를 누릴 수 있는 무대가 낫다.

이것은 운동을 배우는 원리와 마찬가지다. 운동을 할 때는 실력이 좀 더 나은 상대와 경기를 하면서 성장하게 마련이다. 처음부터 최고의 선수와 맞붙으면 프로는 확실히 다르다는 사실을 재차 확인하는 것 말고는 얻는 게 없다. 이럴 때는 차라리·코트 밖에서 경기를 지켜보는 것이 더 유익하다.

소규모 지역에서 사업을 시작할 경우 지역 내에 거점을 확보해 성공한 다음 더 큰 지역으로 진출하라. 대기업도 다 그렇게 한다. 그들은 보통 브랜드 인지도가 낮은 지역이나 국가에 신제품을 선보여 반응을 살핀 후 세계시장에 출시한다.

거점시장의
세분화

거점시장에 초점을 두고 자세히 들여다보면 얼마 지나지 않아 다시 세분화가 가능하다는 사실을 깨닫는다. 훌륭한 발견이다. 너무 작은 시장을 파고드는 건 아닌지 걱정할 필요는 없다(총유효시장의 규모를 측정하면 확인이 가능하다). 나는 초점을 충분히 좁히지 않는 창업가는 많이 봤어도 과도하다 싶을 만큼 초점을 좁히는 창업가는 별로 본 적이 없다. 단기간에 지배력 확보가 가능한 시장에서 출발하고 싶다면 좁히고 또 좁히는 전략이 최선이다.

그렇다면 얼마나 좁혀야 충분한 걸까? 다음의 세 가지 조건을 충족시킬 때까지 시장을 세분화해야 한다. 이것은 제프리 무어가 《토네이도 마케팅》에서 제시한 하나의 조건을 더욱 세분화한 기준이다.

시장을 정의하는 세 가지 조건

① 시장 내의 고객은 모두 유사한 제품을 구매한다.
② 고객에 대한 영업주기가 유사하고 제품에 대한 기대 가치도 비슷하다. 따라서 한 고객에게 적용한 영업 전략을 다른 고객에게도 적용해 추가적인 비용이나 노력 없이 큰 효과를 거둘 수 있다.
③ 고객 사이에는 '입소문'이라는 강력한 구매 준거 기준이 존재한다. 가령 고객은 같은 협회 소속이거나 동일한 지역에서 활동하는 경우가 많다. 만약 잠재시장이 고객 간 소통이 이뤄지지 않는 곳이라면 고객을 유인하기가 매우 어렵다.

위 조건을 충족시키는 시장에서는 '규모의 경제'를 달성하는 일이 가능하고, 모든 신생기업이 꿈꾸는 입소문이라는 요술지팡이를 손에 넣을 기회도 있다.

사례

센스에이블 테크놀로지스

오랜 심사숙고 끝에 센스에이블이 선택한 거점시장은 산업 디자인이었다. 얼마 지나지 않아 우리는 산업 디자인 시장을 다시 세 개로 세분화할 수 있다는 사실을 발견했다. 단순 기하학을 적용해 주로 모서리가 날카로운 직사각형을 다루는 시장, 방정식을 이용해 매끈한 표면의 고도로 양식화된 형태를 다루는 시장, 마지막은 주로 클레이 모델링clay modelling(점토 모형 제작)을 적용해 조각한 것처럼 자연스러운 형태를 디자인하는 시장이다.

센스에이블의 기술은 자유로운 형태의 디자인에 가장 적합했기 때문에 우리는 세 번째 시장에 집중해야 했다. 이 시장의 주요 고객은 모형을 만지는 디자이너들이 많은 장난감과 신발 제조업체였다(도표 2-1).

놀랍게도 전혀 연관성이 없어 보이는 완구산업과 신발산업이 우리에게는 하나의 시장이었다. 두 산업 디자이너의 작업 방식과 환경이 굉장히 비슷해 '시장을 정의하는 세 가지 조건'과 완벽하게 일치했기 때문이다.

두 산업의 디자이너들은 클레이 모델링으로 사실에 가까운 모형을 제작한 다음, 빠듯한 일정에 맞춰 간신히 중국 공장으로 보냈다. 즉, 그들은 똑같은 디자인 도구로 똑같이 작업하면서 비슷한 업무 압박감에 시달렸다. 우리는 바로 여기에 유사한 가치 제안과 영업 전략을 적용할 수 있었다.

가장 놀라운 유사성의 증거는 디자이너들이 커리어를 쌓기 위해 두 산업을 오가며

〈도표 2-1〉 완구산업과 신발산업의 유사성

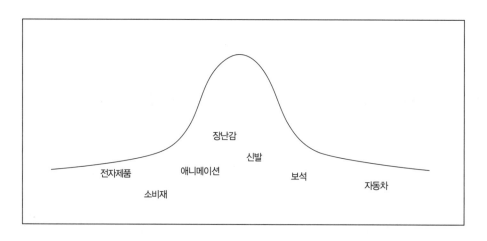

장난감과 신발 제조업이 우리가 집중할 산업이다. 인접시장은 애니메이션과 보석일 확률이 높지만 더 확장할 생각이라면 시장조사가 필요하다.

일한다는 점이었다. 심지어 그들은 미국산업디자인협회Industrial Design Society of America의 같은 분과에 소속돼 있었다.

스마트 스킨케어Smart Skin Care

한번은 밥 랭거Bob Langer 교수 연구실 소속의 박사 과정 학생이 유망한 신기술을 들고 내 강의실로 찾아왔다. 페드로 발렌시아라는 그 학생은 의료 분야에서 나노입자 합성 속도를 획기적으로 개선한 신기술을 선보였다. 그 기술을 적용하면 나노 크기 폴리머polymer(단위 분자가 수없이 많이 연결된 분자 화합물—옮긴이)로 피부에 막을 씌워 약물이 24시간 동안 서서히 스며들게 하는 치료가 가능했다.

이후 페드로 팀은 원내, 외래, 암 치료 등 응용 가능한 의료 서비스 분야 및 사례를 조사하며 몇 주를 보냈다. 그러다가 또 다른 세분시장을 발견했는데 그것은 지속력이 중요한 자외선차단제 시장이었다. 흥미롭게도 자외선차단제 같은 소비재는 식품의약국Food and Drug Administration, FDA 승인이 필요한 의약품에 비해 시장진입을 하는데 비용과 시간이 훨씬 덜 들었다. 여기에다 제품 사용자와의 긴밀한 관계 형성과 피드백으로 효율적인 기술 상용화 추진이 가능했다.

그런데 시장이 너무 방대하고 다양해 1차 시장조사를 근거로 재세분화를 해야 했다. 그들은 결국 '철인 3종 경기 등 익스트림 스포츠extreme sports(스노보드나 빙벽 타기 혹은 번지점프처럼 스피드와 스릴을 만끽하며 극한에 도전하는 신종 모험 레포츠─옮긴이)를 즐기는 30대'라는 세분시장을 발견했다. 잠재고객은 누구보다 경쟁심이 강하고 소득이 충분해 체력 단련에 아낌없이 돈을 투자했다. 연구진이 고객을 만나 아이디어를 전했을 때 그들은 매우 긍정적인 반응을 보였다.

페드로 팀의 거점시장은 위험천만한 스포츠를 즐기는 사람들이었고, 연구 팀은 여기에서 자외선차단제가 성공할 경우 다른 시장으로의 진출도 어렵지 않다는 사실을 깨달았다.

S·U·M·M·A·R·Y

하나의 시장만 선택하라. 그리고 세 가지 조건(고객 모두 유사한 제품을 구매하고, 고객에 대한 영업주기와 제품에 대한 기대치가 비슷하며, 고객 사이에 '입소문'이라는 강력한 구매 준거 기준이 있다)을 충족시키는 완전히 동질적인 시장을 찾을 때까지 계속 세분화하라. 집중만이 살 길이다.

최종사용자의 특징을 구체화하라

Bulid an End User Profile

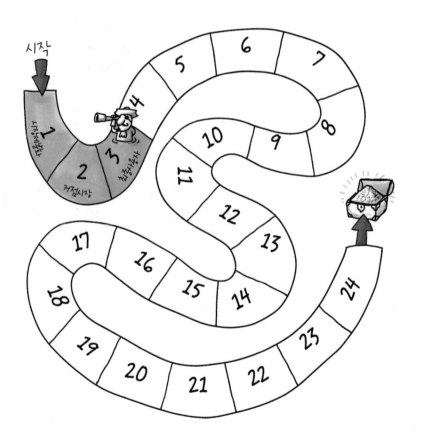

3단계 과제

- 시장조사 자료를 토대로 세부시장 최종사용자의 특징을 구체적으로 정의한다.

목표고객의 특징을 시작으로 고객을 정의하는 일에 착수하라.

특정한 거점시장을 선택했다면 이제 고객을 이해해야 한다. 성공하기 위해서는 팔려는 재화 및 서비스를 시장에 밀어 넣기보다 고객이 원하는 것을 제공해야 한다는 사실을 깨닫는 것도 이 단계의 주요 목표다.

엄밀히 따지면 고객은 최종사용자와 의사결정 단위decision-making unit(의사결정에 참여하는 사람들—옮긴이)로 나뉜다. 최종사용자는 의사결정 단위를 구성하는 중요한 일부지만 가장 중요한 구성원이 아닌 경우도 많다. 좀 더 자세히 살펴보자.

- 최종사용자: 재화 및 서비스를 사용하는 개인을 의미한다. 일반적으로 제품을 구매한 기업 또는 가정의 구성원이다.
- 의사결정 단위: 제품 구매 여부를 결정하는 개인을 의미하며 여기에는 세 유형이 존재한다.
  - 지지자, 옹호자: 특정 제품의 구매를 간절히 원하는 사람으로 대부분 최종사용자다.
  - 경제적 구매권자: 지출 결정 권한을 가진 사람으로 때로 최종사용자와 일치한다.
  - 영향력 행사자, 거부권자, 구매부서 등: 의사결정권자의 결정을 직접 통제하거나 영향력을 미치는 사람을 의미한다.

3단계 과제는 최종사용자를 정의하는 일The End User Profile이고 이것을 매우 상세하게 진행해야 4단계인 '총유효시장의 규모 측정'이 가능하다. 그리고 5단계에서 최종사용자와 일치하는 페르소나Persona를 선정함으로써 고객은 훨씬 더 구체성을 띤다. 최종사용자가 제품을 원치 않으면 제품이 고객에게 도달하는 것 자체가 불가능하므로 최종사용자에게 집중해야 한다.

거점시장 선택이 끝났으니 최종사용자를 구체화하는 것쯤은 문제없다고 생각할지도 모르지만, 여기에도 시간을 투자해 더 조사해야 한다. 초점을 좁게 맞춘 시장에서도 사용자는 완전히 똑같지 않다. 그러니 최종사용자의 인구통계학적demographic 특징을 파악해 초점을 좀 더 좁혀보자.

왜 다시
'집중'인가?

거점시장이 아무리 작아도 최종사용자는 가지각색이다. 시장에는 남녀노소, 도시 및 시골 거주자가 뒤섞여 있다. 그들 중에는 평생 한곳에 머무는 사람도 있고 세계 방방곡곡을 돌아다니는 사람도 있다. 무엇보다 제각기 다른 목표와 기대, 두려움을 지니고 있다. 그 시장에서 비교적 동질성이 강한 핵심 최종사용자에게 초점을 유지하고 그들을 통해 신생기업 성장에 필요한 초기자금을 안정적으로 확보하려면 다른 잠재고객은 버려야 한다.

이미 몇 번 언급했고 앞으로도 계속 강조하겠지만 목표고객을 만나 대화하고 관찰하고 피드백을 주고받는 일은 24단계가 끝날 때까지 계속 이어져야 한다. 1차 또는 직접적인 시장조사는 창업 성공의 필수 요건이다. 이것은 다른 방법으로 접근하기 어려운 소중한 정보를 수집하고 정보 이면에 존재하는 숨은 의미를 이해할 수 있는 유일한 수단이다.

직접적인 시장조사에서 얻은 정보의 가치가 가장 높다는 사실을 기억하자. 혼자 골

똑히 생각한다고 해서 최종사용자의 프로파일을 얻을 수 있는 게 아니다. 목표는 유사한 특성 및 수요를 공유하는 최종사용자의 하위그룹을 설정한 다음, 그들을 상세히 기술 혹은 묘사하는 데 있다. 거점시장을 찾아낼 때와 똑같은 방식으로 하위그룹을 선정하라.

하나의 제품을 다양한 사용자에게 판매하려는 노력은 한 번에 여러 시장에 진출하려는 시도만큼이나 초점이 흐릿하고 방향성이 없다. 스물다섯 살 청년과 쉰 살 장년에게 같은 영업 전략을 쓸 수는 없다. 기능 목록도 최종사용자의 요구사항이나 우선순위에 따라 달라져야 한다. 모든 최종사용자를 만족시키려고 시도해서는 안 된다. 모든 사람의 수요를 만족시키기에는 시간과 자원이 부족하다.

최종사용자의 프로파일 정보 예시

- 성별
- 연령
- 수입
- 거주지
- 욕구, 동기
- 걱정, 두려움
- 롤모델, 영웅
- 여가, 외식 스타일
- 선호하는 매체, 사이트, TV 프로그램
- 구매 의사결정 기준(비용, 체면, 모방)

- 개성, 독창성
- 살아온 이야기(경력)

이 중에는 지금 당장 작성하기 어려운 정보나 중요하지 않아 보이는 정보가 있을지도 모른다. 5단계에서 페르소나를 정의할 때 다시 수정 및 보완해도 되므로 걱정할 것 없다.

최종사용자와 함께
창업을

창업 멤버 중에 최종사용자의 프로파일과 일치하는 사람이 있다면 큰 행운이다. 최종사용자를 얼마만큼 이해하느냐가 성공을 좌우하기 때문이다. 그런 사람이 없을지라도 최종사용자가 누구인지, 그들이 무엇을 원하는지 엉뚱한 가설을 세워놓고 고민할 필요는 없다. 프로파일이 유사한 사람을 찾아 경영진으로 영입하는 방법도 있으니 말이다.

사례

센스에이블 테크놀로지스

우리는 〈도표 3-1〉의 최종사용자 프로파일 덕분에 목표고객을 보다 자세히 이해할 수 있었다. 여기에는 시장 규모 측정 단계의 기준인 코호트cohort(통계상 동일한 특색이나 행동 양식을 공유하는 집단—옮긴이) 정보도 있고 그밖에 우리의 성공에 결정적 역할을 한 배경 정보도 담겨 있다.

러시아 차량 공유 서비스 실패 사례

내가 가르치는 학생들 중 한 팀이 모스크바에 새로운 차량 공유 서비스 모델의 도입을 구상했다. 이들은 최신 기술에 관심이 많은 젊은 운전자에게 초점을 맞추고 모바일 기기와 소셜 미디어라는 새로운 소통 수단을 활용한 진출 방안을 모색했다.

그런데 최종사용자 프로파일이 세분화와 거리가 멀었다. 그들은 가능한 한 많은 잠재고객을 끌어들였고 그 결과 초점이 흐려지고 말았다. 최종사용자의 성별은 여성과 남성이었으며 연령은 17~40세였다. 과연 17~40세의 여성과 남성이 똑같은 목표, 기대, 고민을 갖고 있다고 가정할 수 있을까? 직업군에는 학생, 전문직, 기업 중간관리자, 심지어 일자리를 구하러 지방에서 모스크바로 이주한 사람들까지 섞여 있었다.

거점시장도 모호하기는 별반 다르지 않았다. 그들은 한 번쯤 '사람들이 차량 공유 서비스를 원하는 이유는 뭘까?' 하고 질문을 던졌어야 했다.

그들이 '사회 계층'social level이라는 불분명한 기준을 넣어 최종사용자를 '중간 또는

<도표 3-1> 센스에이블의 최종사용자 프로파일: 완구산업과 신발산업 디자이너

성별	남성(90%), 여성(10%)
연령	24~35세, 평균연령 31세
직위	독자적으로 성과를 창출할 수 있는 전문직이지만 관리자급은 아님
수입	지역 차이가 있고 평균 연소득은 5만~6만 달러
학력	로드아일랜드 디자인스쿨Rhode Island School of Design, 패서디나 아트센터Art Center College of Design in Pasadena 등 유명 디자인 학교 출신
경력	대부분 경력자이며 현 직장을 평생직장으로 여기지 않는다. 일이 재미있고 성취감을 준다면 계속 남아 있겠지만 경쟁이 치열하고 냉정한 시장이라 언제든 퇴직당할 수 있음을 알고 있다. 회사에 대한 애착이 강하지 않아 보다 나은 기회가 주어지면 주저 없이 떠난다.
상황	스스로 직장인이 아니라 예술가라고 생각한다. 상업시장에서 벗어나 예술계에 투신하고 싶지만 생존을 위해 타협한 상태다. 창작활동을 병행하는 경우도 있으나 예술가적 소질을 발휘할 수 있는 상업제품 제작에도 진지하게 접근하며, 완성품에 자신의 디자인 의도를 제대로 반영하지 못하면 절망한다. 이런 이유로 새로운 디지털 도구가 쏟아져 나와도 디자인적 표현이 용이한 공방에서 작업하는 방식을 고집한다. 물론 그들은 첨단기술을 능수능란하게 다루고 심지어 전문가 수준에 이르기도 하지만 그것이 그들의 핵심 역량은 아니다. 기술은 목적에 이르는 수단에 불과하다. 집이나 사무실에 애플컴퓨터가 있을지도 모르지만 작업할 때는 주로 윈도 기반의 PC를 이용한다.
성격	활달하고 사교적이지만 절제를 지킨다. 경제적으로 넉넉하지 않기 때문에 무분별하게 낭비하지 않는다. 술은 적당히 기분 전환용으로 마시고 가볍게 마약에 손댈 때도 있다. 함께 둘러앉아 테크노 팝(컴퓨터 음악의 대가 토머스 돌비Thomas Dolby의 음악 등)을 들으며 예술을 이야기한다. 상하의 모두 검정색을 즐겨 입고 상당수가 피어싱이나 문신을 하고 있다. 사람들과 어울리기를 좋아하지만 조용히 혼자만의 시간을 즐기기도 한다.

상위'medium or high라고 정의한 점도 이해하기 어려웠다. 사회 계층은 무슨 의미일까? 최종사용자의 사회 계층을 더 구체적으로 기술하는 방법은 없을까?

물론 최종사용자들이 스마트폰을 갖고 있다는 구체적인 특징도 있었다. 그러나 제조업체 혹은 통신 사업자에 따라 이용자 사이에 큰 차이가 발생하므로 스마트폰이라는 기준을 다시 나눠야 한다. 최종사용자는 기술 발전에 뒤처지지 않는 얼리 어댑터고 소셜 네트워크 서비스를 활발하게 이용한다는 가정 역시 세분화가 필요하다(어떤 소셜 네트워크인가?).

이 팀은 시장조사부터 다시 진행한 다음 최종사용자를 좀 더 구체적으로 정의해야 했다. 구매결정 우선순위 분석, 제품 포지셔닝, 제품 사양 정의, 마케팅 메시지 기획, 입소문 전략 수립 등의 과정에 필요한 명확성을 확보하려면 성별·연령·직업 등 각 카테고리의 초점을 좁혀야 한다.

스포츠 포털, 베이스볼 뷔페BaseBall Buffet

또 다른 창업 팀이 내놓은 것은 좋아하는 스포츠 팀의 정보를 얻고 다른 팬들과 교류할 수 있는 포털 사이트를 구축하는 아이디어였다(일단 야구에서 시작). 어찌 보면 검열 당국의 눈을 피한 ESPN(미국 스포츠 전문 채널)의 스포츠 토크쇼라고 할 수도 있지만 여기에는 다양한 주제와 참여자 간의 활발한 상호작용이라는 차별성이 있었다. 그뿐 아니라 당시 폭발적인 관심을 불러일으킨 스포츠 게임 시장으로의 확장도 기대할 수 있었다.

이 팀은 잠재고객 범위를 18~34세 남성으로 좁혔다. 이들의 목표고객은 사회 초년병으로 이제 막 안정적인 수입원을 확보해 평생 지속될 구매습관을 형성하는 시기에 있기 때문에 주류, 자동차, 전자제품 업체들이 온갖 광고매체를 동원해 이들의 마음을

〈도표 3-2〉 베이스볼 뷔페 최종사용자 프로파일

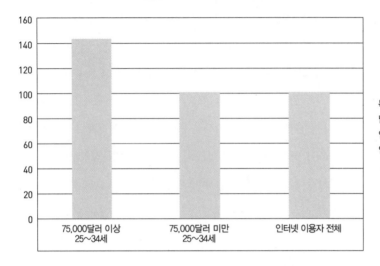

소득과 연령을 기준으로 본 인터넷 사용 수준

목표고객:
남성, 24~35세,
인터넷 사용자,
연소득 75,000달러 이상

연소득 75,000달러 이상 25~34세 인터넷 사용자 성비

여성 28%

남성 72%

자료: 주피터 리서치(JupiterResearch, 'Young Affluents Online'

목표고객 관심사(18~34세 남성)

여성	70%
스포츠	50%

자료: 컴스코어 미디어 메트릭스ComScore Media Metrix

사로잡으려 안간힘을 쓴다. 직접적인 시장조사 결과 잠재력이 풍부하다는 판단을 내린 창업 팀은 목표고객을 보다 정확히 이해하기 위해 기존 자료와 보고서를 검토했다.

〈도표 3-2〉를 통해 최종사용자의 프로파일의 주요 구성 요소를 살펴보자.

최종사용자 프로파일을 보면 연소득 7만 5,000달러 이상의 25~34세 남성에게 집중해야 한다는 결론이 나온다. 이는 다른 그룹은 후보군에서 배제해야 한다는 의미다. 그런데 '목표고객 관심사'target audience interests 자료를 보면 장밋빛 낙관론을 짓뭉개는 듯한 진실을 대면할 수 있다. 18~34세 남성이 가장 즐겨 찾는 웹사이트는 여성 사진을 모아 놓은 곳(이상한 사이트가 아니길 바라지만 최종사용자를 이해하려면 실상을 정확히 파악할 필요가 있다)이고, 그다음이 스포츠 사이트다.

S·U·M·M·A·R·Y

목표고객에 대한 분석과 이해가 아직 완벽하진 않지만 최종사용자를 구체화하는 작업은 앞으로의 여정에 방향성을 제시한다. 그럼 목표고객에게 정확히 초점을 맞춘 망원경을 가지고 이제부터 긴 여정에 들어가자.

최종사용자를 정의하는 일은 구체화의 성배를 찾는 과정에서 굉장히 중요한 역할을 하며, 이때 비로소 고객이 구체적인 실체를 띠기 시작한다. 내 관심과 역량이 아니라 고객 욕구에 기반을 둔 창업의 중요성을 깨닫는 것도 이 단계의 중요한 과제다. 물론 창업가의 관심과 재능도 중요하지만 그건 부차적인 요인이라는 사실을 잊지 말자.

거점시장의 규모를 이해하라

Calculate the Total Addressable Market(TAM) Size
for the Beachhead Market

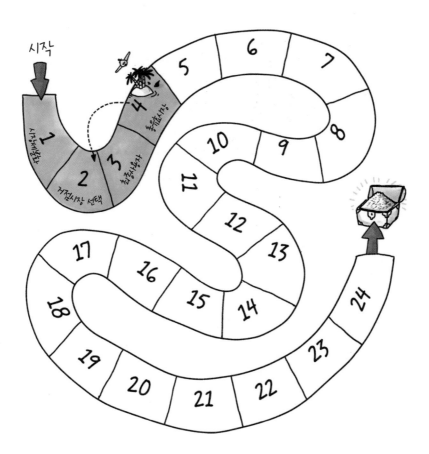

4단계 과제

- 최종사용자 프로파일에서 수집한 자료를 근거로 거점시장의 규모를 측정한다.
- 적정 규모에 이를 때까지 거점시장을 더 세분화해야 하는지 판단한다.

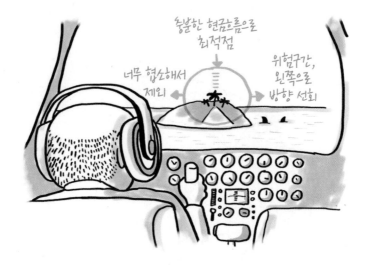

충분한 현금흐름으로 최적점

너무 협소해서 제외

위험구간, 왼쪽으로 방향 선회

거점시장 규모는 목표지점을 향해
똑바로 가고 있는지 알려주는 핵심 지표다.

거점시장 규모를 이해하는 것은 매우 중요하다.
시간이 흐르면서 추정치는 계속 수정하겠지만 정확한 방향을 조준하고 있는지 판단하기 위해
대략적으로라도 시장 규모를 파악한 후 점차 정확도를 높이는 것이 현명한 방법이다.

거점시장 선택과 최종사용자 정의를 통한 구체화가 끝나면 총유효시장 규모를 1차적으로 측정하는 데 필요한 조건을 마련한 셈이다. 총유효시장Total Addressable Market, TAM 규모란 시장점유율 100퍼센트에 도달했을 때 달성 가능한 연매출이다.

거점시장의 총유효시장 규모는 네 단계로 측정한다. 먼저 상향식 접근 방법으로 시장조사 자료를 분석해 최종사용자 프로파일을 충족시키는 사용자 규모를 추정한다. 이어 추정한 사용자 규모를 하향식 분석으로 검증한다. 그다음으로 고객 1인당 발생하는 매출을 산정하고, 마지막으로 사용자 수에 한 사람당 매출액을 곱하면 총유효시장의 규모가 나온다. 우리가 찾는 시장은 안정적인 현금흐름이 이뤄지고 핵심 역량 개발로 일정한 임계 수준에 도달했을 때 지속 성장이 가능한 충분히 큰 시장이다. 그렇지만 너무 큰 시장에서는 경쟁에 필요한 자원을 갖추기조차 어렵다. 이럴 경우 매력적인 실적을 제시하지 못해 투자 유치에 실패하고 시장에서 물러나야 한다.

예비창업가는 흔히 근거 없는 낙관론에 빠져 총유효시장 규모를 부풀리기도 하지만, 사실 목표는 큰 시장이 아니다. 이 단계에서 해야 할 일은 다른 사람을 설득하고 이해시키는 것이 아니라 시장에 대한 보수적이고 방어적인 추정치를 통해 스스로 확신을 갖는 것이다.

—

상향식
분석

—

최종사용자 프로파일에 적합한 사용자 수를 추정하는 최선의 방법은 '인구조사'counting

noses 방식이라고도 불리는 상향식 분석bottom-up analysis이다. 이것은 고객 목록이나 협회 등 여러 정보원의 자료를 바탕으로 잠재고객 수와 최종사용자 규모를 확인하는 방법이다. 인적사항 등 잠재고객의 구체적인 특징을 파악하는 과정이기 때문에 이를 인구조사 방식이라고 한다.

—
하향식
분석
—

하향식 분석top-down analysis은 시장 분석 보고서 등 2차 자료에 의지해 최종사용자 규모를 추정하는 방식이다. 이것은 방대한 시장 자료를 역피라미드형으로 정렬하는 방식으로, 고객의 특징을 계속 세분화해 범위를 좁혀 나가면 최하층에 최종사용자 프로파일에 적합한 고객만 남는다.

하향식 분석은 두 가지 이유에서 상향식 분석을 보완하는 역할로만 의미가 있다. 첫째, 하향식 접근은 결과 검증이 쉽지 않아 최종사용자 수를 과장하는 경향이 있다. 둘째, 하향식 분석에 치우치면 고객은 안중에도 없고 숫자 놀이에 빠질 가능성이 있다. 나는 스프레드시트 위의 복잡한 숫자와 계산식에서 살아 움직이는 고객을 발견하는 사례를 본 적이 없다.

최종사용자로부터
매출 예측

최종사용자 규모를 확인했다면 이제 개별사용자에게서 발생하는 연간 매출을 추정할 차례다. 사용자 수에 한 사람당 매출액을 곱하면 연매출로 측정한 총유효시장 규모가 나온다.

그런데 고객의 지불 의사 추정에는 몇 가지 가정이 필요하다. 가능하면 잠재고객 Potential Customer의 예산을 근거로 하라. 동일한 가치를 얻기 위해 현재 지출하고 있는 비용은 얼마인가? 과거에 신제품을 출시했을 때 얼마를 지불했나? 내가 잠재고객에게 제공하는 가치는 어느 정도인가?

총유효시장의
적정 규모

만약 거점시장의 연매출 추정액이 500만 달러(약 51억 원) 미만이라면 충분한 규모라고 보기 어렵다. 창업가는 시장 크기와 점유율을 과대평가하는 경향이 있기 때문에 실제 시장은 예상보다 작고 점유율도 기대치에 미치지 못할 가능성이 크다. 동업자나 고문, 투자자도 이러한 사실을 잘 안다. 따라서 추정 규모가 500만 달러 미만이라고 말하면 실제로는 훨씬 더 작을 거라고 예상한다. 규모가 작은 시장에서는 흑자를 기록하며 성장을 위한 변곡점에 이르기가 매우 어렵다.

목표로 삼기에 가장 좋은 규모는 2천만 달러 이상 1억 달러 미만의 시장이다. 만약 10억 달러가 넘는다면 일단 경계해야 한다. 500만 달러 규모도 초기에 시장 제압이 가능하고 이익률이 높으며(90퍼센트에 달하는 소프트웨어, 모바일 앱, 정보 제공 및 전달 등) 많은 인력이 필요치 않은 시장이라면 성공 가능성이 있다. 안정적인 현금흐름을 기반으로 높은 성과를 올릴 수 있을 경우 거점시장 자격이 충분하다.

여기서 다음 단계로 나아가 시장을 좀 더 이해하면 자연스럽게 시장 규모를 다시 추정해야 한다는 생각이 든다. 시장 규모 예측은 성공적인 재화 및 서비스 창조라는 여정에서 가장 기본적이고 핵심적인 단계다. 숫자와 근거를 잔뜩 기대하는 투자자나 고문들에게 사업 아이템 혹은 기술을 제안하기 위해서라도 반드시 시장을 정확히 이해해야 한다. 그렇다고 이 단계에 지나치게 시간을 투자할 필요는 없다. 총이익, 속도와 성장세, 시장 지배적 위치, 전략적 가치 등 성공을 결정하는 변수는 매우 다양하기 때문이다. 절대적인 시장 크기에서 조금 더 깊이 들어가면 성장률이 궁금해진다. 그때는 연평균 성장률Compound Annual Growth Rate, CAGR이라는 개념을 참고하라.

사례

센스에이블 테크놀로지스

센스에이블은 초점이 명확해 실제 고객 수를 파악하는 상향식 시장 규모 추정에 오랜 시간이 걸리지 않았다. 우리는 해스브로Hasbro 등의 완구회사와 계속 인터뷰했고 출판물이나 기사 등에서 필요한 자료를 쉽게 구할 수 있었다. 그리고 미국산업디자인협회 직원과 친분을 쌓아 고객 목록을 정리하는 데 도움을 받았다.

완구산업 고객 목록

- 해스브로(미국, 아시아, 유럽)
- 매텔Mattel(미국, 아시아, 유럽)
- 피셔 프라이스Fisher-Price(미국)
- 피셔 프라이스 계열사(미국)
- 크리에타Creata(미국, 아시아)
- 에쿼티 마케팅Equity Marketing
  (미국, 아시아)
- 마케팅 스토어Marketing Store(미국)
- 제미Gemmy(미국)
- 젠틀 자이언트Gentle Giant(미국)
- 화이트스톤Whitestone(미국)
- 반다이Bandai(아시아)

- 토미Tomy(아시아)
- 유니텍Unitec(아시아)
- 허먼 인더스트리스Hermon Industries
  (아시아)
- 루엔 싱Luen Shing(아시아)
- 시냅스Synapse(유럽)
- 슐라이히Schleich(유럽)
- 플레이모빌Playmobil(유럽)
- 디즈니랜드Disneyland(유럽)

짐작했겠지만 완구산업은 미국, 아시아, 유럽이라는 세 개의 지역권으로 나뉜다.[1]

---

1. 사업 초기에는 시장세분화의 중요성을 여전히 깨닫지 못했기 때문에 세 시장 모두를 상대로 제품을 팔았다.

〈도표 4-1〉 센스에이블 고객 목록: 완구산업

유럽	미국	아시아
시냅스	해스브로	반다이
해스브로	매텔	토미
슐라이히	피셔 프라이스	유니텍
플레이모빌	피셔 프라이스 계열사	크리에타
매텔	크리에타	허먼 인더스트리스
디즈니랜드	에쿼티 마케팅	루엔 싱
	마케팅 스토어	매텔
	제미	해스브로
	젠틀 자이언트	에쿼티 마케팅
	화이트스톤	

이는 시장세분화 과정이 완벽하지 않음을 의미하므로 다시 하나의 지역에 초점을 맞춰야 한다. 우리에게는 지역을 기준으로 〈도표 4-1〉처럼 정리한 고객 목록이 의미가 있었다.

고객 목록을 정리한 후 우리는 각 회사에 근무하는 디자이너 수, 즉 사용자 규모를 파악했다. 해스브로와는 수없이 많은 대화를 나누며 신뢰를 쌓은 덕분에 그다지 어렵지 않았다. 또 우리는 매텔과 피셔 프라이스에서 일하는 친구들에게도 도움을 청했다.

나중에는 종업원 1,000명당 디자이너 수, 매출액 100만 달러당 디자이너 수의 대략적인 값이 나왔고 우리는 이 숫자에 '디자이너 밀도'designer density라는 이름을 붙였다. 그리고 '인구조사' 방식을 적용할 시간이 없거나 마땅한 정보원이 없는 고객은 역으로 종업원 혹은 매출 자료로 디자이너 수를 추정했다.

신발산업의 시장 규모 추정도 동일한 과정을 거쳤다. 우리는 처음 작성한 다음의 고객 목록을 지역별로 구분하는 작업부터 시작했다.

신발산업 고객 목록

- 아디다스Adidas(미국, 유럽, 아시아)
- 나이키Nike(미국, 아시아)
- 뉴발란스New Balance(미국)
- 리복Reebok(미국, 유럽, 아시아)
- 휠라Fila(미국, 유럽)
- 에코 디자인Ecco Design(미국, 유럽)
- 스트라이드 라이트Stride Rite(미국)
- 스팔딩Spalding(미국)
- 락포트Rockport(미국)
- 팀버랜드Timberland(미국)

- 울버린Wolverine(미국)
- 닥터 마틴Doc Martens(유럽)
- 알사Alsa(유럽)
- 가버Garbor(유럽)
- 커트 존Kurt John(유럽)
- 클락Clark(유럽)
- 레그라 디자인Regra Design(유럽)
- 포우첸Pou Chen(아시아)
- 펑 테이Feng Tay(아시아)
- 아식스ASICS(아시아)

이제 시장 규모를 결정하는 주요 변수인 최종사용자 규모 조사가 끝났다.

다음은 개별 사용자에게서 발생하는 매출, 즉 기업이 디자이너 1인당 지출하는 비용이다. 우리는 센스에이블과 유사한 기능이지만 사양이 낮은 디지털 도구를 사용할 때 혹은 디지털 도구 없이 제품을 만들 때 지출하는 비용을 적용하기로 했다. 이때 우리는 제품 운송과 검수 비용, 긴 제품주기, 주기적으로 출시하는 새로운 버전 구입 등 다양한 비용 구성 요소 중 수집과 비교가 용이하고 우리의 시장 잠재력을 대표하는 변수라고 판단한 디자이너 한 사람당 소요 비용에 초점을 두었다.

<도표 4-2> 센스에이블 거점시장의 총유효시장 규모

	유럽	미국	아시아
디자이너 수(완구산업)	1,500명	1,000명	1,000명
디자이너 수(신발산업)	750명	500명	500명
연간성장률 전망	8%	8%	8%
1차 시장조사(디자이너 1인당 비용)			
작업대	20,000달러	20,000달러	15,000달러
컴퓨터(소프트웨어 포함)	15,000달러	15,000달러	10,000달러
작업대 수명	5년	5년	5년
컴퓨터 수명	3년	3년	3년
연간 비용 (디자이너는 작업실에서 모형 제작과 컴퓨터 작업을 동시에 수행하며 센스에이블 제품이 두 종류의 작업을 모두 대체한다는 가정)	9,000달러	9,000달러	6,333달러
총유효시장 규모			
완구산업	13,500,000달러	9,000,000달러	6,333,333달러
신발산업	6,750,000달러	4,500,000달러	3,166,667달러
거점을 위한 총유효시장 규모 총계	20,250,000달러	13,500,000달러	9,500,000달러

　　미국과 유럽의 기업들은 디자이너 작업대에 평균 2만 달러를 지출하고 5년 주기로 교체한다. 컴퓨터와 디자인 소프트웨어 비용은 3년 단위로 한 사람당 1만 5,000달러를 지출한다. 두 비용 모두 센스에이블 제품을 구입하면 더 이상 지출할 필요가 없다(아시아의 기업이 지출하는 비용은 이보다 적다. <도표 4-2>를 자세히 살펴보자).

　　우리는 연성장률 추정치도 산정했다. 플러스 성장률이 시장 건전성을 나타내는 훌륭한 지표이기 때문이다. 물론 이것을 총유효시장 규모에 직접 반영한 것은 아니지만 이후 단계에서 유용한 자료로 활용할 수 있었다.

콘텐츠 다운로드 사이트, 온디맨드코리아_{OnDemandKorea}

온디맨드코리아는 한국 출신 친구들이 모국의 소식과 트렌드에 관심이 많다는 단순한 발견을 시장 기회로 연결한 사례다. 한국 출신 학생들은 고국의 소식을 듣기 위해 TV 드라마에 관심을 보였고 대부분 저화질 불법 복제 파일을 다운로드해 드라마를 시청했다.

그 배경과 기술에 대한 이해, 잠재고객과의 친분에서 자신감을 얻은 창업 팀은 화질과 음질이 뛰어난 영상을 합법적으로 제공하는 사이트를 만들기로 했다. 냅스터_{Napster}와 카자_{Kazaa}가 사업초기에 내놓은 파일 공유 서비스에 대응해 등장한 아이튠스의 의도와 비슷한 셈이다.

이 팀은 최종사용자 프로파일(도표 4-3)을 꼼꼼하게 작성하기 위해 먼저 미국에 거주하는 한국인 수를 조사했다. 공식적인 자료에는 170만 명으로 나와 있었지만 이민자 통계가 늘 그렇듯 이는 실제 규모와 거리가 멀었기 때문이다. 무엇보다 유학생 수가 빠졌고 통계에 잡히지 않은 이민자도 꽤 많았다. 이들은 온라인을 샅샅이 뒤진 끝에 미국 거주 한인을 대상으로 서비스를 제공하는 업체들의 고객 추정치가 250만 명이라는 자료를 찾아냈다. 문제는 다음 질문에 있었다.

"250만 명 중 과연 몇 명이 사이트를 방문할까?"

다행히 창업 팀은 파일 공유 서비스를 제공하는 여든아홉 개 사이트(준미디어_{Joonmedia}, 바다_{Bada}, 댑데이트_{Dabdate} 등)에서 그 해답을 찾았다. 이들은 인터넷 조사업체 컴피트_{Compete}의 서비스를 이용해 각 사이트의 트래픽을 기준으로 사용 실태를 분석했다. 그 결과 조사 대상 사이트의 순 방문자가 총 120만 명이라는 사실이 드러났고 이는 충분한 규모의 시장이었다.

하지만 이들의 연구가 여기에서 끝난 것은 아니다. 창업 팀은 최종사용자 프로파일

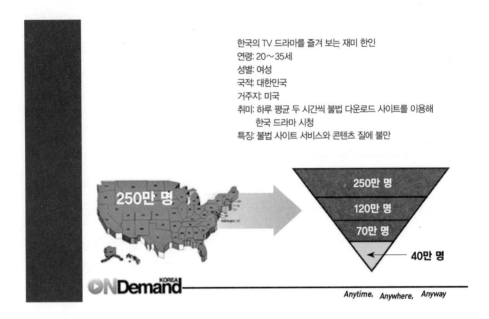

〈도표 4-3〉 **온디맨드코리아 총유효시장 규모 추정**

한국의 TV 드라마를 즐겨 보는 재미 한인
연령: 20~35세
성별: 여성
국적: 대한민국
거주자: 미국
취미: 하루 평균 두 시간씩 불법 다운로드 사이트를 이용해
　　　한국 드라마 시청
특징: 불법 사이트 서비스와 콘텐츠 질에 불만

250만 명

250만 명
120만 명
70만 명
40만 명

ONDemand KOREA

Anytime, Anywhere, Anyway

에서 가정한 목표고객, 즉 20~35세 여성이 정말로 타당성이 있는지 검증하는 테스트를 진행했다. 테스트 결과 사이트 방문자의 남녀 비율이 60 대 40으로 나타났고 여성 72만 명 중 20~35세의 비중은 55퍼센트였다. 결국 창업 팀은 최종사용자 프로파일에 적합한 잠재고객이 40만 명이라는 결론을 내렸다.

출발은 비교적 순조로웠지만 아직 끝난 것이 아니다. 총유효시장 규모는 고객 수가 아니라 연간 매출로 측정해야 하기 때문이다. 창업 팀은 40만 명의 잠재고객이 1년간 지불하는 서비스 비용을 계산해야 했다.

흥미롭게도 그들은 광고수익을 비즈니스 모델로 채택했다. 창업 팀은 우선 광고수익률을 예측하는 방법을 다각도로 검토했고 마침내 방문자당 월 광고비 수익을 1.25달러로 가정했다. 그리고 최종사용자가 상당히 구체적이라 온디맨드코리아 서비스를 오픈하면 적어도 하루 한 시간 이상 사이트에 머무는 충성고객을 다수 확보할 것으로 기대했다. 이 경우 광고비 이외의 다른 수입이 발생하지 않는다고 소극적으로 예측해도 최종사용자 1인당 연 15달러의 매출이 발생한다는 계산이 나온다. 이는 40만 명의 잠재고객이 있는 거점시장 규모가 600만 달러라는 의미다.

물론 600만 달러라는 숫자가 만족스럽지 않을 수도 있지만, 이 시장은 저비용 고수익 구조를 기반으로 안정적인 현금흐름을 확보할 수 있는 굉장히 매력적인 기회였다. 여기에다 창업 후 핵심 역량을 강화하면 안정성뿐 아니라 성장성도 기대할 수 있었다. 예를 들면 신규 서비스 추가로 고객당 매출을 높이는 전략, 중국어 자막을 넣어 추가 투자 없이 시장 확대를 꾀하는 전략도 가능했다. 미국에 거주하는 중국인이 한국 드라마를 즐겨 본다는 사실을 확인한 창업 팀은 이후 중국어 자막을 제작했다. 일단 거점을 확보하기만 하면 성장 기회는 아주 많다. 그러나 지속적으로 수입을 창출하고 임계점에 도달하려면 충분한 규모를 갖춘 거점시장이어야 한다.

온디맨드코리아는 기업과 소비자 간 거래business to consumer, B2C 창업에서 총유효시장 규모를 산정하는 방법의 정석을 보여준 훌륭한 사례다.

S·U·M·M·A·R·Y

총유효시장 규모는 시장점유율이 100퍼센트에 도달했을 때 발생하는 연매출로, 최초의 거점시장에 적용하는 개념이다. 그리고 1차 시장조사를 바탕으로 잠재고객 수를 추정하는 상향식 분석은 당신이 지금까지 그려온 시장 그림에 사실성과 정확성을 더해준다. 여기에 시장 분석 보고서 등 2차 자료에 근거한 하향식 분석으로 상향식 분석 결과를 검증하고 보완하는 것이 바람직하다. 단, 하향식 분석은 고객과의 직접적인 상호작용에 기반을 두지 않으므로 중요한 세부사항을 간과할 수 있다는 사실을 염두에 둬야 한다. 하향식 분석은 어디까지나 상향식 분석의 보완책이므로 두 가지를 병행하는 것이 가장 좋다.

잠재고객의 프로파일을 설정하라

Profile the Persona for the Beachhead Market

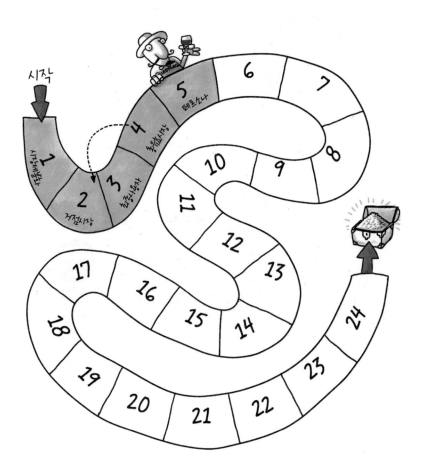

5단계 과제

- 잠재고객 중 한 명의 최종사용자를 페르소나로 선택한다.
- 실제 인물을 구체적으로 묘사한다.
- 페르소나 정보를 시각화해 창업 멤버와 공유하고 모든 의사결정 및 활동의 준거기준으로 삼는다.

이들이 단 하나의 목표에 집중하게 하려면 페르소나가 필요하다.

드디어 24단계 중 가장 흥미진진하고 그 자체로 완결성이 있는 단계에 이르렀다. 3단계의 최종사용자가 목표고객의 특성을 지닌 집단이라면 '페르소나' Persona ('가면'이라는 뜻의 심리학 용어로 여기서는 '주요 고객을 대표하는 특정 인물'을 의미한다. 저자가 특별히 '페르소나'라는 단어를 사용했기에 의도를 살려 그대로 표기한다—편집자)는 거점시장의 주요 고객을 대표하는 특정 인물을 말한다. 다시 말해 페르소나는 최종사용자 프로파일의 요건을 가장 훌륭하게 충족시키는 잠재고객이다.

이 단계를 거치면서 목표고객이라는 다소 추상적인 개념이 손에 잡힐 듯 구체적인 인물로 바뀐다. 더불어 창업 멤버와 모든 구성원은 고객을 정확히 이해하고 목표고객의 성공과 행복이라는 단 하나의 목표에 집중하게 된다. 창업 팀이 고객의 요구사항을 추측하거나 논쟁할 필요는 없다. 페르소나가 한 치의 오차도 없이 정확한 답을 알려주기 때문이다.

당신이 만약 마케팅에 관심이 있다면 페르소나 개념에 익숙할 것이다. 마케팅 부서는 전형적인 고객을 대표하는 가상의 인물을 설정해 그 특징에 걸맞은 별칭을 붙인다. 마케팅 소프트웨어 업체 허브스팟HubSpot의 마케팅 팀은 자신들의 페르소나를 메리 마케팅Mary Marketing, 알리 오너Ollie Owner라고 부른다. 물론 이런 통칭도 도움을 주지만 여기서 한 발 더 나아가야 한다. 페르소나는 몽타주가 아니라 살아 움직이는 실제 인물이니 말이다.

실제 인물을 페르소나로 선택할 경우 구체성을 띠면서 더 이상 추측이나 재고의 여지는 남지 않는다. 우리의 목표고객이 거주 지역의 교육 정책에 만족할까? 혹시 반려견에 관심을 보이지 않을까? 아이폰의 폐쇄형 소프트웨어 생태계를 선호할까, 아니면 안드로이드의 개방형 운영체계를 선호할까? 휴대전화는 이메일을 확인하는 것으로 충분하다고 생각하지 않을까? 창업 멤버들과 계속 이러한 논쟁을 해도 좋다. 그렇지만 페르소나가 실존 인물이라면 답은 하나밖에 없다.

최종사용자 프로파일에 기술한 모든 특성을 완벽하게 충족시키는 사용자를 찾기란 불가능하다! 그래도 페르소나를 구체적으로 정의하고 가급적 프로파일과 일치하는 고객을 발견하려 노력하라. 이후에는 보편적인 최종사용자가 아니라 오로지 개별 사용자에게 집중해 제품을 개발해야 한다.

페르소나 선정과
구체화 방법

페르소나를 정의하는 것은 매우 중요한 과제이므로 모든 창업 멤버가 여기에 참여해야 한다. 이게 무슨 소용이 있을까 싶어 처음에는 소극적이던 멤버도 결국에는 이 과정의 가치를 인정하고 적극 지지하게 마련이다. 무엇보다 멤버들이 문장으로는 감지하기 어려운 페르소나의 미묘한 특징을 이해하고 다른 구성원과 공감대를 형성하는 것은 물론 주인의식을 갖게 된다.

만약 제품을 출시해 매출이 발생하고 있는 신생기업이라면 우수고객 정보를 출발점으로 삼자. 판매 실적이 전혀 없을 경우에는 1차 시장조사에서 가장 높은 관심을 보인 고객들의 정보를 세밀하게 분석하라. 단, 관심에 머물지 않고 실제로 돈을 지불할 의사가 있는 고객을 대상으로 해야 한다. 단순한 관심과 지불 의사 사이에는 엄청난 차이가 존재한다. 예를 들어 당신이 다음의 질문에 대한 답을 찾는다고 가정해보자.

"최종사용자 프로파일을 대표하는 단 한 명의 고객은 과연 누구일까?"

답을 찾는 출발점은 최종사용자 프로파일이다. 종착점에서 만날 페르소나는 프로파일에 가장 잘 들어맞는 인물로 훨씬 더 구체성을 띨 것이다.

이때 최종사용자 프로파일뿐 아니라 인터뷰 등을 통해 수집한 시장조사 자료도 반드시 참고하자. 각각의 후보를 놓고 치열하게 갑론을박하라. 물론 그렇게 탄생한 페르소나도 나중에 바뀔 수 있음을 염두에 둬야 한다. 완벽한 고객을 선정하기 위해 지나치게 많은 시간을 허비할 필요는 없다. 정확히 분석하고 신중하게 선택하는 것도 중요하지만 무엇보다 일단 시작해야 한다.

자료 수집과 정리가 끝나면 페르소나에 관한 팩트 시트fact sheet(업계 동향, 화제가 되는 사실을 정리한 참고자료—옮긴이)를 작성해야 한다. 여기에 사진이나 그림도 넣고 인적사항(출생, 성장 과정, 학력, 가족관계, 연령 등)과 직업 정보(직장, 근속연수, 경력, 직위, 연봉, 기업고객인 경우 실적표 등)를 기록하라. '연봉 10만 달러 이하, 동북부 거주'처럼 모호한 정보는 의미가 없으므로 '6만 5,000달러'처럼 구체적으로 기록하고 도시 이름도 정확히 적자. 팩트 시트를 작성하다 보면 페르소나의 중요한 특성이 무엇인지 점점 명확해진다.

팩트 시트에 고객의 실명을 그대로 사용해도 무방하다. 영 불편하고 꺼림칙하다면 가명을 써도 괜찮다. 당사자에게 페르소나의 의미와 목적을 설명하고 자료를 외부에 공개하지 않겠다고 약속하면 대개는 실명 사용을 허락한다.

가장 중요한 정보는 페르소나의 구매 기준 우선순위Purchasing Criteria in Prioritized Order다. 이것이 중요한 이유는 페르소나가 자다가도 벌떡 일어날 만한 기준을 찾아야 하기 때문이다. 고객을 가장 기쁘게 하는 것 혹은 가장 두렵게 하는 것은 무엇일까? 가령 기업고객이라면 승진이나 해고에 영향을 주는 요인이 높은 우선순위를 차지한다. 구매 기준 우선순위는 당신이 바른 길로 가고 있는지 판단하는 척도다.

<도표 5-1> 척 캐롤 페르소나

시설물 유지관리 매니저, IBM 북동지구 데이터센터 근무, 매사추세츠 주 리틀턴Littleton

기업환경	• 20,000 블레이드 서버의 지난 2년 분기별 성장률 15%, 향후 전망도 대동소이
인적사항	• 아일랜드 이민자 2세 • 매사추세츠 주 메드퍼드Medford 출신 • 메드퍼드 고등학교, 미들섹스 커뮤니티 칼리지 졸업 • 윈체스터Winchester로 이주 • 두 아이(12세, 15세)의 아빠 • 40대
경력	• 중간관리자급. IBM에서 18년 근무했고 이직 의사는 없다. • 전형적인 엔지니어. 개발자로서의 특성은 찾기 어렵다. • 유지관리 업무 전문가로 전문 학위를 잘 살렸다. • 5년간 세 곳의 데이터센터 시설관리 매니저 역임. 5년 후에도 현 업무를 이어가길 희망한다. • 직급이 높아지면서 관리하는 시설물 수가 증가할 것으로 예상된다. • 연봉 6만 5,000달러, 팀 실적과 개인 성과에 따른 성과급 5퍼센트 • 성과 평가를 반영하는 연봉 인상률 최대 12퍼센트까지 가능 • 업무 완결성과 팀 기여도 평가항목에서 줄곧 1등급 또는 2등급 기록(총 5등급)
정보 획득 경로	• 인터넷 검색보다 지인들에게 물어보는 방법을 선호한다. • 데이터센터전문가협회Association for Computer Operation Management, AFCOM 소속으로 회원들의 정보를 가장 신뢰한다. 매년 10월 초 라스베이거스에서 열리는 데이터센터 월드Data Center World 컨퍼런스에 참석한다. • 그다음으로 의존하는 정보원은 데이터센터 안정성 인증기관인 업타임 인스티튜트Uptime Institute이다. • 전 세계 데이터센터의 에너지 효율성 개선을 위해 발족한 그린 그리드Green Grid에 관심이 있으나 아직 큰 영향을 받지 않고 있다. • 다른 영향력 있는 매니저들이 참고하는 제임스 해밀턴James Hamilton과 마이크 매노스Mike Manos의 블로그 포스트를 이메일로 받아 읽기 시작했고 최근 즐겨찾기에 등록했다.
우선순위	① 안정성과 신뢰도Reliability(가장 높은 우선순위)

	② 성장성Growth(높은 우선순위)
	③ 비용Costs(중간 우선순위)
	④ '친환경'Greenness(낮은 우선순위-보조 기준)
특이사항	• 포드 픽업트럭 F-150을 몰고 다니며 국산품을 애용한다.
	• 삐삐를 사용한다.
	• 컨트리 뮤직을 즐긴다.
	• 한때 자원봉사 소방관으로 활동한 것에 자부심이 강하다. 신속한 화재 진압 훈련 경험을 살려 위기상황이 닥쳤을 때 침착하게 의사결정을 한다.

고객이 우선시하는 욕구와 필요의 순서를 정확히 이해하는 것은 매우 중요하므로 24단계 프로그램 내내 고민하고 가다듬어야 한다. 최종사용자가 스스로 밝힌 우선순위는 단지 출발점으로만 의미가 있다. 인터뷰에서 고객이 직접 이야기한 내용을 모두 신뢰할 수는 없으므로 확인 및 검증하는 단계가 필요하다. 고객은 보통 자기 생각을 거짓 없이 그대로 표현하지만 실제 행동은 다른 경우가 많다.

팩트 시트를 작성하고 추가적으로 필요한 정보 목록을 정리했다면 이제 페르소나를 직접 만나는 단계로 넘어간다(대부분 1차 시장조사에서 수차례 이야기를 나눈 인물이다). 가능한 한 많은 특징을 끄집어낼 수 있도록 대화 내용에 제약을 두거나 한 번으로 끝내지 말자. 그리고 인터뷰에서 나온 세부사항을 팩트 시트에 추가해 창업 멤버들과 공유함으로써 모두 동일한 정보를 바탕으로 페르소나를 이해해야 한다. 이때 고객이 직접 말한 내용 이외에 다양한 특징을 기록하는 것도 좋다.

책상은 깔끔하게 정리되어 있는가? 벽에 걸려 있는 사진은 누구인가? 어떤 스타일의 옷을 즐겨 입는가? 삐삐를 갖고 다니는 척 캐롤처럼 특이한 점은 없는가?(도표 5-1) 때로는 이처럼 사소한 정보가 많은 것을 이해하는 데 도움을 준다.

실빅

35세
대안투자 매니저(소형 금융기관)
월수입 2,500유로(약 360만 원)

성격: 기혹. 활달하고 열정적이며 사교활동에 적극적. 전자기기를 좋아하고(애플 팬) 오토바이라 스노보드가 취미. 친구들과의 저녁식사 약속과 와인을 즐김. 마음에 맞는 사람과 거래.

목표: 임원 승진(10년 내에 부사장, 최고경영자). 탁월한 성과. 정당한 보상. 회사 성장.

수요: 가시적인 결과물 창출(고객충성도, 만족도 향상). 비용 절감. 경쟁자보다 신속하고 현명한 대응. 기술업체라의 제휴.

걸림돌: 대형 IT 프로젝트는 고비용과 오랜 시간이 소요됨. 회사의 취약한 경쟁력에 따른 업무 중압감. 사용자 친화적 기술의 파급 효과를 인지하지 못하는 고위 경영진.

페르소나 시각화는 구성원의 참여를 유도하고 각자의 마음에 페르소나의 모습을 깊이 새기는 기회가 된다는 점에서 중요한 의미를 지닌다.

팩트 시트를 완성했으면 그것을 커다란 종이에 요약해 창업 멤버들이 목표고객을 절대 잊지 않도록 잘 보이는 벽에 붙여놓자(도표 5-2). 개중에는 실물 크기의 페르소나 모형을 세워놓는 회사도 있다. 또 중요한 의사결정을 할 때 참고하도록 페르소나 정보를 전자문서로 공유하는 기업도 있다.

페르소나의 정의는
한 번으로 끝나는 연습문제가 아니다

페르소나의 가치를 탐구하는 일은 5단계에서 끝나는 게 아니다. 페르소나는 앞으로 일어날 모든 의사결정의 기준이다. 어떤 기능을 최우선으로 고려해야 할까? 혹은 제거해야 할까? 자원배분 기준은 무엇인가? 영업직은 어떤 역량을 갖추어야 할까? 어떤 메시지를 전달해야 효과적일까? 누구와 제휴할 것인가? 고객을 만나려면 어디로 가야 하는가? 고객의 제품 인지와 구매에 영향을 미치는 사람은 누구인가?

답을 찾기 위해서는 우선 창업 멤버 간 합의를 이끌어내고 모호한 의사소통이 빚어내는 오해를 해소해야 한다. 페르소나를 정의한 상태라면 지지를 얻기가 비교적 쉽다. 효과적으로 정의한 페르소나는 모든 의사결정의 지침이자 조직의 비전 수립 및 공유의 기반이 된다.

어쩌면 페르소나 팩트 시트의 오류를 발견하거나 페르소나가 최종사용자의 프로파일을 제대로 대표하지 못한다는 사실을 깨닫고, 이 과정을 수차례 반복해야 할지도 모른다. 이것은 전혀 문제될 것이 없다. 오히려 얻는 것이 더 많으므로 나는 이것을 적극 추천한다.

페르소나 정의는 일회성 이벤트가 아니다. 그것은 성공을 향해 전진하는 내내 구성원 모두가 눈앞에 그려야 하고 또 머릿속에 자리 잡고 있어야 한다. 페르소나는 모든 구성원의 좌표다.

다수의 페르소나가
필요하다면?

1단계에서 '고객'의 개념을 구분할 때 설명한 내용을 떠올려보자. 양면시장을 배경으로 하는 이베이와 구글 같은 기업에는 페르소나가 둘이다. 처음 경매 사이트를 떠올렸을 때 이베이는 아마 판매자 페르소나와 구매자 페르소나를 각각 그렸을 것이다. 구글에는 검색엔진 사용자 페르소나와 광고주 페르소나가 필요하다.

이후 확장에 확장을 거듭한 이베이와 구글에는 현재 사업 분야별로 페르소나가 존재하는데, 창업가들은 종종 이들 두 기업을 예로 들며 다수의 페르소나가 필요하다고 주장한다. 물론 자원이 풍부한 거대기업은 다수의 시장, 다수의 페르소나를 유지할 수 있지만 자원이 부족한 신생기업에게 여러 페르소나는 사치다. 그러니 대기업을 흉내 내며 허우적대지 말자. 신생기업은 하나의 페르소나에 전력을 다해야 한다. 만약 다면 시장에 진입해야 한다면 시장마다 하나의 페르소나로 충분하다.

선택과
집중

페르소나를 정의하는 것은 서비스 대상에서 제외할 고객을 확정하는 것과 똑같다. 이 말은 소중한 자원을 허비하지 않도록 집중한다는 의미다. 더러는 포기한 고객에게 효율적으로 응대하는 방법을 마련해야 할 때도 있다. 창업가가 사업 기회를 외면하는 것은 매우 어렵고 또 연습이 필요한 일이지만, 기업의 생존 혹은 수익 창출이 선택과 집중에서 비롯된다는 사실을 기억해야 한다. 때로는 내가 한 것이 아니라 하지 않은 것이 성공을 결정하기도 한다.

사례

기계식 정수 시스템의 페르소나(B2B)

기업고객(B2B)을 대상으로 한 정수 시스템 아이디어를 내건 이 창업 팀의 거점시장은 냉각 장치를 갖춘 데이터센터다. 이들은 대기업의 대규모 데이터센터나 다수의 고객이 공동으로 사용하는 대형 데이터센터가 들어선 건물에 초점을 맞췄다. 총유효시장 규모는 연 5,000만 달러, 연평균 성장률 20퍼센트로 매력적인 시장 기회지만 그만큼 경쟁자의 진입 가능성도 컸다. 이 말은 곧 집중과 신속한 시장 선점이 필요하다는 의미다.

처음에 이 팀은 센터장을 최종사용자로 보고 접근했지만, 1차 시장조사 결과 센터장 아래 직급인 시설물 유지관리 매니저가 목표고객이라는 사실이 드러났다. 정수 시스템 구매에 필요한 예산권도 시설관리 매니저가 담당했다. 창업 팀은 여섯 명의 매니저와 인터뷰를 한 뒤 최종사용자를 구체적으로 그려 나갔다.

이 팀은 시설물 유지관리 매니저라는 고객층을 가장 잘 대표하는 '척 캐롤'을 잠재적인 최종사용자로 결정했다(익명성을 위해 가명을 사용하고 일부 세부사항도 수정했다). 창업 팀이 비교적 쉽게 도움을 요청할 만큼 척과 긴밀한 관계를 유지했다는 점도 중요한 선정 이유였다. 여러 고객과 인터뷰를 할수록 척이 가장 적합한 인물이라는 사실이 더욱 두드러졌기 때문에 선택은 어렵지 않았다. 앞서 나온 도표를 통해 척 캐롤에 대한 구체적인 내용을 다시 읽고 각자 시각화를 시도해보기 바란다(도표 5-1).

척의 성장 배경 등 인적사항은 그가 직면한 사회적 압력이나 동기부여 요인을 시사한다(창업 팀은 척에 대해 훨씬 더 다양하고 미묘한 특징과 심리 상태를 알아냈지만 여기에서는 핵심만 소개한다). 또한 척의 경력은 승진, 임금, 평판 등 업무 실적에 관한 평가 정보와 직장에서 구축한 신뢰도를 짐작하게 해준다. 창업 팀은 척이 정보를 얻는 경로와 그 원천의 중요성을 이해했다. 척은 아마 창업 팀이 인터뷰에서 설명하고 제안한 정수 시스템을 꼼꼼히 조사할 것이다. 이것은 고정관념이나 정형화된 이미지에 의존하는 단순한 일반화 과정이 아니다. 어디까지나 척과 직접 나눈 대화와 관찰 그리고 다른 최종사용자와의 인터뷰를 통해 검증한 결과다. 자원봉사 소방관 중 척과 유사한 특징을 보이는 사람은 많지 않지만, 대다수 데이터센터 시설관리자는 삐삐나 자원봉사 소방관 활동 경험을 제외하면 척과 유사한 사고 체계 및 행동 양식을 보였다(놀랍게도 실제로 많은 사람에게 삐삐와 자원봉사 소방관 활동이라는 공통점이 있었다).

가장 중요한 정보는 구매 기준 우선순위다. 처음에 창업 팀은 환경친화적 시스템이라는 차별화된 판매 제안unique selling proposition에 큰 기대를 걸었다. 하지만 척은 이산화탄소 배출량 같은 환경 문제보다 데이터센터의 신뢰성에 훨씬 더 큰 가치를 두었다. 그린 데이터센터에 대한 이야기를 나눌 때 척은 멋진 제안이긴 하지만 반드시 필요한 요구사항은 아니라는 요지로 응답했다.

척의 최우선순위는 데이터센터가 가동을 멈추는 사태를 예방하는 일이다. 척의 고객과 상사 그리고 그의 고객의 고객(회사에 돈을 지불하는 최종사용자)은 데이터센터가 발전소처럼 안정적이길 원하기 때문이다. 데이터센터의 시스템이 멈추면 곧장 척의 전화기에 불이 나고 아주 불쾌한 상황이 벌어진다. 사고가 나면 총괄본부장이 격분해서 불쾌감을 쏟아내는데 그것은 척이 인생에서 가장 두려워하는 일이다. 시스템 장애를 막을 수 있다면 척은 아마 무슨 일이라도 할 것이다.

데이터센터의 안정성 다음으로 중요한 우선순위는 센터가 소속된 본부의 성장이다. 척에게 막강한 영향력을 행사하는 본부장의 관심사항은 목표 달성과 승진인데, 이는 데이터센터가 계속 성장할 때만 가능하다. 척이 성장 목표를 달성하지 못할 경우 본부장의 압력을 견디지 못한 센터장(척의 상사)이 인사이동이라는 극단적 조치를 취할지도 모른다.

세 번째 우선순위는 예산 범위 내 지출로 이것은 개인의 실적 평가에 직접 반영된다. 비용 절감은 즉각 해고를 당하는 데이터센터 가동 중지나 성장 목표를 달성하지 못하는 것만큼은 아니지만 그래도 매우 중요한 요구사항이다. 물론 척이 안정성과 성장 기준으로 우수한 실적을 올릴 경우에는 비용 절감 기준에서 다소 미진해도 무난한 평가를 받는다.

환경 문제는 제일 마지막으로 밀려났다. 데이터센터 시설관리자인 척은 에너지 효율성과 저탄소 녹색 성장에 관심이 있고 센터장과 환경 문제 전문가에게 친환경 전략 연례 보고서도 제출해야 하지만, 그것은 추가 학점처럼 도움은 되어도 의무사항은 아니다.

센스에이블 테크놀로지스

센스에이블의 페르소나인 '에드 챔프'(가명)는 마흔 살의 디자인팀장으로 최종사용자

〈도표 5-3〉 에드 챔프의 페르소나

이름	에드 챔프
직책	모형제작팀장, 해스브로 남자아이 장난감연구소, 로드아일랜드 주 포터킷Pawtucket 출신
나이	40세(함께 일하는 디자이너들보다 열 살 많지만 전혀 이질감이 없다. 관리자로서 팀원들과 스스럼없이 잘 어울린다. 참고로 팀원은 대부분 남성이다.)
연봉	7만 3,500달러(팀 내 최고수준으로 다른 직원들과 큰 격차가 있다. 같은 근무지에서 14년간 일하는 동안 탁월한 성과를 올리며 승승장구한 우수 직원이다.)
학력	미주리 주립대학 예술학사, 조소와 미술해부학 전공(개인적으로 로드아일랜드 디자인스쿨 출신을 은근히 부러워하지만 업무와 개인적 감정은 철저히 구분한다.)
개인정보	여자친구가 있지만 결혼 계획은 없다(일과 결혼한 듯함). 전처와의 사이에서 낳은 아이는 전처가 양육한다. 동성애자 친구가 많다.
경력	관리에 소질이 없고 스스로도 원치 않아 고위직 승진 가능성은 희박하다. 물가상승률에 맞춰 임금이 오르길 바라고 자기 일을 좋아하며 창의적 스타일의 삶을 즐긴다. 고용 안정성이 최우선인 나이다.
가입협회	미국산업디자인협회 열혈 멤버. 지부회의는 그가 손꼽아 기다리는 행사로 업계 동향을 파악하려는 목적도 있지만, 로드아일랜드 디자인스쿨이나 패서디나 아트센터 출신의 디자이너들과 어울리며 밤새 예술과 디자인을 이야기할 기회라는 점에서 더 큰 매력을 느낀다. 전국총회에도 참석하며 때론 미국컴퓨터학회의 컴퓨터그래픽스분과가 매년 개최하는 세계 최대의 CG박람회 시그래프SIGGRAPH(대개 로스앤젤레스에서 개최)에 참석해 파티를 즐긴다.
음악취향	동료들과 함께 토머스 돌비의 테크노 음악을 주로 듣지만 열혈 팬은 아니다.
사교활동	사회적인 활동도 직장 중심으로 이뤄진다. 동료들과 바에 가서 와인이나 다른 음료를 홀짝이며 오래 앉아 있는 것을 좋아한다. 넉넉하지 않은 수입을 탕진하지 않도록 절제한다. 술에 흠뻑 취하기보다 합성 마약designer drug (엑스터시 등)을 선호한다. 프로비던스Providence의 바를 자주 찾고 검정색 옷을 즐긴다. 각종 장신구와 피어싱, 과하지 않은 문신으로 개성을 표현한다. 삶의 중심은 예술이며 예술을 논하는 것이 곧 생활이다.

존경하는 인물	밀튼 글래이저Milton Glaser, 디즈니 픽사Disney & Pixar 애니메이션 감독 존 래스터John Lasseter 그리고 스티브 잡스
동기부여	혁신적인 제품을 기획해 디자인 의도를 그대로 살린 채 시장에 출시하는 것
두려움	① 인수합병이나 경영악화 등의 이유로 회사를 떠나는 것. 다른 디자이너와 그의 차이점 ② 시간에 쫓겨 완성도가 떨어지는 쓰레기를 제품이라고 내놓아야 하는 상황 ③ 디자인 의도를 엔지니어들이 무참히 짓밟을 때
우선순위	① 제품개발 시간 단축과 적기 출시 ② 머릿속의 디자인 의도를 정확히 제품으로 표현하기 ③ 엔지니어에게 넘어간 디자인 기획안 유지

프로파일에 완벽하게 들어맞는 인물은 아니다. 비록 목표 프로파일의 평균 연령보다 열 살이나 많았지만 그는 디자이너들을 잘 이해하고 그들과 공감대를 나누는 사람이었다. 또 나이에 비해 사고방식이 참신했고 경험과 연륜에서 나오는 유용한 정보도 풍부했다. 여기에다 척과 마찬가지로 뛰어난 전문가였고 현장에서 계속 활동한 덕분에 최종사용자의 이성적, 감정적, 사회적 맥락과 조건을 깊이 이해하고 있었다(도표 5-3).

센스에이블이 에드 챔프를 페르소나로 선택한 결정적인 이유는 그가 우리 창업 팀과 깊은 유대관계를 맺었기 때문이다. 제품 기획(기능별 가치와 우선순위)이나 영업, 마케팅 전략(가격 체계, 전달 메시지, 구매 의사결정 과정)에서 의문이 생겼을 때 우리는 답을 고민할 필요가 없었다. 그저 수화기를 들고 에드에게 전화하면 그만이었다.

나는 몇 년이 흐른 지금도 다부진 체격에 은색 장발을 휘날리는 에드와 가끔 만난다는 사실이 그저 신기하기만 하다. 〈도표 5-3〉을 만들 때 우리는 한순간의 망설임도 없이 곧바로 에드를 묘사했다. 그는 우리 팀이나 마찬가지였다.

S·U·M·M·A·R·Y

페르소나 정의는 거점시장의 주요 고객을 자세히 묘사하는 과정이다. 당신이 물건을 팔아야 할 사람은 '최종사용자 프로파일'이 아니라 특정 개인이다.

창업 멤버가 모두 참여해 페르소나를 정확히 이해하면 고객에게 초점을 모을 수 있는데, 특히 구매 기준 우선순위에 대한 이해가 중요하다.

고객에게 동기를 부여해 행동을 유발하는 요인은 이성적 차원뿐 아니라 감성적, 사회적 차원에서도 파악해야 한다. 페르소나의 욕구, 행동, 동기에 대한 이해도가 높을수록 제품 개발과 창업 성공률 또한 높아진다. 팩트 시트를 다듬고 여기에 살을 붙여 페르소나를 완성했다면 창업 멤버들이 공동 목표를 향해 전진할 수 있도록 시각화하라.

고객의 제품 구매 과정을 스캔하라
Full Life Cycle Use Case

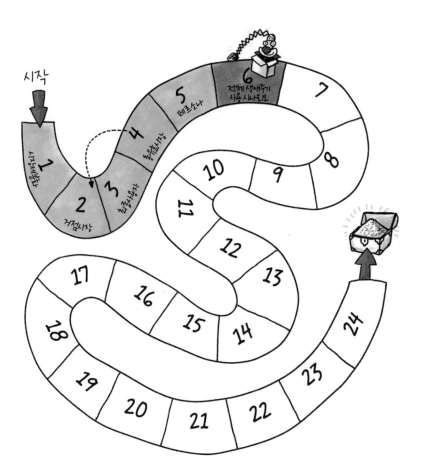

6단계 과제

- 페르소나가 제품 발견부터 구매, 사용, 가치 획득, 지불, 재구매 추천에 이르기까지 어떻게 행동하는지 자세하게 기술한다.

- 문제를 적시에 해결하고 비용 효과적으로 다루려면 사용 시나리오를 왜 확대해야 하는지 이해하는 것이 중요하다.

- 전체 생애주기 사용 시나리오에 다양한 모습을 상세히 기술해 멤버들이 명확히 이해하고 몰입하도록 유도한다.

전체 생애주기 사용 시나리오는 처음부터 끝까지 고객에게 제공하는 가치,
고객의 활용 목적에 초점을 둬야 한다.

최종사용자를 정의하고 목표고객에게 집중할 준비를 끝냈다면 이제 고객이 제품을 어떻게 사용하는지 구체적으로 이해할 차례다. 당신이 고안한 '사용 시나리오'use case(유스 케이스는 시스템을 개발할 때 사용자의 요구사항, 시스템의 범위와 기능, 사용자와 시스템 간 상호작용 등을 사용자 관점에서 처음부터 끝까지 자세하게 정의하는 시나리오로 보통 다이어그램 형태로 표현된다. 이 책에서는 이해를 돕기 위해 '사용 시나리오'라고 표기한다.—옮긴이)는 아마 전통적인 설명보다 그 범위가 훨씬 넓을 것이다. 전체 생애주기Full Life Cycle(고객 생애주기Customer Life Cycle, 제품 수명주기Product Life Cycle와 구별되는 개념으로, 대표고객이 제품을 발견하고 구매한 다음 실제로 사용하고 재구매에 이르는 전체 과정을 의미한다.—옮긴이) 사용 시나리오 개념이 필요한 이유는 제품 적합성product fit이 페르소나의 가치사슬value chain(제품 생산 및 서비스, 유통 과정에서 기업이 고객에게 제공하는 가치와 관련된 활동—옮긴이)을 충족시켜야 하기 때문이다. 고객이 제품과 만나는 주요 접점은 어디인가? 고객이 제품을 구매하려는 정확한 이유는 무엇인가? 혹은 선택을 망설이게 만드는 장애요인은 무엇인가? 전체 생애주기 사용 시나리오에는 실질적인 사용뿐 아니라 그 이전에 이뤄지는 구매와 지불, 사후관리 그리고 지원 과정을 담아야 한다. 여기에다 재구매 과정까지 분석할 경우 보다 완벽한 시나리오가 탄생한다.

이때 페르소나의 제품 사용 범위를 넓혀 제품의 필요성을 느끼는 시점까지 거슬러 올라가야 한다. 또한 제품 구매와 지불 과정도 자세히 이해해야 한다. 페르소나를 대상으로 전체 지도를 그린 뒤 다른 잠재고객에게 적용할 수 있는지 확인해보자. 제품을 실제로 사용하는 단계를 출발점으로 삼는 것이 가장 쉽다. 그다음으로 사용 이전의 획득 단계와 사후 지원 단계로 범위를 넓혀가자.

이 단계도 직접적인 시장조사에 의존해야 한다. 어디까지나 기업이 아니라 사용자의 눈으로 제품을 바라봐야 하므로 고객과의 접촉을 통해 얻은 자료가 가장 중요하다.

고객을 바라볼 때 기업가는 확대 렌즈를 사용한다. 그래서 제품에 대한 고객의 긍정적인 반응을 과장해서 받아들이고 고객이 얻는 가치와 사용 편의성에 대해서 과신한다. 또한 대체재의 존재를 망각한 채 고객이 익숙하지 않은 신생기업 제품을 가치사슬에 끼워 넣는 위험을 감수할 이유가 없다는 사실을 간과한다.

이런 식으로 쓴 시나리오는 한 편의 소설이나 다름없다. 전체 생애주기 사용 시나리오가 완벽하지 않으면 문제를 발견할 기회를 놓치고 만다. 주문량이 감소해 닥치는 대로 신규 고객과 재구매 고객을 붙잡으려 안간힘을 다하는 자신을 발견했을 때는 이미 늦다.

전체 생애주기
사용 시나리오의 범위

전체 생애주기 사용 시나리오는 기존 제품이 페르소나의 수요를 충족시키지 못한다는 판단 아래 그 대안을 찾는 과정을 알기 쉽게 설명하는 것으로 시작한다. 시장조사 과정에서 페르소나에게 제품 정보를 제공했을 것이므로 인터뷰를 하지 않았다는 가정 하에 제품 정보를 어디에서, 누구에게 전해 들었을지 추측해보자.

고객의 업무흐름workflow을 이해하면 어느 단계에서 어떤 흐름에 맞춰 제품을 업무에 통합할 수 있는지 판단하기가 쉽다. 만약 고객이 현재의 작업 방식에 대체로 만족한다면 추가로 얻는 혜택이 클지라도 급격한 변화를 원하지 않을 것이다.

전체 생애주기 사용 시나리오에 반드시 포함해야 할 내용은 다음과 같다.

1) 최종사용자는 어떤 경우에 다르게 일하기 위한 욕구가 생기거나 새로운 기회가 필요하다고 판단할까?

2) 그들은 어떤 경로로 제품 정보를 찾을까?

3) 그들은 어떻게 제품을 비교하고 분석할까?

4) 그들은 어떤 과정을 거쳐 구매를 결정하는가?

5) 그들이 제품을 어떻게 설치, 적용하는가?

6) 그들이 제품을 어떻게 사용하는가?(130쪽의 '새티스파이어' 사례가 이에 해당한다)

7) 그들이 제품 가치를 쉽게 인식할 수 있을까?

8) 그들은 어떤 방식으로 비용을 지불하는가?

9) 그들은 사후관리, 유지 및 보수를 얼마나 빈번히 요구할까?

10) 그들이 재구매하거나 입소문을 내고 추천할 가능성이 있을까?

전체 생애주기 사용 시나리오는 시각화, 다이어그램diabram(기호, 점, 선 등을 사용해 정보를 시각화하는 기술—옮긴이), 플로차트flowchart, 그밖에 어떤 형식으로든 절차와 흐름을 보여줘야 한다.

사례

고객만족도 조사, 새티스파이어Satisfier 사용 시나리오

숙박, 관광, 외식 등 이른바 환대산업hospitality industry으로 불리는 서비스업의 생사는 고객 서비스의 질이 좌우한다. 서비스가 끝난 순간 고객이 만족감을 느끼지 않으면 더 이상의 매출과 수익은 없다. 이런 이유로 특히 여러 지역을 관리하며 다양한 고객 수요를 충족시켜야 하는 여행사, 호텔, 외식업체 지사장의 고민은 복합적으로 나타난다. 이들에게는 지역이나 상황의 특수성을 반영해 고객만족도를 정확하고 신속하게 측정해줄 도구가 필요하다.

이 시장 기회를 포착한 창업 팀은 언제 어디서나 접근 가능한 스마트폰 기반의 실시간 설문조사라는 아이디어를 떠올렸다. 이들은 대학 급식업체를 거점시장으로 선택했는데, 그 이유는 투자 대비 효과가 크고 무엇보다 사업을 빨리 정상 궤도에 올릴 가능성이 높다고 봤기 때문이다. 이 팀이 고안한 고객만족도 측정 방법은 매우 간단하다. 그것은 메뉴에 '만족'과 '불만족' QR코드를 부착한 포스터를 식당 출구에 세워놓고 오늘의 식단에 대한 실시간 피드백을 얻는 방식이다. 〈도표 6-1〉은 이 창업 팀이 작성한 미니 사용 시나리오로 고객이 서비스를 이용하는 방식과 절차를 그림으로 표현했다.

이것은 전체 생애주기 사용 시나리오를 간단하게 작성한 예로 잠재고객의 피드백을 얻는 용도로 적합하다. 창업 팀은 고객이 진정으로 원하는 가치를 제공하기 위해 끊임없이 고민했고, 이 사용 시나리오는 간과하고 넘어갈 뻔한 과제를 자세히 검토할

〈도표 6-1〉 **새티스파이어의 사용 시나리오**

① 새티스파이어 사이트에 접속해 만족도 조사 양식을 작성한다.

② 배너 또는 포스터를 설치한다.

③ 고객이 스마트폰을 이용해 서비스 만족도를 평가한다.

④ 만족도 조사 결과를 새티스파이어 사이트에서 실시간으로 확인한다.

기회를 주었다.

창업 팀은 서비스의 범위와 종류를 고민하고(7단계) 페르소나를 보다 구체화했으며(5단계), 서비스 전개 과정에 참여하는 모든 인물과 그들의 역할을 확인했다. 덕분에 고객이 안고 있는 문제를 찾아내는 것은 물론 그 해결방법에 대해 멤버들이 이해하고 공유하는 일이 자연스럽게 진행됐다.

고객과의 의사소통에서 큰 힘을 발휘한 이 사용 시나리오는 굉장히 단순해 보이지만 작성 과정이 생각만큼 쉬운 것은 아니다. 또한 이것은 서비스 사용 이전(제품 정보 획득, 테스트)과 사후(지불, 사후관리, 재구매, 입소문) 단계가 포함되지 않았다는 점에서 불완전하다. 어쨌든 기업은 대부분 핵심 단계에서 시작해 앞뒤로 사용 시나리오를 확대해 나간다.

가구 쇼핑의 혁명, 필비Fillbee 사용 시나리오

필비는 가구를 구매하기 전에 공간에 잘 어울리는지 테스트할 기회를 제공해 쇼핑에 일대 혁명을 일으키려 한 창업 팀의 이름이다. 이들이 제시한 방식은 3D 소프트웨어로 컴퓨터 화면에 가구를 배치할 공간을 재현한 다음, 여기에 가구 모델을 조합해 마음에 드는 제품을 선택하게 하는 것이다. 이들의 아이디어, 기술은 모두 개념적으로 흠잡을 데가 없었지만 훌륭한 개념이 현실에 그대로 구현되는 경우는 매우 드물다.

필비 팀은 기존 쇼핑 방식의 문제점을 확인하는 데서 출발했다.

〈도표 6-2〉에서 볼 수 있듯 고객이 가구 구매 과정에서 겪는 불편함은 대개 집에 어울리지 않아 반품하는 상황이다. 다양한 지식을 갖춘 필비 팀원들은 테스트와 토론을 통해 고객이 겪는 불편을 분석했다. 결국 그들은 이런 결론을 내렸다. "가구 구입 및 배치, 정보 수집, 구매 계획과 관련해 '조사+계획'이라고 이름붙인 단계를 개선하면 고객의 불편함을 해소할 수 있다!" 필비 팀의 아이디어는 더 나아가 그들은 '조사+계획' 이후 '둘러보기'와 '구매'로 이어지는 단계를 모두 온라인에서 해결함으로써 오프라인 매장을 둘러본 뒤 온라인으로 구입하는 방식과도 차별화를 꾀했다.

구매자뿐 아니라 판매자도 고객인 필비의 아이템은 양면시장의 좋은 사례라고 할 수 있다. 그런 까닭에 전체 생애주기 사용 시나리오도 두 종류다. 우선 필비 팀은 구매자 사용 시나리오를 작성하기 위해 '아만다 필립스'라는 페르소나를 선정했다. 그리고 제품 사용 단계를 다시 하위 단계로 나눈 뒤 필립스가 사용할 수 있는 모든 기능을

<도표 6-2> **가구 거리의 악몽**

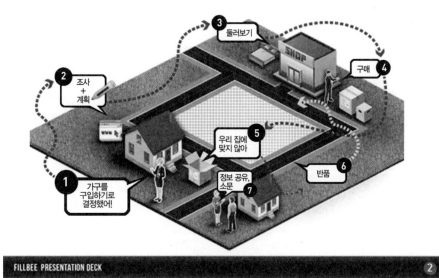

가구 쇼핑에서 고객이 겪는 불편함(새로운 해결책이 등장하기 전의 전체 생애주기 사용 시나리오 예시)

하위 단계별로 자세히 설명했다.

계획이 구체적일수록 취약점과 오류를 찾아내기가 쉽다. 또한 페르소나에 대한 이해도가 높을수록 분석의 질도 높다. 이러한 분석은 창업 팀에게 자신감을 심어줄 뿐 아니라 문제를 조기에 진단하고 해결방법을 찾기 때문에 비용 효과성도 뛰어나다.

〈도표 6-3〉에 나타난 필비의 사용 시나리오는 상당히 구체적이다. 이로써 필비의 창업 팀이 페르소나를 정의하는 데 많은 시간을 투자했음을 짐작할 수 있다. 필립스는 서비스의 세부사항을 속속들이 인지하고 있고 덕분에 그녀에게 구매 의사가 있을 경우 실제 구매로 이어질 가능성이 크다.

〈도표 6-3〉 **필비의 아만다 필립스 사용 시나리오(주요 단계가 일부 누락되었지만 훌륭한 사례)**

사용자 설정
① 표준형에서 가구를 배치할 공간의 유형 선택
② 공간 크기 입력
③ 레이아웃 설정
④ 실제로 방을 찍은 사진 두 장 업로드
⑤ 360도로 촬영한 동영상 업로드

다양한 가구 테스트
• 가구 종류 선택
• 원하는 지점에 끌어다 붙이기
• 내 집에 완벽히 들어맞는 가구를 고를 때까지 반복

절차 간소화
• 비용 최적화 진단
• 할인과 쿠폰 정보
• 여러 판매자에게 구입하는 경우에도 1회 결제로 구매 완료

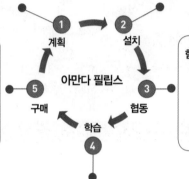

아만다 필립스
1 계획
2 설치
3 협동
4 학습
5 구매

함께 고르기
• 댓글로 친구나 가족의 의견 청취
• 디자인과 인테리어 최신 트렌드 소개
• 전문가 조언 구하기

실시간 피드백으로 고객의 의사결정 지원
• 구매 이력 기반의 맞춤형 추천
• 가구 간 간격 등 자동 설정된 배치 원칙에 따라 오류 발견
• 디자인과 비용을 기준으로 한 제품 등급과 품질지수 제공

S·U·M·M·A·R·Y

전체 생애주기를 창의적이고 시각적으로 묘사하면 제품이 고객의 가치사슬에 자리 잡는 방법과 고객의 선택을 어렵게 만드는 장애요인을 분명히 알 수 있다. 고객이 실제로 제품을 사용하는 과정(전통적인 '사용 시나리오')을 이해하는 것만 으로는 판매시점에 닥칠지도 모를 문제에 완벽히 대비하지 못한다는 사실을 기 억하자.

Disciplined Entrepreneurship:
24 Steps to a Successful Startup

제품을 시각적으로 표현하라

High-Level Product Specification

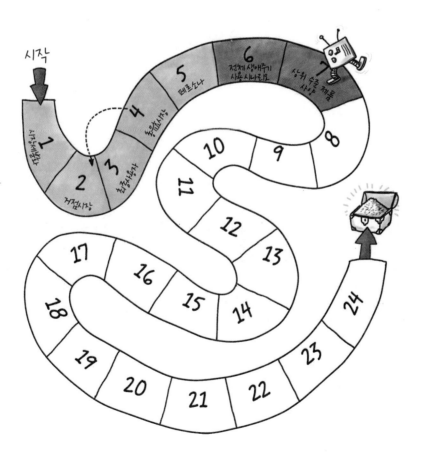

시작

1 시각화된표
2 거점시장
3 최종사용자
4 총체적사용
5 페르소나
6 전체 생애주기 사용 시나리오
7 상위 수준 제품군
8
9
10
11
12
13
14
15
16
17
18
19
20
21
22
23
24

- 제품을 시각적으로 표현한다.
- 제품의 기능이 아니라 그 기능이 창출하는 가치에 초점을 둔다.

상위 수준의 제품 사양을 정의하면 목표고객에게 더욱 집중하는 것은 물론
누구도 오해 없이 '그것'이 무엇인지 쉽게 떠올린다.

벌써 7단계다! 그러나 제품 이야기는 이제부터 시작이다. 지금까지는 제품의 상세 이미지가 흐릿한 상태에서 고객에게 몰두해 그들의 욕구와 행동을 분석했다. 이제부터는 제품의 개괄적인 정의로 시작해 24단계 창업 프로그램이 끝날 때까지 배우고 재정의하고 또 배우는 과정을 반복할 것이다.

전통주의자는 이 과정을 좀 더 일찍 시작해야 한다고 주장하지만, 고객에 대한 이해 없이 제품부터 정의하면 고객의 요구사항과 관련이 없는 제품이 탄생할 가능성이 크다. 설령 제품을 확신하더라도 출발점은 고객이다. 시장에 무작정 진입하려다 망망대해에서 길을 잃고 표류하는 신세가 되지 말고 점유 가능한 거점시장에 초점을 맞춘 다음 제품을 정의하라.

상위 수준의
제품 사양 정의

상위 수준 제품 사양High-Level Product Specification의 핵심은 그림이다. 당신이 7단계까지 오면서 배우고 준비한 작업을 바탕으로 시장에 출시할 제품의 최종 이미지를 시각화하라. 모든 세부사항을 완벽히 이해하는 것은 아닐지라도 시각화를 통해 전진해나갈 목표와 방향을 합의할 수는 있다.

제품의 시각화가 팀 내에 떠도는 혼란과 오해를 불식하고 역량을 한군데로 결집하는 과정은 놀라울 정도다. 대개는 이 과정이 명확하고 쉬울 거라고 생각하지만 이슈가 떠올랐을 때 찬반논쟁이 격렬하게 이어지면 그제야 순조로운 과정이 아님을 깨닫는다. 그렇다고 이것을 뒤로 미뤄서는 안 된다. 최종산출물에 대한 정의와 합의 없이 회사부터 세우고 뒤이어 이슈 해결에 뛰어들면 어마어마한 시간과 비용을 감당해야 한다.

만약 소프트웨어나 웹사이트를 개발한다면 한 화면에서 다른 화면으로 넘어가는 사용자의 작업 과정을 정의하는 논리적 순서도를 그리자. 제품이 하드웨어일 경우에는 다이어그램이 유용하다. 이때 핵심은 구체적이고 실체가 있는 대상을 가정하고 구성원 모두가 똑같은 대상을 정확히 이해하는 데 있다. 정의하고 수정하고 다시 세련되게 다듬는 과정을 거치는 동안(목표고객에게 맞춰 끈질기게 반복하는 과정) 이해와 공유의 정도는 점점 커진다.

이 단계에서 제품을 실제로 제작할 필요는 없다. 이 단계에서의 제품 제작은 예산 낭비일 뿐 아니라 집중을 방해한다. 상위 수준에서 큰 그림을 그리는 데 공을 들이고 한눈팔지 말자. 성급하게 제품을 제작하면 금전적인 측면에서 투자 대비 효과가 낮고 의미 없는 일, 가령 사소한 기술에 시간을 쓰는 등 멤버들의 에너지만 소모하고 만다.

시각화한 제품 사양에 대한 내용은 잠재고객과도 공유해 제품 이해도를 높여야 한다. 아직은 판매가 아니라 고객에게 피드백을 받아 제품의 강점 및 약점을 파악하는 것에 목적을 두자. 고객의 욕구를 충족시키는 제품 기획, 생산 방식, 가격 체계 수립, 판로 개척 방법을 찾으려면 배워야 할 것이 아주 많다.

제품 사양도 시간이 흐르면서 수정과 개선을 반복한다는 점에서 이 책의 다른 단계와 크게 다르지 않다.

제품 브로슈어
만들기

상위 수준 제품 사양의 정의 과정은 제품의 다양한 특징과 기능 그리고 기능을 통해 얻는 궁극적인 효용을 기술함으로써 완결성을 갖춘다. 제품이 제공하는 효용과 고객이 얻는 가치에 초점을 두고 구체적으로 묘사하라. 목표고객이 왜 당신의 제품을 구매해야 하는가? 창업 팀은 이 질문에 대한 답을 제시해야 한다.

어쩌면 당신은 한 쪽짜리 신제품 보도자료를 작성해 배포하라는 조언을 많이 들었을지도 모른다. 나는 동일한 목적이라면 차라리 제품 브로슈어를 만들라고 권하고 싶다. 페르소나 프로파일과 전체 생애주기 사용 시나리오(5단계와 6단계)를 바탕으로 제품 기능을 소개하는 브로슈어를 페르소나에게 보내는 것을 목표로 하자.

제품 브로슈어를 작성하는 일이 의미 있는 이유는 고객의 관점에서 제품을 판단하고, 아직은 다소 엉성한 가상의 제품을 고객과 함께 시험하는 기회이기 때문이다(도표 7-1). 당신은 고객의 눈과 입을 통해 제품을 돌아봐야 한다. 더불어 아이디어의 타당성을 검증하고 올바른 방향으로 나아가고 있는지 판단해야 한다.

제품 사양을 정의할 때 창업가는 종종 자기만의 세계에 빠져 주위를 돌아보지 않는다. 그때 튼튼한 안전장치 역할을 하는 것이 제품 브로슈어다.

〈도표 7-1〉 혁신적인 나선형 구조

신규 벤처를 위한 최적의 제품 솔루션은 고객이나 팀과 질문, 토론, 탐색을 무수히 반복해 얻는다.

어디서부터 어떻게 시작해야 할지 모르겠다면 마케팅 브로슈어 제작을 출발점으로 삼아라.

제품의 혁신적인 나선형 구조는 브로슈어를 제작하면서 가속도가 붙는다. 하지만 너무 집착하지 말자. 제품 브로슈어는 정보 획득에 집중하도록 도와주는 도구일 뿐이다.

사례

알테이로스 에너지 Altaeros Energies

알테이로스 창업 팀은 고도가 높아질수록 풍속이 빠르고 일정하다는 점에 착안해 해상 기지에서 공중 풍력 발전용 터빈을 띄우는 아이디어를 제시했다. 개념적으로는 단

〈도표 7-2〉 **알테로이스의 상위 수준 제품 사양**

풍력 터빈과 리프팅 보호덮개

• 터빈 날개를 감싸는 보호덮개는 튜브형 구조물로 쉽게 부상하며,
 중앙에 설치한 경량의 풍력 터빈은 200〜600미터 상공의 강한
 바람을 동력원으로 전력을 생산한다.

케이블과 기지국

• 터빈의 적정 고도를 제어하고 해안이나 해상의 저장장치로 전력
 을 송전해 전력망 혹은 최종사용자에게 전력을 공급한다.

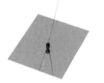

순하고 명쾌했지만 그들은 수강생, 교수, 잠재고객 앞에서 사업계획서를 발표하다가
자신들이 큰 난관에 봉착했음을 깨달았다. 기계의 모양이나 제작 방법을 구체적으로
정의하지도 이미지화하지도 못했던 것이다. 그들에게 아예 의미 있는 피드백을 주는
것 자체가 힘들 정도였다.

어쨌든 실제로 발전기를 시각화하는 과정에 돌입했을 때 팀원들은 의견이 분분
해 또다시 홍역을 치렀다. 그러나 우여곡절 끝에 공중 풍력 발전용 터빈 이미지(도표
7-2)가 탄생했을 때는 팀원 모두 제품을 정확히 이해하는 것은 물론 구체적으로 기술

한 제품 설명서를 들고 잠재고객을 만났다.

베이스볼 뷔페의 화면 설계

3단계의 최종사용자 구체화 사례에서 살펴본 베이스볼 뷔페를 기억하는가? 이들은 연소득 7만 5,000달러 이상의 25~34세 남성은 하루에 몇 시간씩 컴퓨터 앞에 앉아 스포츠 정보를 찾는다는 가정 아래 스포츠 웹사이트를 구상했다. 그들은 타당한 가정에 매력적인 시장잠재력을 갖춘 그 아이디어를 토대로 페르소나까지 명확하게 정의했다. 하지만 전체 생애주기 사용 시나리오 단계에서 진척이 없어 상위 수준 제품 사양을 통해 시나리오의 명확성을 보완해야 했다.

〈도표 7-3〉은 베이스볼 뷔페의 웹사이트 화면이다. 창업 팀은 모든 야구 소식을 전한다는 목표 아래 메뉴를 크게 전국리그, 지역구단, 커뮤니티로 구성했다. 그리고 먼저 지역구단과 커뮤니티 페이지를 만들어 잠재고객에게 선보인 뒤 마음에 드는 점과 추가해야 할 기능 등 자세한 피드백을 얻었다.

아직은 사이트의 기능을 확정하고 화면 레이아웃을 테스트하는 단계라 창업 팀은 프로그램 코딩을 시작하지 않았다. 만약 그들이 이 단계에서 페이지를 코딩하느라 시간과 자금을 투자했다면 잘못된 의사결정이라고 할 수 있다. 서비스도 구체적으로 정의하지 않았고 잠재고객의 의견을 유연하게 반영할 필요도 있었으니 말이다. 다시 말해 당시 시스템 변동 폭이 너무 크고 불안정하던 베이스볼 뷔페는 한마디로 효율적인 개발에 필요한 정상 상태steady state에 이르지 못했다.

일레인 첸Elaine Chen 교수는 사이트가 복잡하고 산만하다는 의견을 제시했다. 사진이 많고 지나치게 다양한 색을 사용하는 바람에 방문자가 사이트의 기능과 차별성, 가치에 집중하기 어렵다는 주장이었다. 일레인 첸 교수는 오히려 역효과를 낳는 세부적인

〈도표 7-3〉 베이스볼 뷔페 상위 수준 제품 설명서

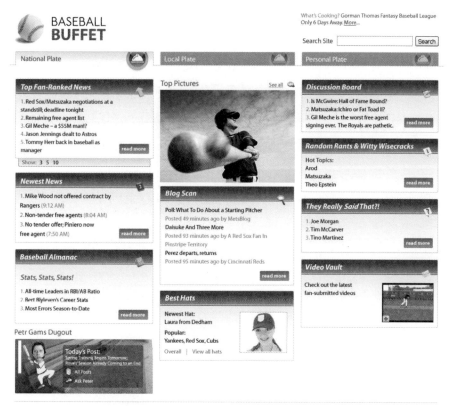

〈도표 7-3〉 베이스볼 뷔페 상위 수준 제품 설명서

디자인 요소 등에 매달리지 말고 발사믹 목업스Balsamiq® Mockups 같은 웹페이지 화면설계 도구를 사용해 기능 단위에서부터 사용자의 업무흐름에 집중하라고 충고했다.

센스에이블 테크놀로지스

센스에이블의 프리폼FreeForm은 3D 모델링 기술로 하드웨어(팬텀)와 소프트웨어를 모두 포함한다. 하드웨어는 상대적으로 중요도가 떨어지고 또 쉬운 과제라 우리는 외주 생산을 고려했다. 어려운 과제는 소프트웨어 기획이었다. 우리의 목표는 클레이 모델링의 편의성을 그대로 간직한 채 디지털 도구의 혜택, 즉 저장과 수정이 쉽고 세계 어디로든 신속히 전송할 수 있으며 지속적으로 기능을 개선해 가치를 더하는 데 있었다.

우리는 파워포인트로 상위 수준 제품 사양을 정리했는데 그것은 베이스볼 뷔페의 웹사이트 이미지보다 정교함이 떨어졌다. 하여튼 우리는 디자이너들이 사용하는 도구와 프리폼의 기능을 비교 설명했고 추가 기능도 강조했다(도표 7-4).

그리고 재료, 도구, 엔드 이펙터end effector(말단 작동체. 로봇의 경우 손 부분—옮긴이), 템플릿template(디자인 서식)의 사용 여부를 선택하는 드롭다운drop-down(주 메뉴를 선택하면

〈도표 7-4〉 센스에이블의 대체와 확장 도구

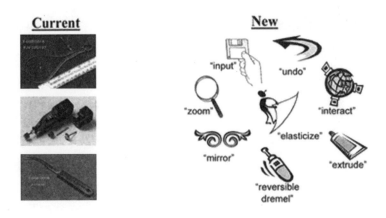

〈도표 7-5〉 센스에이블의 사용자 설정 기능

User Selections

Materials:
- ☐ Soft Clay
- ☐ Medium Clay
- ☐ Hard Clay
- ☐ Blue Foam
- ☐ Ren
- ☐ Metal
- ☐ Other

Tools:
- ☐ Sculpt
- ☐ Hot Sword
- ☐ Push/Pull
- ☐ Extrusion
- ☐ Dremel
- ☐ Scribe
- ☐ Other

End Effector:
- ✎ Point
- ● Ball
- ♦ Triangle
- ■ Square
- ◄ Half Elipse
- ⌐ Hook
- ✖ Other

Template:
- ☐ Yes
- ☐ No

그 안에 들어 있는 하위 메뉴들이 나란히 배열돼 나타나는 메뉴 표시 방식—옮긴이) 메뉴도 소개했다(도표 7-5). 특히 우리는 기능 정의를 통해 잠재고객의 피드백을 얻고 스스로에게 다시 질문을 던지면서 아이디어의 실행 가능성에 집중했다.

또한 점토 덩어리가 중앙에 덩그러니 놓여 있는 작업실 사진과 드롭다운 메뉴 기반의 인터페이스를 비교한 슬라이드도 만들었다.

우리는 상위 수준 제품 사양 설명서 덕분에 잠재고객에게 소중한 피드백을 얻을 수 있었다. 물론 우리가 출시한 제품은 처음의 정의보다 많이 달라졌지만 테스트와 개선의 출발점은 당시에 정의한 제품 설명서다. 그렇다고 소프트웨어의 핵심 기능을 보여주는 간단한 설명서를 기획하고 구성하는 데 많은 시간이 걸린 것은 아니다. 하지만 우리는 그 과정에서 많은 것을 배우며 발전했고 작업이 끝났을 때 유용한 의사소통 도구를 얻었다.

제품 브로슈어 예시, 라이프타임 서플라이 Lifetime Supply

이번에는 고객이 원하는 제품을 평생 제공하는 서비스로 라이프타임 서플라이의 사례를 살펴보자. 기업가정신으로 무장한 프로그래머 맥스 칸터와 콜린 시도티는 다음과 같은 아이디어를 제안했다. 예를 들어 투자 전문가로 성공한 이반이라는 젊은이가 있다고 해보자. 부유한 그는 운동할 때 꼭 흰색 양말을 고집하지만 그것을 쇼핑하는 것은 몹시 싫어한다. 그의 수요와 기호가 바뀌지 않는다면? 이반에게 평생 흰색 양말을 제공하는 회사를 설립하는 것은 어떨까?

시장조사 결과 판매자와 구매자 모두 매년 갱신할 수 있는 회원제 서비스는 가격 조정만 가능하다면 아주 훌륭한 시장 기회라는 사실이 밝혀졌다. 여기에다 합리적인 가격 체계와 물류 시스템을 갖출 경우 사업다운 사업으로 성장할 가능성도 컸다.

두 프로그래머는 웹사이트와 모바일 앱을 개발하는 데 자신이 있었고, 1차 시장조사에서 편의성이 성공의 핵심 요인이라는 사실이 밝혀졌기 때문에 이들은 휴대전화를 이용한 접근성에 주목했다. 터치 한 번으로 재주문이 가능할 경우 서비스의 가치는 훨씬 더 높아진다. 남은 과제는 어떤 기능으로 고객을 유인할 것인지 기획하는 일이었다.

두 사람은 자료 분석과 잠재고객 인터뷰를 토대로 대학생 학부모를 거점시장으로 선정했다. 이들에게 지불 능력은 물론 자녀의 위생과 건강을 계속 챙겨주고자 하는 강한 욕구가 있었기 때문이다. 먼저 두 사람은 핵심 집단에게 쉽고 효율적으로 서비스를 소개하기 위해 브로슈어를 제작했다. 〈도표 7-6〉은 3단 브로슈어의 겉표지이고 〈도표 7-7〉은 속지다. 원본에는 일곱 개 상품군의 유명 브랜드 로고가 들어 있다.

브로슈어의 제작 작업을 통해 팀원들은 많은 질문에 대한 답을 명확하게 할 수 있다. 자녀들이 얻는 혜택은 무엇일까? 부모의 입장에서 얻는 것은 무엇인가? 라이프타임 서플라이가 취급하는 제품에는 구체적으로 어떤 것이 있는가? 가격 체계 수립의 기준은 무엇인가?

이 단계에 가격 체계를 포함시킬 경우 창업 팀과 잠재고객 모두 상위 수준 제품 사양 정의라는 과제에 집중하지 않을 가능성이 있다. 하지만 가격에 불만이 생기면 대학생 자녀에게 필요한 모든 물건을 제공하는 사업 아이템에 아무런 피드백도 없을 거라

Shower Supply
"Squeaky Clean"

Oral Hygiene Supply
"Fresh breath"

Snack Supply
"Cure the munchies"

Shower - $100/semester
• Select from body wash, bar soap, shampoo, and conditioner

Shaving Supply
"Now with unlimited blades"

Deluxe Bundle - save $55
~~$130~~ $75/semester
• Toothpaste Supply
• Toothbrush Supply
• Floss Supply
• Mouthwash Supply

Snacks - $200/semester
• New snacks rotated in regularly

Undergarments Supply
"Dress Comfortable – Dress Clean"

Shaving - $150/semester

Essential Bundle - save $20
~~$70~~ $50/semester
• Toothpaste Supply
• Toothbrush Supply

$150/semester
• Socks, underwear, and tees

Deodorant Supply
"You're gonna like the way you smell"

Toothpaste - $40/semester
Toothbrush - $30/semester
Floss - $30/semester
Mouthwash - $30/semester

Breath Supply
"Fresh Breath Forever"

Deodorant - $40/semester

Breath - $75/semester
• Select from gum and mints

는 우려가 컸다. 반면 모바일 앱이나 홈페이지 화면은 전혀 포함시키지 않았다. 물론 두 사람은 화면 설계와 사용자 시나리오까지 작성했지만 각 화면에 대한 구체적인 설명은 중요한 요소가 아니었다. 그들은 브로슈어에 서비스 사용 절차 및 방법을 보여주는 스토리보드보다 서비스 범위와 고객이 얻는 혜택에 관한 설명을 넣는 것이 더 유용하다고 판단했다.

라이프타임 서플라이가 최종적으로 선택한 제품은 위의 브로슈어에 나와 있는 제품과 많이 다르다. 어쨌든 브로슈어 덕분에 창업 팀은 혁신의 선순환 과정을 시작할 수 있었고 최적의 상품 구성에 도달했다.

S·U·M·M·A·R·Y

창업 멤버와 잠재고객은 제품을 가시적으로 표현한 브로슈어를 통해 비로소 제품의 본질과 가치의 핵심에 접근한다. 그렇다고 지나치게 많은 시간과 자원을 투자해가며 세부 기능과 외형까지 규정하지 말고, 상위 수준에서 큰 그림만 그린 다음 계속 다듬어 나가자. 이것은 생각보다 훨씬 어려운 작업이지만 이 과정을 통해 창업 멤버들의 열정과 역량을 한곳으로 결집해 한 방향으로 나아갈 수 있다. 제품과 서비스의 특징, 기능, 가치를 담은 브로슈어는 당신의 제안을 더욱 명확하고 이해하기 쉽게 설명해주는 도구다.

Disciplined Entrepreneurship:
24 Steps to a Successful Startup

제품의 가치를 숫자로 제시하라

Quantify the Value Proposition

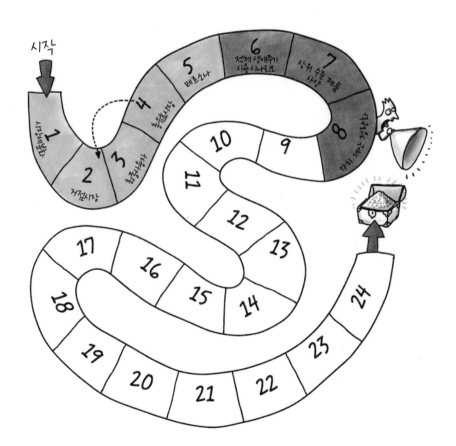

- 제품이 고객에게 제공하는 가치를 정의한다.
- 가치를 정량적 척도로 나타내 고객이 이해하기 쉽고 명확하게 표현한다.

구체화를 향한 행진은 계속되어야 한다. 가치 제안 정량화는 측정 가능한 지표를 이용해
목표고객이 얻는 혜택을 이해하기 쉽게 표현하는 작업이다.

"말하고자 하는 바를 숫자로 표현할 수 있으면 정확히 아는 것이다.
반면 측정할 수 없으면 당신이 아는 것은 빈약하고 불충분한 지식이다."
– 로드 켈빈Lord Kelvin(영국의 과학자)

가치 제안 정량화Value Proposition Quantify는 페르소나가 얻는 혜택을 객관적인 수치로 표현해 우선순위에 따라 정렬하는 과정이다. 여기서 말하는 혜택에는 여러 종류가 있다. 예를 들면 고객의 작업 프로세스 간소화, 환경오염물질 배출 감소, 매출 증대 등이다. 모든 혜택은 세 가지 중 하나다. 더 우수하거나 더 빠르거나 더 저렴하거나.

가치 제안 정량화의 목표는 고객 욕구를 기준으로 제품 혜택의 크기를 측정해 간결하고 명확히 기술하는 데 있다. 이것을 두고 자신만의 기술이나 차별적 기능을 상세히 설명하는 단계라고 생각한다면 오해다. 어디까지나 잠재고객의 수요와 욕구에 집중해야 한다. 제품을 구입할 때 고객은 '내가 얻는 가치가 뭐지?'라고 자문한다. 다시 말해 수익 증대 효과나 삶의 질 향상 수준을 정확히 파악해야만 고객은 자신의 투자를 정당화한다.

유일무이한 기준은
페르소나의 구매 기준 우선순위

우리는 5단계에서 페르소나의 구매 기준 우선순위를 분석했고, 6단계에서 전체 생애 주기 사용 시나리오를 작성했다.

가치 제안 정량화에서 초점은 페르소나의 구매 기준 최우선순위top priority에 있다. 가령 그들이 제품의 적기 출시를 가장 중요하게 여긴다고 해보자. 그런데 당신이 생산비 절감이라는 차별화에 성공했다고 해서 "이 제품으로 매달 ○○달러를 아낄 수 있습니다"라고 제안하면 목표고객은 그 제품을 구입하지 않는다. 우선순위와 거리가 있는 제안서는 곧장 보류 결재함 속으로 들어가 영원히 밖으로 나오지 못할 수도 있다. 만약 당신이 출시 기간을 단축하는 가치도 제공할 수 있다면 거기에 초점을 두고 가치 제안을 해야 한다.

단순하게 표현하라: 현재 AS-IS VS. 미래 POSSIBLE

페르소나의 우선순위를 파악하고 집중할 준비를 끝냈다면 아무 변화가 없는 '현재'as-is와 제품을 채택함으로써 바뀌는 '미래'possible를 비교해보자. 정량화한 지표로 두 경우를 비교했을 때 나타나는 숫자의 차이가 바로 가치 제안이다. 간단하지 않은가? 복잡하게 설명할 필요가 전혀 없다.

가급적 한 문장으로 가치 제안을 서술한 다음 여러 자료를 활용해 표나 그림으로 그 차이를 분명하고 쉽게 표현해야 한다. 이때 고객이 쓰는 전문용어를 사용해 고객 혹은 산업에 맞는 맞춤식 가치 제안임을 드러내는 것이 좋다.

추측이나 오해의 여지가 남지 않도록 분명하게 비교하고 목표고객이면 누구나 쉽게 이해하고 판단해 피드백을 할 수 있게 하자. 당신은 고객의 피드백을 통해 제품의 차별적인 핵심 가치를 더 깊이 이해하고 고객 신뢰성도 확보할 수 있다.

당연한 얘기지만 '긍정적으로 바뀌는 미래'는 충분히 달성 가능한 목표여야 한다. 그러니 너무 공격적으로 밀어붙였다가 기대에 미치지 못하는 상황을 자초하지 말자. 안타깝게도 예비창업가는 확신이 지나쳐 고객이 얻는 혜택을 과장하는 실수를 흔히 저지른다. 이 경우 본의 아니게 약속을 어겨 신뢰를 잃고 만다. 아무리 남다른 가치를 창출하더라도 시장의 신뢰를 잃으면 가치를 인정받지 못한다. 이 말을 꼭 명심하자. "약속은 적게, 실천은 그 이상으로!"

특히 안정적이고 일관성 있는 공급자를 선호하는 B2B 시장에 진출하려는 신생기업은 이것을 주문처럼 외우고 다녀야 한다.

사례

센스에이블 테크놀로지스

센스에이블의 페르소나는 완구회사 디자이너다. 물론 완구 디자이너는 신발 디자이너와 유사한 환경에다 작업 방식도 비슷하기 때문에 앞서 살펴본 페르소나의 특성을 그대로 적용할 수 있다. 센스에이블 페르소나의 구매 기준 최우선순위는 제품 개발 시간 단축과 적기 출시였다(페르소나는 구매의사 결정에서 중요한 역할을 한다는 점도 고려해야 한다).

최신 인기 영화나 게임 캐릭터의 인형 제작 기간을 단축하면 절호의 기회를 놓치지

〈도표 8-1〉 센스에이블의 가치 제안 계량화

개발시간

현재 / 4주	4~4일: 2D 드로잉, 3D 캐드모델, 3D 핸드모델	2주: 설계, 제작, 재작업	2~3개월: 금형 제작, 전통적인 방식의 CNC computer numerical control (컴퓨터 수지 제어) 소프트웨어, CNC 절삭	전체 개발 기간 총 16주
아이디어 개발	**모델링**	**시제품 제작**	**생산(양산)**	
프리폼으로 4주보다 단축 가능 / 미래	4일: 프리폼	3일: 설계, 제작, 재작업	3주: 디지털 금형 설계, 프리폼의 CNC 파일, CNC 절삭	전체 개발 기간 총 8주

미국 디자인 회사 → 아시아의 장비 공급업체

70% 단축   70% 단축   총 50% 단축

않고 판매해 매출을 올릴 수 있다. 특히 영화 캐릭터 인형은 영화의 성공 여부를 어느 정도 판단한 후 제작에 들어갈 수도 있다(신발산업도 마찬가지라 제작 기간 단축은 일정 기간 동안 보다 다양한 모델 출시라는 가치를 제공한다).

우리가 가장 먼저 해야 할 일은 기존의 소프트웨어를 사용했을 때 장난감 출시에 걸리는 기간을 산정하는 것이었다. 우리는 고객의 신제품 개발 과정을 자세히 조사해 그것을 그들이 쓰는 용어로 정리했다. 이어 그 내용을 고객에게 확인받은 다음 다른 고객의 신제품 개발 과정을 지켜보며 앞서와 유사한 과정 및 기간을 거치는지 검토했

다. 이때 불필요한 세부사항은 제거하고 핵심 과정만 정확히 기술한 고객의 '현재' 상태 그림을 그렸다. 더불어 우리는 신발회사의 제품 개발 과정을 다시 조사해 그 과정과 기간이 완구회사와 동일하다는 사실을 확인했다.

마지막으로 우리는 6단계에서 정의한 전체 생애주기 사용 시나리오의 단계별로 프리폼을 사용했을 때 걸리는 시간을 비교함으로써 우리의 가치 제안을 분명하고 이해하기 쉽게 표현했다(도표 8-1).

제작 기간의 50퍼센트 단축은 장난감 또는 신발 모델 하나당 10~100만 달러의 수익 증가를 의미한다. 실제 발생하는 이익은 업체별로 다를 수 있기 때문에 우리는 가치 제안에 기대 수익을 포함하지 않았다. 흥미롭게도 제작 기간 50퍼센트 단축의 의미는 고객이 더 잘 알았다. 그만큼 고객은 숫자가 말해주는 가치를 쉽고 빠르게 이해한다.

태아와 산모의 유대감 형성, 인터치|InTouch

가치 제안을 반드시 숫자로 표현해야 하는 것은 아니다. 마치 아기와 대화하듯 태아와의 친밀한 관계를 원하는 임산부를 목표고객으로 한 인터치 팀이 좋은 예다. 이들이 내놓은 제품의 핵심은 태아의 심장박동이나 다른 바이털 사인vital sign(살아 있음을 느끼게 해주는 호흡, 체온, 심장박동 등의 측정치―옮긴이)을 감지하는 센서다. 창업 팀은 독자적으로 개발한 알고리즘으로 바이털 사인과 관련된 자료를 분석해 아기가 건강한지, 활발하게 움직이는지, 기분이 좋은지 등을 알려준다. 예를 들어 임산부는 뱃속의 아기에게 책을 읽어준 다음 '행복하다'는 반응을 보이는지 확인할 수 있다. 전반적인 건강 상태를 알려주는 간단한 기능도 있다.

독특하고 다소 유별난 아이디어라고 생각하는가?(만약 그렇다면 당신은 대다수의 일

〈도표 8-2〉 인터치의 가치 제안

At the moment, Michelle can use...

Heart-rate monitors　　**Intuition**　　　　**Professional ultrasound**　**Consult "Dr. Google"**

With **inTouch**, Michelle may...

inTouch technology is proven
- Data Collection
  - Heart-rate
  - Movement
- Intellectual Property
  - Algorithm that correlates data to positive response

read to her baby,　　　　**then receive feedback.**

Facilitating intimacy and providing reassurance.

Photos: gadgetrivia.com
mothering.com
sheknows.com
parents.com
allvoices.com

inTouch
Connecting mommies with their babies

반인에 속한다) 매력적이고 설득력 있는 제안이라고 생각하는 목표고객이 많고 특히 강한 흥미를 느껴 돈을 지불하려는 사람이 충분하다면 상관없다.

　창업 팀이 조사한 결과 페르소나의 최우선순위는 태아의 건강 상태 확인과 유대감 형성이었다. 우선 이들이 분석한 '현재'의 방법에는 번거롭고 복잡한 심박 측정 모니터, 정확도와 예측 가능성이 낮은 임산부의 직감, 비싸고 불편한 초음파 검사, 신뢰도가 떨어지고 다소 불쾌하기까지 한 '구글 박사'Dr. Google의 온라인 상담이 있었다(도표 8-2).

반면 인터치가 열어갈 '미래'는 태아와 신속하게 깊은 유대감을 형성하는 것이다 (아직은 상위 수준에서 제품 설명서를 결정한 단계지만). 이들이 유대감을 수치로 나타낼 필요는 없었다. 현재와 미래를 비교한 자료만으로도 임산부의 공감을 이끌어내 가치를 인정받았기 때문이다.

질병을 조기에 감지하는 바이오센서, 미터Meater

창업 팀 미터는 생물의 반응계를 이용해 유기화합물의 상태나 농도를 측정하는 바이오센서 기술로 효율성, 크기, 가격 면에서 경쟁력 있는 제품을 개발했다. 우선 축산업을 거점시장으로 선택한 이들은 소의 귀에 센서를 부착해 질병을 조기에 감지하는 가치를 제공하고자 했다. 병든 소를 재빨리 감지해 격리하면 감염률이 낮아지고 효과적인 치료도 가능하다.

그런데 목장주의 주된 관심사는 돈이지 소는 아니다. 그들의 최우선순위는 돈을 많이 버는 데 있다. 창업 팀은 먼저 '현재' 상태를 규명하기 위해 다수의 잠재고객을 만나 목장 운영에 드는 비용을 조사했다. 이어 '개선한 미래', 즉 비용 절감액을 계산하기 위해 새로운 센서를 사용했을 때 드는 비용을 소극적으로 추정하고 설득력 있는 자료로 검증했다(도표 8-3). 도표에서 달러로 표시한 비용 차이가 정량화한 가치 제안이다. 고객의 우선순위가 측정 가능성이 큰 돈이었으므로 정량화는 무척 쉬웠다.

이것은 목표고객의 시선을 사로잡아 당장 구매로 이끌 만한 강력한 가치 제안이다. 정량화한 지표는 이후 비즈니스 모델과 가격 체계 수립 단계에도 큰 도움을 준다.

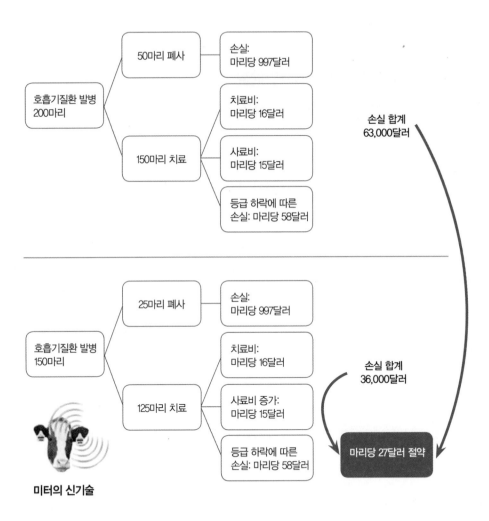

〈도표 8–3〉 미터의 가치 제안: 질병으로 인한 손실액 비교

소 1,000마리 목장 기준

호흡기질환 발병
200마리

50마리 폐사

손실:
마리당 997달러

150마리 치료

치료비:
마리당 16달러

사료비:
마리당 15달러

등급 하락에 따른
손실: 마리당 58달러

손실 합계
63,000달러

호흡기질환 발병
150마리

25마리 폐사

손실:
마리당 997달러

125마리 치료

치료비:
마리당 16달러

사료비 증가:
마리당 15달러

등급 하락에 따른
손실: 마리당 58달러

손실 합계
36,000달러

미터의 신기술

마리당 27달러 절약

S·U·M·M·A·R·Y

정량화된 가치 제안은 페르소나의 최우선순위를 중심으로 산정한다. 먼저 고객에게 익숙한 '현재'의 전체 생애주기 사용 시나리오를 이해하라. 그리고 당신이 제안하는 '미래'의 가치를 페르소나의 우선순위를 근거로 명확히 기술하라. 가능하다면 다이어그램을 이용해 한 장짜리 가치 제안 보고서로 만들자. 이것은 고객이 이해하기 쉽고 또 제3자의 의견을 구할 때도 편리하게 쓸 수 있다. 성공적으로 정의한 가치 제안은 창업 과정 내내 큰 도움이 될 것이다. 그러니 시간을 충분히 투자해도 좋다.

Disciplined Entrepreneurship:
24 Steps to a Successful Startup

열 명의 예비고객을 조사하라

Identify Your Next 10 Customers

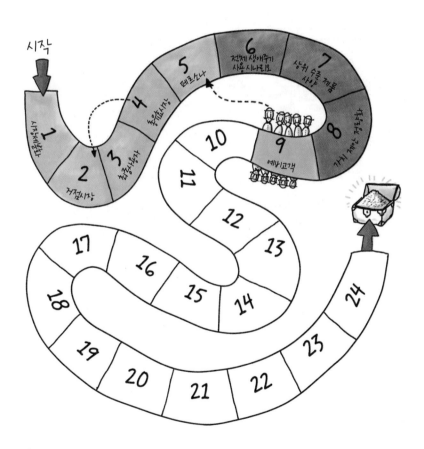

- 페르소나 외에 최종사용자 프로파일에 적합한 예비고객을 열 명 선정한다.
- 예비고객과 접촉해 페르소나와의 유사성, 제품 구매 의지를 확인한다.

페르소나에 이어 열 명의 예비고객을 선정해 시장에 대한 이해도를 높임으로써 바른 길로 가고 있다는 강한 자신감을 얻고 이전 단계의 작업을 한층 개선한다.

최종사용자를 대표하는 페르소나 선정과 조사도 중요하지만 진정한 성공을 보장받으려면 다른 잠재고객에 대한 이해와 분석도 병행해야 한다. 예비고객Next Customers을 조사하는 과정에서 우리는 시장 기회가 충분히 존재한다는 확신을 가지고 고객들의 신뢰를 높일 수 있다.

반면 오직 페르소나에 초점을 맞춰 그가 원하는 요구사항에만 몰두하다 보면 정작 다른 고객에게는 팔리지 않는 제품이 탄생할 위험이 있다. 물론 페르소나의 정의가 완벽할 경우에는 그럴 가능성이 희박하다. 시장의 존재를 확인하는 총유효시장 규모 추정 단계가 1차 안전장치라면, 열 명의 예비고객 조사는 페르소나에 너무 집중한 나머지 편향적 분석을 한 것은 아닌지 재차 검증하는 단계다. 이후의 단계에서도 예비고객의 도움은 계속 필요하다.

이번 단계에서는 최종사용자 프로파일에 적합한 열 명의 잠재력 높은 고객 목록을 작성한다. 그리고 그들 각각과 접촉해 인터뷰하고 그 결과를 토대로 1차 시장조사 보고서를 검증 및 수정한다. 이때 가장 먼저 페르소나와의 유사성을 확인해야 한다. 이어 이전 단계의 작업, 전체 생애주기 사용 시나리오, 가치 제안 등의 타당성도 검토한다. 여기까지 마무리하면 스스로 성공에 대해 강한 자신감이 생기고 함께 일하는 직원, 자문단, 미래의 동업자, 고객, 투자자 등 다른 이들에게도 확신을 줄 수 있다. 만약 이 과정에서 문제점을 발견하면 이전 단계로 돌아가 어디서부터 오류가 발생했는지 확인하고 수정한다.

열 명의 예비고객을 조사하는 인터뷰는 지금까지 거쳐 온 여덟 단계의 가설을 모두 검증하는 작업으로 여기자. 그동안 우리는 고객 수요를 정확히 파악하고 있는지 확인하기 위해 시장조사를 설계하고 많은 노력을 기울였다. 하지만 이 예비고객 조사야말로 최초의 공식적인 테스트라고 할 수 있다. 이것은 시스템의 각 모듈이 계획대로 작동해 요구사항을 완벽하게 처리하는지 통합적으로 검사하는 '시스템 테스트'system test 의 일종이다. 이 시스템은 지금까지 고민하고 준비한 모든 것을 설명해 고객에게 검증받는 과정으로 올바르게 설계하지 않으면 부정적인 피드백이 돌아온다. 그래도 상관없다. 아니, 오히려 잘된 일이다. 지금까지의 과정이 완벽하게 정확할 가능성은 없으므로 만약 고객이 '문제없다'everything is okay는 의견을 준다면 제품 혹은 제품이 전하는 가치에 관심이 없다는 의미로 받아들여야 한다. 반대로 설령 부정적일지라도 상세한 피드백을 준다면 문제해결을 위한 당신의 제안에 관심이 있다는 의미이므로 더 고민해 보다 나은 해결책을 만들어야 한다.

열 명의 예비고객 조사는 창업의 위험 요소를 줄여 성공으로 직행하는 길을 안내할 것이다.

예비고객 조사를
완벽하게 진행하는 방법

1) 페르소나 외에 열 명 이상의 예비고객을 선정한 다음 자료를 뒤져 이들의 정보를 찾아 기록한다. 열두 명으로 시작하든 20~30명으로 시작해 계속 줄이든 처음에 몇 명을 대상으로 해야 할지 정해진 숫자는 없다. 어쨌든 이들 고객은 서로 비슷하고 페르소나와도 특징이 유사해야 한다. 만약 유사성이 없다면 목록을 다시 작성하라. 심각한 경우 페르소나를 다시 선정해야 할지도 모른다. 어디까지나 동질성homogeneity이 핵심이다. 이들은 서로에게 강력한 구매 준거기준 역할

을 해야 한다.

2) 예비고객에게 개별적으로 접촉해 6단계에서 8단계까지 작업한 전체 생애주기 사용 시나리오, 상위 수준 제품 사양 정의, 가치 제안을 설명하라. 이때 '설득과 판매'가 아니라 '질문과 조사'가 대화의 목적임을 잊지 말자. 당신이 제품을 팔기 위해 다가가면 상호 신뢰는 무너진다. 페르소나, 전체 생애주기 사용 시나리오, 가치 제안, 총유효시장 규모 추정에 적용한 고객 수요 가정이 옳은지 판단하라. 특히 페르소나의 구매 결정 우선순위에 대한 가정은 반드시 검증해야 한다.

3) 가정이 옳다는 답을 얻었다면 고객에게 구매의향서 또는 가계약서를 작성할 마음이 있는지 조심스럽게 물어보자. 다시 말하지만 요구가 아니라 '질문'이어야 한다. '이 제품을 구매하시는 건 어떻습니까?'가 아니라 '이 제품을 권하는 회사가 있다면 구매를 고려해보겠습니까?'라고 말하자. 고객이 안달하며 적극적인 자세를 보이면 선금 계약도 가능하다. 단, 고객의 요구사항을 충족시킬 수 있는지 신중히 판단하고 발주서에 지키기 어려운 특약 혹은 특수 조건이 포함됐는지 먼저 확인한다.

4) 가정에 문제가 있다는 부정적인 피드백을 받았다면 고객의 말을 자세히 기록한 다음 타당성과 파급 효과를 판단한다. 전혀 예상치 못한 의견일지라도 일정한 패턴을 발견해 일반화하기 곤란하다면 고객의 의견 하나하나에 과민반응을 보일 필요는 없다. 인터뷰를 몇 번 더 하거나 다른 고객의 이야기를 듣고 나면 직관적인 판단이 가능해진다.

5) 각각의 고객을 인터뷰한 결과 자료가 풍성해졌을 것이다. 이제 이전 단계로 돌아가 가정을 수정 및 보완하거나 고객을 더 만나도 좋다. 최종목표는 제품에 진심으로 흥미를 보이고 페르소나처럼 가정에 딱 들어맞는 동질성을 지닌 열 명

의 예비고객 목록 확보다.

6) 상위 수준 제품 사양 소개서에 흥미를 보이는 고객 열 명을 도저히 찾을 수 없다면 거점시장 선택에 문제가 있다는 결론을 내려야 할지도 모른다.

7) 위 과정은 언뜻 간단해 보이지만 고객과 접촉해 정보를 얻기까지 굉장히 많은 시간이 든다. 여기서 얻은 자료는 다른 어느 곳에서도 구할 수 없는 귀중한 것이므로 고객 목록을 비롯한 그 어떤 정보도 외부인과 공유해서는 안 된다.

현재의 페르소나는 근거가 확실한가?

우리는 열 명의 예비고객 조사 자료를 근거로 5단계에서 선택한 페르소나가 목표고객을 대표하는 인물인지 아닌지 판단할 수 있다. 안타깝게도 페르소나가 통계학에서 말하는 이상치outlier(통계적 자료 분석 결과를 왜곡하거나 그 적절성을 위협하는 변수 및 사례—옮긴이)라면 정보가 무용지물로 전락할 뿐 아니라 진짜 목표고객이 원치 않는 제품을 개발할 가능성도 있다. 반대로 고객 조사 과정에서 미처 알지 못하던 페르소나의 흥미로운 특징을 발견해 더욱 풍성한 페르소나 설명서를 얻을 수도 있다.

보다 나은 적임자를 발견해 페르소나를 바꾸는 일이 생길지라도 걱정할 필요는 없다. 이것은 혁신적인 나선형 구조를 타고 최적의 해결책에 도달하는 과정일 뿐이다.

부정적 피드백에
대처하는 법

24단계 창업 프로그램의 궁극적인 목적은 단계별 과제의 100퍼센트 수행이 아니라 가설 검증과 잠재고객을 통한 학습에 있다. 우리는 언제든 만족스럽지 못한 결과나 비판과 마주할 수 있으며, 멤버들의 반응과 대처 방식이 창업의 운명을 바꾸기도 한다. 만약 가설과 정반대의 사실을 발견하거나 고객의 의견이 비관적이라면 지금까지 의존한 자료 혹은 조사에 오류가 있다는 소중한 정보를 얻은 셈이다. 계단 하나를 오르다 삐끗했다고 창업의 전 과정이 수포로 돌아가는 것은 아니다. 오히려 사실이 아닌 허황된 희망에 기대 오류투성이 계획서를 들고 앞으로 나아가는 것이 실패를 앞당긴다.

스티브 잡스를 비롯해 반직관적counterintuitive 접근 방식으로 성공을 거둔 기업가를 예로 들며 '내가 왜 잘 알지도 못하면서 습관적으로 반대하는 사람들의 말에 귀를 기울여야 하죠?'라고 묻고 싶은가? 진정한 사업가는 다른 이들이 못 보는 가능성을 알아차리고, 다른 이들이 포기하는 걸림돌을 뛰어넘는다. 그렇다고 열역학 법칙을 바꿔야만 존재하는 시장을 가정할 수는 없다. 잡스가 말한, 불가능을 가능으로 만드는 '현실 왜곡의 장'reality distortion zone에서나 드러나는 괴력의 에너지를 지닌 사람에게도 불가능한 일은 있다. 딘 카멘Dean Kamen이 발명한 1인용 스쿠터 세그웨이Segway, 애플을 잠시 떠난 스티브 잡스가 창업한 넥스트NeXT 컴퓨터가 그 사실을 증명한다. 고객 중심의 접근이 필요한 이유가 바로 여기에 있다.

사례

매립지의 메탄 포집

이번에는 아주 똑똑하고 활기 넘치는 학생들이 첨단 메탄 포집 기술을 기반으로 창업을 기획한 사례다. 그들의 아이템은 폐기물 매립지에서 발생하는 메탄가스를 분리해 유해물질의 방출을 줄이고, 메탄가스를 연료로 이용해서 전력을 생산하는 기술이다.

그들은 시장 분석, 페르소나, 전체 생애주기 사용 시나리오, 가치 제안까지 모든 단계를 밟았다. 덕분에 어느 정도 확신은 있었지만 실제 시장의 반응을 확인할 필요가 있었다. 이 창업 팀은 우선 위치, 규모, 지배 구조, 기타 주요 변수를 고려해 열 곳의 매립지 목록을 작성했다.

그들이 각각의 매립지를 방문해 정보 제공 능력과 의사결정 권한이 있는 담당자를 만나 사업 취지를 설명했을 때, 여덟 곳이 긍정적 반응을 보였고 절반 이상이 의향서를 내줬다. 이 조사를 통해 창업 팀은 자신들의 가정이 틀리지 않았다는 확신과 성공에 대한 자신감을 얻었다(도표 9-1).

이것은 완벽한 조사 과정과 고객의 우호적인 반응, 가설 검증이 모범적으로 이뤄진 사례다.

〈도표 9-1〉 메탄포집을 위한 열 곳의 고객 목록

회사명	전력 생산 능력 (단위: 메가와트MW)	인터뷰 대상	계약 의사 여부
A사	9.8	매립지 소유자	Y
B사	4.8	매립지 소유자	Y
C사	18.4	매립지 관리운영 전문회사	N
D사	16.8	매립지 소유자	Y
E사	16.5	매립지 소유자	Y
F사	12	매립지 관리운영 전문회사	N
G사	9.8	매립지 소유자	Y
H사	7.9	매립지 소유자	Y
I사	7.34	매립지 관리운영 전문회사	Y
J사	6.9	매립지 관리운영 전문회사, 매립지 소유자	Y

인터넷 미술교육: B2C 양면시장 사례

다음은 인터넷으로 교외에 거주하는 상류층 어린이들에게 미술을 가르치는 서비스 회사의 창업 사례다. 창업 팀은 시장조사를 마친 후 매사추세츠 주 웰즐리Wellesley에 거주하는 부모들의 목록을 만들었다. 그들의 예상대로 부모들은 자녀에게 쓰는 돈이라면 액수에 전혀 개의치 않았다.

이들이 양면시장에서 부딪힌 문제는 서비스 공급자, 즉 전문 미술가의 참여도였다. 그들이 끈기 있게 꾸준히 가르칠 수 있을까? 그들에게 효과적인 도구가 있을까? 미술가들에게 돈이 필요할까? 그들에게 서비스 공급자로서의 의지, 능력, 책임감과 신뢰성을 기대해도 좋을까?

기업의 생존과 성장을 보장하는 수준에서 수요와 공급이 형성되려면 충분한 공급자가 존재해야 한다. 창업 멤버들은 소셜 미디어와 온갖 네트워크를 동원해 닥치는 대로 미술가를 만났다. 그들은 인터뷰 내용을 기록한 다음 함께 모여 그것을 검토하고 토론했다.

　　그렇게 해서 추려낸 열 명의 예비선생 중 사업에 강한 흥미를 보인 미술가는 여덟 명이었다. 다른 두 명도 설득의 여지가 있었지만 시간이 부족했다.

　　이처럼 고객을 직접 만나 이야기하고 관찰해서 얻은 정보는 그 가치를 따지기 어렵다. 어쨌든 자신들의 계획에 자신감을 얻은 창업 팀은 집중력을 발휘해 다음 단계로 나아갔다.

S·U·M·M·A·R·Y

열 명의 예비고객 선정과 인터뷰는 페르소나를 비롯한 다른 단계의 가설을 검증하는 중요한 작업이다. 가설을 확인하고 수정함으로써 굳은 확신으로 무장했다면 이제 본격적인 계획에 돌입해보자.

Disciplined Entrepreneurship:
24 Steps to a Successful Startup

핵심 역량을 설정하라

Define Your Core

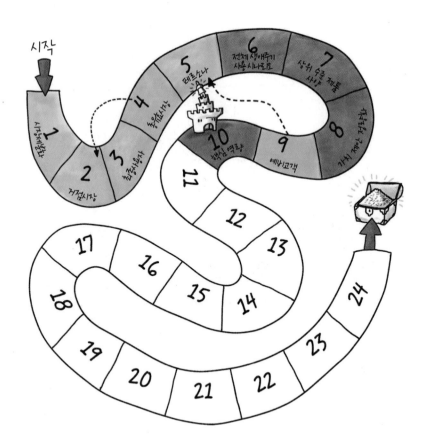

10단계 과제

- 고객에게 다른 기업이 제시하지 못하는 해결책을 당신이 제시할 수 있는 이유를 설명한다.

고객을 위한 문제 해결에서 경쟁우위를 갖게 해줄 원동력을 찾아야 한다.
이것이 바로 왕관의 보석crown jewel, 즉 기업의 최우량 자산이다.

지 금까지 우리는 목표고객의 수요 충족에 집중했다. 이제 10단계에서는 미래로 고개를 돌려 당신을 특별하게 만드는 과정, 당신만의 독창적인 '비밀 소스' secret sauce를 만드는 과정을 살펴본다.

핵심 역량core이란 고객 가치를 경쟁자보다 효과적으로 전달하기 위해 필요한 차별적인 역량을 말한다. 이것은 다른 기업이 흉내 내기 어려운 경쟁력의 원천이다. 설령 고객 문제를 해결하는 과정에서 극히 일부만 차지하는 요소일지라도 핵심 역량이 빠지면 해결책은 가치를 잃고 만다. 과연 그것은 무엇일까?

핵심 역량은 안전장치 역할을 한다. 다시 말해 어렵게 개척한 신규시장에 누군가가 쉽게 진입해 열매를 수확하는 상황이 벌어지지 않도록 원천봉쇄한다. 경쟁자가 절대로 혹은 쉽게 모방하지 못하는 차별화 요소가 바로 핵심 역량이다.

다양한
핵심 역량

핵심 역량은 상황 특수성situation-specific이 매우 강하기 때문에 여러 대안을 놓고 깊이 고민한 다음 선택해야 한다. 여기에 많은 기업을 성공 반열에 올려놓은 중요한 핵심 역량을 소개하고자 한다. 이것을 통해 당신이 핵심 역량을 분석하고 찾는 데 영감을 얻었으면 하는 바람이다.

• 네트워크 효과Network Effect: 시장의 표준으로 인정받으면 잠재고객은 다른 제품을

거들떠보지도 않는다. 네트워크의 가치는 네트워크 사용자 수의 제곱에 비례한다는 메칼프의 법칙Metcalf's Law에 따라 잠재고객이 인지하는 가치는 사용자 수가 결정한다. 즉, 신규 고객은 사용자 수가 가장 많은 기업이 가장 큰 가치를 제공한다고 인지해 사용자 수가 가장 많은 기업을 선택한다. 이로써 네트워크는 더욱 강력해지고 선순환 사이클이 만들어진다. 이베이(구매자와 판매자 모두의 관점), 링크드인LinkedIn(비즈니스 소셜 미디어—옮긴이), 페이스북Facebook, 구글(광고주 관점)이 이런 식으로 거대 네트워크를 형성했다. 반면 네트워크 효과를 핵심 역량으로 활용하는 데 실패한 기업이 마이스페이스MySpace다. 마이스페이스가 잃어버린 시장점유율을 재빨리 차지한 기업은 페이스북인데, 네트워크 효과의 극적인 성공 사례인 페이스북은 오늘날 난공불락의 성을 쌓았다.

- 고객 서비스Customer Service: 기업은 최고의 고객 서비스 제공에 초점을 두는 조직 문화와 프로세스를 구축함으로써 고객 유지율을 높이고 고객 이탈을 막는다. 이것은 신규 고객을 효율적으로 확보하는 수단이기도 하다. 서비스에 만족한 고객이 영업사원 역할을 하며 강력한 입소문을 퍼뜨리기 때문이다. 고객 서비스가 핵심 역량으로 자리 잡으려면 조직이 한마음 한뜻으로 광적인 집중력을 발휘해 일관성 있게 서비스를 제공하고 최고의 만족도를 유지해야 한다. 가령 '무조건 환불'이나 기타 고비용 서비스는 경쟁자가 쫓아가기 힘들다. 자포스Zappos(온라인 신발 쇼핑몰—옮긴이), 워비 파커Warby Parker(온라인 안경 업체—옮긴이), 노드스트롬Nordstrom(미국의 백화점 업체—옮긴이) 커머스 뱅크Commerce Bank는 고객 서비스를 핵심 역량으로 채택했고 IBM도 간혹 이를 실행하고 있다. 이것은 쉽게 모방할 수 없는 어려운 전략이지만 일단 역량으로 자리 잡으면(위의 사례들처럼) 굉장히 효과가 크다.

- 최저가Lowest Cost: 이것은 기술, 고객 관리, 프로세스, 규모, 간접비, 조직 문화 등 모든 부문에서 원가 우위 전략을 취해 조직에 저비용 구조를 정착시키는 역량이다. 대표적인 기업이 월마트Walmart다. 이 전략은 아시아 기업, 특히 클린 에너지 시대에 접어든 지 얼마 되지 않는 중국의 성공을 견인하고 있다. 이 역량은 규모의 경제에 도달할 때 더욱 힘을 발휘한다. 더러는 기존 경쟁자를 무너뜨리는 진입 전략으로 저가 전략을 채택하는 기업도 있다. 가령 혼다Honda는 제초기, 스쿠터, 오토바이, 잔디 깎기, 자동차 등을 저가로 공급하며 미국 시장에 진출했지만 이 전략을 오래 사용하진 않았다. 혼다의 핵심 역량은 훌륭한 모터 생산이고 저가 전략은 신규 시장의 진입 수단에 불과했다.

- 사용자 경험User Experience: 핵심 역량을 개발하고 정착시키는 전략은 매우 다양한데 최근 많은 기업의 관심을 끄는 전략이 사용자 경험user experience, UX이다. 이 전략에 대한 시장의 반응은 긍정적이며(적어도 전략의 일부로 인정), 특히 디자인과 패션 산업 발달로 다양한 경험을 제공하는 뉴욕에서 창업의 성공에 많은 영향을 미치고 있다. 전략이 최대 효과를 내려면 기업의 적극적인 개발과 개선 노력이 필수다. CEO부터 말단직원까지 전 조직이 사용자 경험에 집중하는 액세서리 쇼핑몰 젬바라Gemvara에는 우수 인재 채용, 프로세스 개선, 최고가 아니면 허용하지 않는다는 조직 문화가 정착돼 있다. 사용자 경험에 대한 유별난 애착을 제품에 고스란히 반영하는 애플도 좋은 예다.

위의 네 가지 예시는 핵심 역량의 일부에 불과하다. 아무튼 핵심 역량을 명확히 정의한 뒤 모든 구성원이 개발에 꾸준히 동참하고 사업 기획과 전략 수립 단계에서 이것을 먼저 고려해야 한다. 핵심 역량은 기업이 끝까지 지켜야 하는 최후 방어선이다.

핵심 역량의
정의

10단계는 조사 자료보다 자신 혹은 조직에 눈을 돌리는 시간이 가장 많이 필요한 과정이다. 핵심 역량을 찾으려면 외부 자료와 내적 자기성찰의 통합이 필요하기 때문이다. 물론 이것은 보편적인 시각과 광범위한 분석에서 시작하지만 그 결과물은 자세하고 구체적이어야 한다.

한마디로 이 단계는 쉬운 작업이 아니다. 가능한 한 추상적이고 지적인 수준에 머물지 말고 다양한 변수를 함께 고려하자(고객의 요구사항, 가용 자원, 외부 도움, 창업 멤버들의 개인적·재무적 목표 그리고 당신이 진짜로 하고 싶은 일 등). 동시에 이것은 효율적인 과정이어야 하며(너무 많은 시간을 투자하지 말자) 정확한 지점에 도달했다고 확신할 정도로 구체적인 답을 찾아내야 한다.

핵심 역량은 거의 바뀌지 않는다. 아니, 한 번 정하면 시간이 흘러도 변함이 없어야 한다. 핵심 역량을 바꾸려면 지금까지 쌓아온 비교 우위를 포기하겠다는 각오부터 해야 한다. 더러는 시장, 고객, 내부 역량을 더 많이 알아가면서 핵심 역량이 바뀌는 경우도 있다. 예를 들어 구글은 처음에 탁월한 검색엔진 알고리즘을 핵심 역량으로 여겼지만, 지금은 검색광고 기반의 수익 모델 설계와 네트워크 효과가 구글의 차별화 요소라는 데 이견이 없다.

지적 자산과 조직 문화도
핵심 역량?

특허 같은 지적재산권은 핵심 역량이 될 수 없을까? 이것은 산업에 따라 다르다. 제약산업과 바이오산업에서 특허는 제품과 기업 성공의 결정적 요인이다. 그러나 다른 산업에서는 특허가 중요한 역할을 하긴 해도 충분조건이 아닌 경우도 많다.

환경이 급변하는 역동적인 시장이 특히 그렇다. 이러한 시장에서는 특허 같은 자격 요건보다 전문성이나 잠재력이 핵심 역량에 적합하므로 가급적 두 가지를 동시에 갖추는 것이 좋다. 기술과 역량을 갖춘 기업은 혁신제품을 꾸준히 창출하며 결국에는 한두 개의 특허에 의존하는 경쟁자를 앞지른다(앞서 말한 제약산업과 바이오산업은 예외적이다).

혁신을 가속화하는 조직 문화나 프로세스로 시장에서 경쟁력을 확보하는 기업도 있다. 이들은 고객과 밀착해 민첩하고 효과적으로 제품 개발 과정을 관리함으로써 초기에 점령한 유리한 고지를 지키면서 경쟁자와의 격차를 점점 더 크게 벌린다. 하지만 조직 규모가 커질 경우 이 전략은 독자적인 핵심 역량으로 자리 잡기 어렵다. 더 날렵하고 신속하게 대응하는 소규모 기업이 시장에 진입해 혁신 속도를 앞지르기 때문이다. 대부분의 기업은 혁신 속도를 핵심 역량으로 간주하지 않는다. 다만 차별화된 역량을 쌓기 위한 수단이나 과정으로 활용할 뿐이다. 그래도 혁신 속도는 적의 침입에 대비해 핵심 역량이라는 견고한 성 밖에 파놓은 해자 정도의 역할은 한다.

모든 기업은 핵심 역량이 무엇이든지 간에 항상 빠르게 혁신을 진행해야 한다. 그렇지만 고유의 핵심 역량이 없을 경우 혁신은 오래가지 못한다.

경쟁적 지위와
핵심 역량은 다르다

고객이 기업의 핵심 역량을 기준으로 제품을 구매하는 것은 아니다. 고객이 기준으로 삼는 것은 11단계에서 살펴볼 기업의 경쟁적 지위다. 물론 핵심 역량이 원동력으로 작용해 기업의 가치 창출 능력이 향상되고 그 능력을 바탕으로 고객에게 차별화된 가치를 전달하면 결국 기업은 경쟁적 지위를 얻는다. 핵심 역량은 경쟁자와 자신을 구분 짓는 기준으로 모방이 어렵다. 현재 또는 잠재적 경쟁자와 차별화해 그 희소한 자원으로 최대 가치를 얻는 가장 확실한 수단이 핵심 역량이다.

선도자 우위는
핵심 역량이 아니다

핵심 역량을 얘기할 때 가장 빈번히 인용하는 동시에 가장 많은 오해를 낳는 용어가 '선도자 우위'first-mover advantage다. 선도자 우위란 시장에 최초로 진입했다는 이유만으로 얻는 성공을 말한다. 하지만 대부분의 산업에서 처음 진입한 기업은 나중에 등장한 경쟁력 있는 후발주자에게 밀려 시장점유율을 잃는 경우가 많다. 그런 까닭에 선도자 우위는 그 자체로 지속 가능한 핵심 역량이 될 수 없으며 오히려 약점으로 작용할 가능성도 있다. 시장에 최초로 진입한 기업은 주요 고객 확보 및 유지, 네트워크 효과 달성,

우수 인재 유치 등의 핵심 역량으로 무장할 때만 진정한 의미의 선도자 지위를 지속적으로 누릴 수 있다.

독점 공급 전략도
핵심 역량이 아니다

경쟁 우위를 확보하는 방법 중에는 제품의 성공을 이끄는 핵심 요소를 정확히 예측해 공급자에게 독점 납품을 요구하는 것도 있다. 가령 활동 영역이 다른 공급자나 상대적으로 영세한 공급자에게 대량구매하면서 최소발주량 등을 조건으로 독점 공급을 요구하는 경우가 종종 있다. 이 전략은 대표적으로 애플에 높은 이익률과 유연성을 가져다주었다. 물론 애플의 핵심 역량은 스티브 잡스가 정착시킨 완벽을 추구하는 문화와 사용자 인지 모델에 따른 혁신적 발상이다.

주요 공급자와의 독점 계약도 지적재산권과 마찬가지로 경쟁자의 진입과 성장을 가로막는 '성 주위의 해자' 같아서 최적의 조건이 갖춰지면 공격적으로 활용해도 되지만 궁극적인 핵심 역량은 아니다. 뒤따르는 추적자를 따돌리기 위해 여러 개의 함정을 파놓는 것도 유용한 전략이다. 그러나 이것 역시 차별화된 핵심 역량이 없으면 아무 소용이 없다. 핵심 역량은 경쟁자가 아무리 애를 써도 절대 무너뜨리지 못하는 마지막 보루이자 기업의 최우량 자산이다.

사례

센스에이블 테크놀로지스

우리는 센스에이블의 핵심 역량이 꽤 분명하다고 생각했다. 무엇보다 독자적으로 개발한 하드웨어 팬텀이 시장에서 호평을 받았기 때문이다. 우리는 당시 널리 쓰이는 특허 중 하나인 '힘 반영 촉각 인터페이스'force reflecting haptic interface(미국 특허번호 5,625,576번)라는 원천 기술을 보유했다.[1] 여기에다 우리에게는 그 모든 기술을 창조한 두뇌, MIT의 떠오르는 별, 회사에 운명을 건 토머스 매시가 있었다. 그 정도면 충분하지 않은가?

그런데 한 발 물러나 각자의 목표를 그려본 우리는 단기간 내의 성공이 높은 우선순위를 차지한다는 사실을 발견하고 고민에 빠졌다. 공동창업자 토머스 매시와 론다 매시는 4~5년 안에 켄터키로 돌아가길 원했고, 나 역시 5년이라는 기한 내에 회사를 크게 키워 벤처투자자들의 구미를 당길 수 있기를 원했다.

또한 특허에서 비롯된 경쟁 우위가 언제까지 지속될지 예측이 불가능했다. 특허에 가치를 부여하려면 특허법 전문가가 되어 잠재적 경쟁자들이 특허를 무시하거나 교묘한 방법으로 피해가지 않도록 신경을 곤두세워야 했지만, 우리는 그런 일에 관심이

---

1. Gregory T. Huang, "From MIT Entrepreneur to Tea Party Leader: The Thomas Massie Story," 《Xconomy》, May 17, 2012, www.xconomy.com/boston/2012/05/17/from-mit-entrepreneur-to-tea-party-leader-the-thomas-massie-story/2.

없었다. 더구나 그것은 우리의 개인적인 목표나 열정과 거리가 있었다. 우리가 특허 전문 변호사 스티브 바워Steve Bauer와 MIT의 도움을 받아 특허 포트폴리오를 구축하는 데 쏟은 노력은 성곽 둘레에 설치한 해자에 불과했고 성 깊숙한 곳에 안전하게 보관해둔 왕관의 보석은 아니었다.

그렇다고 하드웨어를 핵심 역량으로 삼기에는 시간과 돈이 너무 많이 드는 데다 투자자들에게 매력적으로 보이지 않을 가능성이 컸다. 당시, 즉 1990년대 중반에 로봇공학이 이미 한물간 아이템이라는 것도 문제였다. 아무리 생각해도 로봇회사는 우리가 갈 길이 아니었다.

어쩔 수 없이 우리는 산업 디자인 쪽을 거점시장으로 삼았고, 팬텀을 특허처럼 적극 보호하며 개발하긴 했어도 그건 그저 성벽 밖의 안전장치에 불과하다는 사실을 깊이 인식하고 있었다. 물론 경쟁력의 원천인 핵심 부품 공급업체와의 독점 계약이 팬텀에게 진입장벽 역할을 해준 것도 사실이다. 그러나 시장 조건이 괜찮았다면 경쟁자들은 자체 생산 방식을 찾아냈을 것이다.

센스에이블의 핵심 역량은 소프트웨어 개발 능력에 있었다. 실제로 팬텀에 장착한 소프트웨어는 매우 복잡하고 정교하다(손이 눈보다 훨씬 더 빠르다는 사실을 아는가? TV와 영화 스크린의 이미지를 구현하기 위해서는 초당 20~30개의 프레임을 사용하지만, 손의 움직임을 따라가려면 초당 1,000개의 프레임이 필요하다). 구체적으로 말하면 그 소프트웨어는 화면과의 접촉으로 단순한 사용자 인터페이스가 아니라 무게, 형태, 질감, 변형(회전이나 비율) 등 수많은 물리적 특성을 모두 표현한다.

결국 우리는 센스에이블의 핵심 역량을 '3차원 촉각 물리학'physics of three-dimensional touch으로 정의했고, 이것은 2차원 화면을 터치해 3차원 입체감과 사실감을 불어넣는 소프트웨어 엔진에 그대로 드러났다.

그다음 과제는 핵심 역량을 지속적인 성장을 위한 경쟁력으로 전환하는 작업이었다. 먼저 우리는 창업 팀에서 기술과 전문성을 갖춘 적임자를 발굴했고, 이어 관련 분야에서 가장 탁월한 인물로 인정받는 외부 전문가를 찾아 네트워크를 형성했다. 더불어 연구소와 전문가 집단 그리고 대학(특히 MIT, 브라운대학, 스탠퍼드대학)에 회사를 소개하며 뛰어나고 우수한 미래의 인재를 유치하기 위한 관계를 구축했다. 인재 발굴은 최고기술책임자Chief Technology Officer, CTO 직책을 맡은 매시가 최우선순위로 꼽은 과제로 기술전략회의를 통해 적어도 분기에 한 번은 반드시 검토했다. 우리의 기술 개발 계획에는 빈틈이 없었고 보상 체계도 회사의 핵심 역량에 맞춰 설계해 대규모 스톡옵션을 포함했다.

이처럼 센스에이블은 안전장치 역할을 할뿐 아니라 시장이 확대되면서 더 큰 경쟁 우위를 가져다줄 핵심 역량을 선택했다. 때론 분명하고 빤한 대안이 최적의 핵심 역량이 아닐 수도 있다. 결과적으로 우리는 핵심 역량을 정의하기 위해 기울인 노력과 시간에 따른 보상을 받았다. 각자의 배당금이 몇 배로 불어난 것이다.

S·U·M·M·A·R·Y

핵심 역량 정의는 지금까지 고객에게 향하던 초점을 내부로 돌리는 첫 단계다. 핵심 역량은 경쟁자에게 없는 당신만의 차별화된 역량을 의미하므로 시간이 흘러도 그것을 고수하면서 개발해야 한다. 일단 핵심 역량으로 정의했다면 가급적 바꾸지 말고 더 강하게 키워 나가라. 만약 핵심 역량이 자주 바뀐다면 효과적으로 구축하지 못하고 있다는 증거이므로 심각하게 받아들여야 한다. 물론 고객의 욕구나 당신의 재능을 새롭게 발견했다면 그에 맞춰 변화해야 한다.

핵심 역량 정의는 쉽지 않고 때론 추상적인 수준에 머물 수도 있다. 어쨌든 이것이 사업 가치를 극대화하는 중요한 단계라는 사실을 절대 잊지 말자.

Disciplined Entrepreneurship:
24 Steps to a Successful Startup

경쟁력 포지셔닝 차트를 그려라

Chart Your Competitive Position

11단계 과제

- 제품이 페르소나의 구매기준 우선순위 1, 2위를 충족시키는 정도를 보여준다.

- 기존 제품이 페르소나의 우선순위 1, 2위를 충족시키는 정도와 비교하여 설명한다.

- 시장 기회가 핵심 역량과 페르소나의 우선순위에 모두 부합하는지 분석한다.

음...
어느 쪽이 내 기준에
더 잘 맞지?

핵심 역량을
고객의 요구사항에 맞추는 방법은 무엇인가?

핵심 역량을 고객이 간절히 원하는 것,
고객에게 진정한 가치를 주는 제품으로 바꿨을 때 얻는 것이 바로 경쟁적 지위다.

새 로운 시장을 창조하려면 기존 제품의 업그레이드가 아니라 고객과 함께 백지 상태에서 시작해야 한다. 《블루오션 전략》의 저자 김위찬과 르네 마보안은 공급이 충분치 않은 시장에 초점을 두고 고객 수요를 충족시키는 제품을 제공하면 경쟁을 걱정할 필요가 없다고 말한다. 확고한 초점이 경쟁을 무의미하게 만들기 때문이다. 이것은 상당히 의미 있는 주장이고 어느 정도 진실에 가깝지만, 현실 세계의 고객은 비교를 통해 구매를 결정한다. 즉, 고객은 모든 대안을 고려한 다음 우선순위를 가장 잘 충족시키는 해결책을 선택한다.

경쟁력 포지셔닝 차트Competitive Positioning Chart는 경쟁자와의 비교를 통해 강점과 약점을 보여주는 도구를 말한다. 한 손에 정량화한 가치 제안, 다른 손에 포지셔닝 차트를 들고 있으면 당신은 제품이 필요한 이유와 당신이 적임자인 이유를 모두 설명할 수 있다. 포지셔닝 차트에서 비교 기준은 페르소나의 구매 기준 1, 2순위다. 당신은 이것을 기준으로 기존 혹은 잠재적 경쟁자보다 우월한 점, 핵심 역량이 경쟁력의 원천이라는 점을 증명해야 한다. 이 두 가지가 사실로 나타나지 않을 경우 거점시장 선택과 핵심 역량의 정의 단계로 다시 돌아가야 한다.

설령 핵심 역량을 최대한 발휘할지라도 효과는 제한적일 수밖에 없다. 물론 핵심 역량을 고객 가치로 전환하는 데 실패했다고 해서 역량이 의미가 없다는 말은 아니다. 핵심 역량은 창업 팀의 자원과 능력을 반영하기 때문이다. 핵심 역량을 발휘할 만한 다른 시장 기회는 분명 존재한다. 경쟁력 포지셔닝은 그러한 핵심 역량과 페르소나의 우선순위를 연결하는 고리로 핵심 역량이 목표시장에 적합하다는 사실을 보여준다.

가장 강력한 적은
변화를 거부하는 고객

시장에서 맞닥뜨리는 커다란 걸림돌 중 하나는 변화를 거부하는 고객이다. 예를 들어 소니의 워크맨이 등장했을 때 시장에는 경쟁자가 없었다. 그들의 가장 큰 경쟁자는 걸어 다니며 음악을 들을 필요가 없다고 생각하는 고객이었다. 고객이 집에서 혹은 연주 회장에서 음악을 감상하는 현상 유지를 선호했기 때문이다.

우리는 8단계 가치 제안 정량화에서 고객의 구매 기준 우선순위를 통해 어떤 가치를 제공할 수 있는지 분석했다. 하지만 우리가 현상 유지를 원하는 고객을 설득했을 때라야 비로소 개념적, 추상적 차원이 아니라 현실 세계에 존재하는 시장 기회를 확신할 수 있다.

독창적인 아이디어를 떠올렸다고 생각했는데 이미 그와 유사한 회사가 존재한다는 사실을 발견했을 경우, 창업가들이 처음 보이는 반응은 낙담과 두려움이다. 그러나 이내 경쟁심에 불이 붙어 작은 신생기업쯤은 충분히 이길 수 있다고, 부숴버리겠다고 의욕을 불태운다. 이때 경쟁자를 무너뜨리는 데 모든 에너지를 쏟는 바람에 정작 고객의 요구사항 충족이라는 과제는 뒤로 밀려난다. 더 큰 문제는 경쟁자와 자신의 시장점유율을 합해봐야 미미한 수준에 불과하다는 것을 인지하지 못한다는 사실이다.

총유효시장 규모에서 절대적인 비중을 차지하려면 인간과 조직의 본성인 관성의 법칙을 극복하고 기존 방식에 변화를 일으켜야 한다. 비슷한 처지에 있는 기업을 경쟁 상대로 여기지 말고 '움직이지 않는 고객'customer doing nothing이라는 미개척지를 두드려라. 당신이 우수한 핵심 역량으로 도전한 덕분에 고객이 현상 유지 고수에서 변화를 선택한다면, 시장에서 제품이 날개를 달면서 당신과 경쟁자는 모두 큰 열매를 거둘 수 있다. 그다음 수순은 두 회사 합병, 대기업의 인수 그리고 주식시장 상장이다.

핵심 역량과 경쟁 우위를 갖췄다면 소중한 시간을 경쟁자에게 낭비하지 말자. 그 시간을 고객에게 투자하고 핵심 역량을 더 강하게 키워 혁신적인 제품을 창조하라.

경쟁력 포지셔닝
차트 그리기

경쟁력 포지셔닝은 아주 간단한데 대개는 1차 시장조사 자료의 정확성이 그 결과를 좌우한다. 한마디로 이것은 다시 고객에게 돌아가 자신의 위치를 확인하는 과정이다.

경쟁력 포지셔닝 차트를 그리는 출발점은 페르소나의 구매 기준 우선순위다. 혹시 핵심 역량이 당신의 사려 깊은 성격과 감동을 주는 심성이고 또 제품에 좋은 기능이 많으므로 경쟁력이 있다고 생각하는 것은 아닌가. 그런 것은 구매에 아무런 영향도 미치지 못한다. 경쟁력 포지셔닝 차트에서는 오로지 고객의 구매 기준 1, 2위만 고려해야 한다. 이제 다음의 순서에 따라 그래프를 그려보자.

① X축과 Y축을 이등분한다.

② X축에 페르소나의 첫 번째 우선순위를 적는다.

③ X축의 0에 가까운 왼쪽에 우선순위의 부정적 상태를 적는다(신뢰성이라면 '낮음').

〈도표 11-1〉 경쟁력 포지셔닝 차트

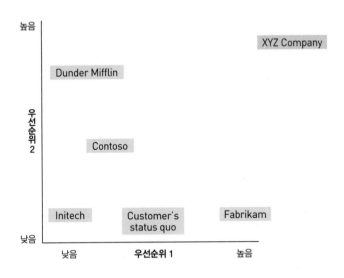

시장에서 'XYZ' 기업이 차지하는 경쟁적 지위를 보여준다

④ X축의 오른쪽 끝에 우선순위의 긍정적 상태를 적는다(신뢰성이라면 '높음').

⑤ Y축에 두 번째 우선순위를 적는다. 0에 가까운 아래쪽에 부정적 상태를, 위쪽에 긍정적 상태를 적는다.

⑥ 당신과 경쟁자(현재와 미래 모두)의 위치를 표시한다. 고객의 현상 유지 대안도 표시한다.

〈도표 11-1〉은 고객의 현상 유지 대안, 페르소나의 우선순위 1위와 2위 혹은 둘 모두를 충족시키는 회사의 위치를 표시한 포지셔닝 차트다.

시장조사가 완벽할 경우 당신은 그래프의 가장 오른쪽 꼭대기에 위치한다. 이곳은 두 기준 모두 가장 높은 위치다. 0에 가까운 제일 왼쪽 바닥은 반드시 피해야 하는 위치다. 다른 좌표는 무조건 나쁘다고 하기가 곤란하지만 오른쪽 꼭대기가 아니라면 경쟁자 대비 제품 우수성을 다시 평가해야 한다.

차트를 목표고객에게 보여준 뒤 피드백을 구하라. 페르소나의 우선순위를 기준으로 제품 경쟁력을 정확히 반영할 때까지 계속 수정하라.

사례

센스에이블 테크놀로지스

우리의 멤버 중에는 센스에이블의 경쟁력이 하드웨어 팬텀 혹은 촉각 인터페이스에서 비롯된다고 여기는 사람들도 있었다. 물론 이것이 전문가들의 흥미를 끌 정도로 독창적인 것은 사실이지만 목표고객이 제품 프리폼을 구매하는 이유는 아니었다. 페르소나의 우선순위 1위는 적기 출시, 2위는 디자인 의도 구현이었다.

센스에이블의 페르소나인 디자인팀장은 사용하기 편리하고 점토처럼 디자인 의도를 그대로 살리도록 유연성을 갖춘 CAD/CAM 소프트웨어를 활용하게 해줄 도구를 원했다. 반면 관리자가 원하는 CAD/CAM의 용도는 최종사용자인 디자이너들의 우선순위와는 거리가 멀었다. 예를 들어 컴퓨터를 이용한 제품 설계와 디자인 툴 CAD/CAM, 앨리어스 웨이브프론트의 CAID Computer Aided Industrial Design는 정교한 수학연산을 바

〈도표 11-2〉 **센스에이블 경쟁력 포지셔닝 차트**

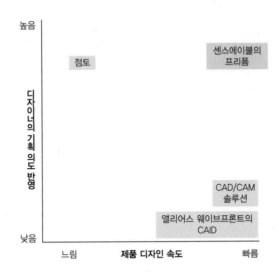

이 도표는 완구산업/신발산업이라는 산업 디자인 시장에서 '센스에이블'이 차지하는 위치를 나타낸다.

탕으로 정확하고 세밀한 모델을 그려냈지만 사용 범위에 제한이 많았고 디자이너의 입장에서는 직관적이지 않았다. 그런 것은 잔뜩 부푼 풍선을 쥐어짜는 느낌이라 한 부분에 변형을 가하면 의도와 상관없이 자동적으로 다른 부분의 모양도 변해버렸다.

〈도표 11-2〉가 보여주듯 점토 모델링이라는 현상 유지, CAD/CAM과 CAID 회사 그리고 센스에이블의 위치를 표시하는 것은 어렵지 않았다.

이처럼 경쟁력 포지셔닝 차트는 하드웨어 팬텀뿐 아니라 핵심 역량인 소프트웨어 엔진으로 고객이 얻게 될 가치도 잘 보여준다. 이 차트를 보면 누구도 감히 센스에이블만큼 고객의 우선순위를 잘 충족시킨다고 주장하지 못한다.

태양에너지 정수 시스템, 선스프링 SunSpring

선스프링은 '에너지 벤처 강좌' Energy Ventures course 수강생의 사례로, 하버드대학과 MIT 학생들이 태양에너지를 활용한 정수 시스템을 바탕으로 창업한 팀이다. 이들은 자체 전력 시설을 갖췄거나 전력 공급이 부족한 군 시설을 거점시장으로 선택했다.

창업 팀이 시장조사를 한 결과 잠재고객의 최우선순위는 비용이 아니라 안정성과 효율성이었다. 물을 구하기 힘든 원거리 작전을 수행할 때도 제품은 필요한데, 이 경우 이동과 수리가 편리해야 하기 때문이다. 고객의 가장 중요한 요구를 충족시키기 위해서는 언제 어디서나 설치가 가능하고 가급적 많은 식수를 제공해야 했다. 이것은 창업 팀의 핵심 역량인 기술 경쟁력으로 가장 잘 해결할 수 있는 요구사항이었다.

이들의 경쟁적 지위는 〈도표 11-3〉의 포지셔닝 차트에 분명히 드러난다.

〈도표 11-3〉 **선스프링의 경쟁력 포지셔닝 차트**

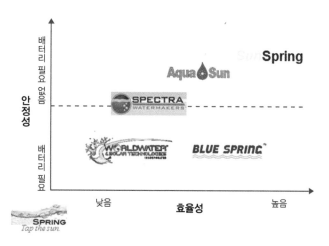

선스프링의 가치는 태양광발전에 의한 역삼투장치 Photovoltaic reverse osmosis, PVRO를 사용하는 경쟁자들과 대비하여 높은 효율성, 유연성, 기동성, 안정성, 조작 편의성에 있다.

S·U·M·M·A·R·Y

경쟁적 지위를 정의하는 것은 경쟁자 그리고 고객의 현상 유지 대안과 비교해 제품의 우수성과 차별성을 확인하는 작업이다. 비교 기준은 페르소나의 구매 기준 1위와 2위다. 포지셔닝 확인 결과 차트에서 가장 오른쪽 꼭대기가 당신의 자리가 아니라면 제품을 재평가하거나 적어도 가치 제안 방법을 다시 생각해야 한다. 경쟁력 포지셔닝 차트는 목표고객이 얻을 수 있는 가치를 정량화가 아닌 '비교'라는 직관적인 방법을 통해 설득력 있게 제시함으로써 고객에게 강한 인상을 심어준다.

구매결정에 영향을 미치는
사람들을 분석하라

Determine the Customer's Decision-Making Unit(DMU)

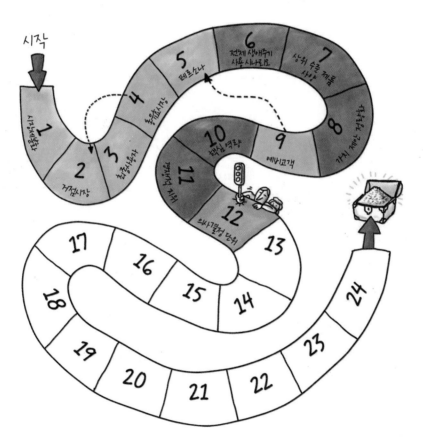

시작

1 기회시장확인

2 거점시장

3 최종사용자

4 표적시장

5 페르소나

6 전체 생애주기 사용 시나리오

7 상위 수준 제품콘

8 가치 제안 정량화

9 예비고객

10 핵심 역량

11 경쟁 포지셔닝

12 의사결정 단위

13

14

15

16

17

18

19

20

21

22

23

24

12단계 과제

- 구매를 결정하는 최종 의사결정권자와 옹호자가 누구인지 확인하고 정보를 수집한다.
- 구매결정 과정에 영향력을 행사하는 사람을 만난다.

목표고객은 대부분 한 사람 이상으로 구성된 의사결정 그룹을 가지고 있다.
이 그룹을 이해하고 각 개인의 역할과 관심사항을 정확히 이해하는 것은 영업 과정뿐 아니라
그 이전 단계 특히 제품 기획 및 설계 단계에서도 매우 중요하다.

이제 페르소나가 제품으로부터 얻는 가치와 차별화된 제품 경쟁력에 대해 더 이상 의구심을 품을 필요가 없는 단계에 이르렀다. 다시 말해 페르소나와 열 명의 예비고객이 실제로 제품을 구매한다는 사실을 확신해야 할 시점이다.

구매 과정은 결코 단순하지 않다. 기업 간 거래는 말할 것도 없고 일반 소비자를 대상으로 하는 경우에도 중요한 제품이라면 여러 사람을 설득하는 절차가 필요하다. 결국 당신은 최종사용자가 사용할 제품의 구매결정 과정에 참여하는 모든 사람을 알아야 한다. 그들 중에는 동의 혹은 반대를 위해 적극 행동하는 사람도 있고 의견을 제시하는 것만으로도 전체 과정을 좌지우지하는 사람도 있다.

이에 따라 많은 기업이 영업직 훈련 프로그램의 일부로 다양한 구매 과정을 분석하는 기법을 개발해 실전에 응용한다. 나는 그 과정을 24단계 창업 프로그램의 일부로 보고 가급적 쉬운 용어로 전체 과정을 묘사할 생각이다. 이것은 B2C와 B2B 시장에 모두 적용할 수 있는데, 일반적으로 B2C 시장은 참여자가 적긴 하지만 한 사람이 여러 역할을 맡는 경우가 많다.

의사결정 단위 내의
주요 역할들

- 챔피온Champion: 구매를 강하게 원하는 사람이다. 최종사용자가 아닐 수도 있고 여러 사람이 이 역할을 맡기도 한다. 구매 과정을 휘저어 동요를 일으키고 자극하며 '옹호자', '지지자'로 부르기도 한다.

- 최종사용자End User: 제품을 실제로 사용해 8단계 가치 제안을 체험하는 사람이다. 최종사용자와 옹호자, 지지자가 일치하는 것이 가장 좋지만 최종사용자는 그 어떤 경우라도 중요한 역할을 한다.

- 의사결정권자Primary Economy Buyer: 기업에서 제품을 구매할 때 지출결의서에 이 사람의 사인을 받는다. 의사결정권자는 대부분 예산을 관리 및 통제하는 권한을 갖고 있다. 간혹 의사결정권자가 지지자, 최종사용자이기도 해서 일이 쉽게 풀리는 경우도 있지만 의사결정권자도 영향력 행사자나 거부권자를 완전히 무력화하지는 못한다.

추가
의사결정 단위

- 1차, 2차 영향력 행사자: 제품에 대한 전문적인 지식과 경험으로 지지자, 최종사용자를 포함한 다른 참여자에게 영향을 미치는 인물이다. 이들은 의사결정 과정 전반에 중요한 영향을 미치는 1차 영향력 행사자와 일부 과정에만 영향을 주는 2차 영향력 행사자로 나뉜다. 설령 공식적인 권한이 없더라도 이들의 거부는 곧 조직의 거부로 받아들여야 할 만큼 두터운 신뢰를 받는 경우도 있다. 언론매체, 기자, 외주업체, 친구나 가족, 협회, 웹사이트, 블로그 등 의사결정권자가 정보를 얻고자 하는 정보원은 모두 영향력 행사자가 될 수 있다.

- 거부권자: 이유 여하를 막론하고 구매를 반대할 권리를 갖고 있는 사람이다.

B2B 시장에서는 지지자나 최종사용자보다 상위직인 경우가 대부분이다.

- 일반 소비자 시장에서 개인이 거부권을 갖는 경우는 드물고, 1차 영향력 행사자가 공식 거부권을 부여받거나 전문성 혹은 명성에 기대 실질적인 권한을 행사한다. 예를 들어 제품 구매나 설치 전에 주택소유자협회 규정 또는 도시 개발 계획에 따라 협회 및 행정당국의 허가를 받아야 하는 경우가 있다. 이때 협회와 공공기관은 의사결정 단위다. 기업에서는 컴퓨터 하드웨어와 소프트웨어 구매 시 IT부서가 종종 회사의 표준에 맞지 않는다는 이유로 거부권을 행사하기도 한다.

- 해당 산업의 노동조합과 단체 협약이 구매를 가로막기도 한다.

• 구매부서: 구매부서는 실제로 구매 절차를 집행하는 역할을 맡는다. 이들도 걸림돌로 작용할 가능성이 크다. 의사결정권자가 최종 결정한 후에도 이들이 가격을 낮추려고 하는 경우가 종종 있고, 조직 내부의 규정을 들어 공급자 자격을 박탈하기도 한다. 이 경우에는 설득을 시도하기보다 차라리 구매 결정에 결정적 영향을 미치지 못하도록 무력화하는 방법을 찾는 편이 낫다.

의사결정 단위를 이해하는 것은 제품 개발과 포지셔닝, 판매 전략을 세우는 데 필수적이다. 무엇보다 성공 가능성을 정확히 예측하고 신규 고객 획득에 필요한 시간, 자원, 기술을 구체적으로 계획할 수 있다.

다음 단계인 '고객의 구매 과정을 이해하라'를 비롯한 24단계 프로그램 내내 당신은 고객의 구매 과정을 이해하고 정보를 수집하려는 노력을 기울여야 한다. 의사결정 단위 분석을 그 출발점으로 삼자.

의사결정 단위의
분석 방법

의사결정 단위에 대한 정보를 수집할 때도 그 목적은 '설득과 판매'가 아니라 '질문과 조사'에 있다. 고객이 제품 가치가 탁월하다고 생각하면 대화는 물 흐르듯 자연스럽게 이어진다.

'나중에 제품을 시범적으로 사용해보는 건 어떻습니까? 어떤 절차를 밟아야 하죠? 선생님(고객의 입가에 미소가 번질 것이다) 이외에 또 누가 관여합니까? 어떤 분의 의견이 제일 중요한가요? 반대하는 분은 없을까요? 어느 부서의 예산으로 구입해야 합니까? 누가 최종 결재를 하죠? 혹시 이 제품 때문에 난처한 입장에 처하는 분이 있다면 그 분은 어떤 반응을 보일까요?'

여기까지 왔다면 자료를 보완 및 수정하는 작업도 필요하다. 페르소나를 정의할 때 우리는 페르소나에게 영향을 미치는 요인, 사람과 조직, 웹사이트, 출판물, 유명 매체 등 많은 것을 조사했다.

만약 지지자나 의사결정권자가 따로 있다면 이들에 대한 각각의 기술서를 만들어야 한다. 찬성은 물론 최소한 중립적인 대답을 얻는 데는 개별 접근 전략이 효과적이다.

의사결정 과정을 충분히 이해하고 분석했다면 순서도 등을 이용해 시각적으로 표현하자. 그것을 페르소나와 열 명의 예비고객에게 보여준 다음 정확히 이해했는지 묻고 의견을 반영해 수정하라. 그 내용은 당연히 팀 멤버들과 공유해야 한다.

고객의 의사결정 단위는 유사하고 일정한 패턴이 반복되어야 정상이다. 그렇지 않다면 페르소나를 잘못 선정했거나 시장을 충분히 세분화하지 않았다는 의미다.

사례

기계식 정수 시스템 창업 사례(B2B)

5단계에서 소개한 기계식 정수 시스템 창업 사례를 그대로 가져와 의사결정 단위 분석 과정을 살펴보자. 이들의 거점시장은 냉각 장치를 갖춘 데이터센터이고 페르소나는 시설물 유지관리 매니저 척 캐롤이다.

창업 팀의 의사결정 과정 분석 결과 캐롤은 최종사용자인 동시에 의사결정권자, 대변자였지만 구매에 영향을 미치는 인물이 아주 많았다. 가령 2차 영향력 행사자는 5단계에서 기술한 것처럼 해밀턴과 매노스의 블로그, 데이터센터전문가협회, 업타임 인스티튜트다. 그리고 회사 내 의사결정 단위는 매우 복잡했다.

창업 팀은 우선 캐롤의 회사와 예비고객 열 곳을 대상으로 시설관리자, 데이터센터장, 정보관리 최고책임자chief information officer, CIO의 관계를 살폈다. 일반적으로 센터장은 구매 과정에 깊이 관여하지만 캐롤의 회사에서는 센터장이 스스로를 2차 의사결정권자로 여겼다. 물론 시설관리자의 지출 및 예산을 통제하는 센터장은 거부권을 행사할 수 있었으나 시설관리자가 의견을 강하게 밀어붙일 경우 그에게 반대할 명분은 없었다.

반면 CIO의 영향은 미미했다. 그는 구매 결정이 개인적인 목표와 충돌하거나 위험한 투자라고 판단하면 반대 의사를 표시했지만 크게 영향을 주지는 않았다. 결국 CIO가 시설관리자와 센터장이 모두 지지하는 결정을 거부할 가능성은 거의 없었다.

녹색 경영 최고책임자Chief Green Officer는 처음에 지지자로 가정했지만 그리 영향력 있는 인물이 아니었다. CEO의 정책을 지지해 일회성 예산을 확보하는 데 도움을 주긴 해도 구매 과정에서 적극적인 권한을 행사하지 않았고, 환경 문제를 고려한 영업 전략 수립 등에 지식과 정보를 제공하는 역할에 머물렀다.

창업 팀이 예상치 못한 참여자는 외주업체들이었다. 특히 데이터센터를 건설하고 정기적인 개보수를 책임지는 외주업체는 시설관리자에게 막대한 영향력을 행사했다. 사실 냉각 시스템에 대한 정보도 그들에게 전해 들었다. 이런 까닭에 창업 팀은 외주업체 기술서를 작성했고 별도의 가치 제안도 만들었다.

그뿐 아니라 사외고문이나 컨설턴트를 추천하는 사내 그룹도 조사했다. 장차 제품 구매에 투표권을 행사할 이들을 제대로 이해하지 못하면 영업 과정은 미로를 헤매고 만다. 그들의 이해관계에 배치되는 제안을 하거나 그들을 불쾌하게 만들면 계약은 불가능하다.

주요 의사결정권자는 아니지만 염두에 둬야 하는 참여자를 모두 포함해 표현한 것이 〈도표 12-1〉이다. 예상치 않던 정비업체도 있었지만 이들은 큰 영향을 미치지 않았다. 창업 팀은 그들이 제품이나 시스템 교체 등에 관해 의견을 제시한 적이 없다는 사실을 인터뷰를 통해 확인했다. 구매부서도 영향력이 크지 않았고 의사결정 과정의 제일 마지막 단계에 있었다. 창업 팀은 구매 정책과 세부 절차를 정확히 파악한 다음 실수하지 않도록 주의를 기울였다.

그러면 〈도표 12-1〉을 통해 각 의사결정 단위에서 어떤 정보를 알아냈는지 자세히 살펴보자.

〈도표 12-1〉 척 캐롤과 의사결정 단위

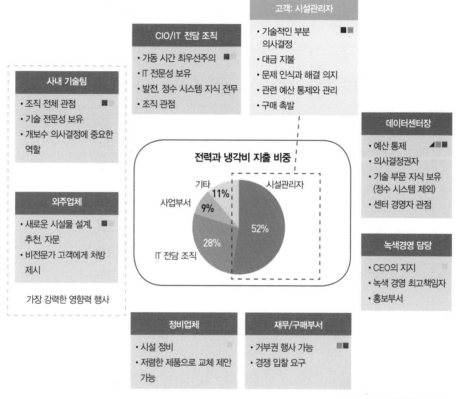

사내 기술팀
• 조직 전체 관점 ■
• 기술 전문성 보유
• 개보수 의사결정에 중요한 역할

외주업체
• 새로운 시설물 설계, ■ 추천, 자문
• 비전문가 고객에게 처방 제시

가장 강력한 영향력 행사

CIO/IT 전담 조직
• 가동 시간 최우선주의 ■
• IT 전문성 보유
• 발전, 정수 시스템 지식 전무
• 조직 관점

고객: 시설관리자
• 기술적인 부분 ■■ 의사결정
• 대금 지불
• 문제 인식과 해결 의지
• 관련 예산 통제와 관리
• 구매 촉발

데이터센터장
• 예산 통제 ◢◢■■
• 의사결정권자
• 기술 부문 지식 보유 (정수 시스템 제외)
• 센터 경영자 관점

녹색경영 담당
• CEO의 지지
• 녹색 경영 최고책임자
• 홍보부서

전력과 냉각비 지출 비중

기타 11%
사업부서 9%
IT 전담 조직 28%
시설관리자 52%

정비업체
• 시설 정비
• 저렴한 제품으로 교체 제안 가능

재무/구매부서
• 거부권 행사 가능 ■■■
• 경쟁 입찰 요구

고객	자금
영향력 행사자	거부권자

청결한 공기에 관심이 없는 고객(B2B)

공기전염성 세균의 살균율을 효과적으로 개선하는 기술을 보유한 이 팀은 의사결정 단위를 분석하면서 이전 단계의 치명적 오류를 발견했다.

팀에 아이를 키우는 구성원이 있었는데 그가 자신의 경험을 살려 보육시설을 거점 시장으로 선정하자는 아이디어를 냈다. 그런데 이 팀은 부모들의 열렬한 환호를 기대하며 들뜬 나머지 첫 단추인 시장 분석을 충실히 이행하지 못했다. 일단 보육시설 운영기관을 페르소나로 선정한 다음 부모들이 살균시설을 완벽하게 갖춘 어린이집을 선호해 기꺼이 비용을 지불할 거라는 가치 제안을 만들었다. 더불어 부모들이 신제품이 제공하는 가치에 관심을 보인다는 사실을 입증했다.

문제는 의사결정 단위의 분석 과정에서 터졌다. 고객 인터뷰를 실시하는 동안 구성원들의 얼굴색은 점점 잿빛으로 변했고, 그들은 결국 다른 거점시장 탐색이라는 결론에 도달하고 말았다.

처음 보육시설 운영기관을 찾아갔을 때 그들은 개별 보육시설을 관리하는 책임자와 이야기하라는 답을 들었다. 그 말은 자신들이 다룰 만큼 중요한 이슈가 아니라는 의미였다. 개별 보육시설 관리자들은 하나같이 무관심했다. 그중 노골적으로 적대적인 반응을 보인 사람이 그 이유를 털어놓았다. 얘기인즉 아이들이 병에 걸리지 않도록 하는 조치는 보육시설 운영자에게 큰 관심사가 아니라는 것이었다. 수입에 거의 영향을 주지 않기 때문이다.

보육시설은 선불 등록제로 운영하는 까닭에 아이들이 아파서 시설에 나오지 못해도 수입은 크게 변하지 않는다. 오히려 아이가 나오지 않으면 보육교사나 직원들의 일이 줄어든다. 그렇다고 아이들이 병이 나도록 조장하는 것은 아니지만 굳이 병이 나지 않도록 최선을 다할 이유도 없었다. 보육시설의 무관심과 저항을 극복할 방법을 찾고자 고심하던 창업 팀은 결국 다른 거점시장을 찾기로 했다.

라크 테크놀로지스 LARK Technologies (B2C)

줄리아 후의 창업은 소리 나지 않는 자명종이라는 콘셉트에서 출발했다. 기능은 아주 간단하다. 우선 아이폰 앱을 설치하고 시간을 맞추면 무선으로 연결된 손목밴드가 진동한다. 따라서 서로 다른 시간대에 일어나는 커플이 상대가 설정한 알람 때문에 아침잠을 설칠 일이 없다.

이 아이템에서 구매 과정에 참여하는 의사결정권자는 두 명에 불과하다. 먼저 일어나는 사람이 최종사용자(대부분 남성)고 나중에 일어나는 사람이 지지자(대개는 여성)다. 물론 의사결정권자는 먼저 일어나는 사람이지만, 나중에 일어나는 사람은 알람 때문에 자신이 깨지 않기를 바라면서 해결책에 얼른 돈을 지불하라고 압력을 넣는다.

줄리아는 최종사용자이자 의사결정권자들이 어번 대디 Urban Daddy라는 웹사이트를 자주 방문한다는 사실을 발견했다. 이 사이트는 강력한 영향력 행사자로 각종 제품 정보를 제공하고 할인행사(반짝 세일 등) 등도 진행했다. 줄리아 후와 멤버들은 의사결정권자를 공략하기 위해 이 사이트에 제품을 등록했는데, 분당 한 건씩 주문이 밀려들 만큼 반응이 폭발적이었다.

S·U·M·M·A·R·Y

고객이 원하는 가치를 창출할 방법을 찾았다면 이제부터는 고객이 제품을 손에 넣을 수 있는 방법을 고민하자. 제품을 판매하려면 최종 의사결정권을 가진 사람과 그 결정에 영향을 미치는 사람을 정확히 이해해야 한다. 지지자와 의사결정권자가 가장 중요하며 거부권자, 1차 영향력 행사자도 반드시 고려해야 한다. 상대적으로 이해하기 쉬운 B2B 시장의 의사결정 과정은 물론 일반 소비자 시장을 분석하는 것도 매우 중요하다. 이것은 프록터 앤 갬블Procter & Gamble, P&G 같은 거대기업도 수년간 진행해온 일이다.

고객의 구매결정 과정을 이해하라

Map the Process to Acquire a Paying Customer

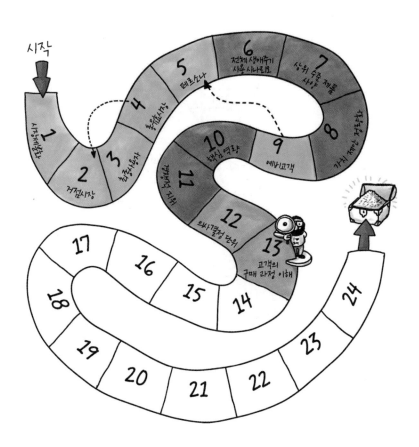

13단계 과제

- 고객이 구매에 이르기까지 어떤 과정을 거치는지 상세하게 규정한다.
- 제품의 판매주기를 예측한다.
- 고객의 구매결정에 영향을 주는 예산 제약, 구매 절차, 복무 규정, 정부 규제 등을 확인한다.

의사결정권자가 실제로 구매를 결정하는 과정과 각 단계에서 발생 가능한 걸림돌 등을 정확히 이해해 구매 과정에 완벽히 들어맞는 제품을 기획해야 한다.

고객에게 제품을 넘겨주고 그 대가로 돈을 버는 방법을 구체적으로 이해하기 위해 우리는 의사결정 단위 분석이라는 큰 과제를 해결했다. 잠재고객을 실고객으로 전환하는 과정, 즉 최초 접촉에서 최종 지불에 이르는 과정은 매우 복잡하다. 지지자나 의사결정권자에게 압력을 넣어 간단히 해결할 수 있을 거라고 생각한다면 그건 착각이다.

13단계의 목표는 아래와 같다.

- 판매주기sales cycle를 이해한다. 판매주기는 신규 고객 획득 비용을 결정하는 핵심 변수다. 또한 우리는 판매주기를 통해 현금흐름을 정확히 예측할 수 있다. 안정적이고 지속적인 성장을 이루려면 최초 접촉에서 지불까지의 기간을 최대한 빨리 단축해야 한다.
- 고객 획득 비용Cost of Customer Acquisition, COCA 산정에 필요한 기초 자료를 얻는다. 기존 고객 매출액이 신규 고객 획득 비용보다 커지는 지점에 도달해야 한다. 고객을 유치하는 데 드는 비용은 언제나 예상을 초과한다.
- 영업 과정에 도사리고 있는 온갖 걸림돌을 확인한다. 불가피하게 협상을 깨는 방해 요인이 존재하는 사업이라면 자금 유치와 인력 고용 이전에 그것을 미리 알아야 한다.
- 투자자나 채권자에게 고객의 구매 과정을 이해하고 있음을 보여준다. 많은 사람이 이것을 투자의 전제 조건으로 여기기 때문이다.

고객의 구매 과정
이해하기

잠재고객을 실고객으로 전환하는 과정, 즉 고객이 구매에 이르는 과정을 이해하려면 전체 생애주기 사용 시나리오(6단계)를 작성하면서 던진 질문을 그대로 적용해야 한다. 추가 질문을 준비할 필요 없이 다음의 여섯 가지 질문을 고민해보자.

- 고객은 어떤 경우에 현상 유지에서 벗어나려는 욕구나 기회를 발견할까? 그들이 대안의 필요성을 느끼고 행동하도록 자극하는 방법은 무엇일까?
- 고객은 어떤 경로로 제품 정보를 찾을까?
- 고객이 제품을 비교 분석할 때 사용하는 기준은 무엇일까?
- 고객은 어떤 과정을 거쳐 구매를 결정하는가?
- 고객이 제품을 도입할 때 어떤 문제가 발생할 수 있는가?
- 고객은 어떤 방식으로 비용을 지불하는가?

고객의 의사결정 단위를 분석하고 조직 구조와 구매 절차를 이해한 경우 이러한 질문에 보다 자세히 답할 수 있다. 특히 다양한 산업에서 경험을 쌓은 창업가는 비교적 빨리 머릿속에 그림을 그린다. 초보 창업가에게는 다소 어려울 수도 있지만 그만큼 이 과정은 현실 세계에 눈을 뜨고 비즈니스 감각을 익힐 수 있는 기회다. 때론 연륜과 경험이 풍부한 목표고객을 만나 민감하고 특수한 정보를 얻는 행운을 누리기도 한다.

산업에 따라 조금 다르긴 해도 잠재고객을 실고객으로 전환하는 과정은 크게 수요 창출, 핵심 인물 접촉, 구매 계획, 구매, 설치의 단계로 이뤄진다. 물론 각 단계는 다시 복잡한 세부 단계를 거쳐야 한다. 핵심 인물에는 최종사용자가 포함되는데 최종사용자 인터뷰 이후 최종사용자 직속상사의 인터뷰가 필요할 수도 있다.

다른 한편으로 정부나 준공공기관의 각종 규제가 중대한 제약 조건이 될 수 있는지 반드시 검토하라. 공공기관의 허가나 승인이 필요하다면 의사결정 단위 분석에서 공공기관의 거부권을 고려해야 한다. 12단계에서 빠뜨렸다면 지금이라도 추가하자. 창업가를 굉장히 성가시게 만드는 규제 사례는 뒤에서 소개한다. 공식적인 규제는 아니지만 조직 내부의 규정이나 표준 운영 절차, 복무 규정 등도 유사한 걸림돌이 될 수 있다.

아래의 질문을 참고하자.

- 의사결정의 열쇠를 쥔 핵심 인물은 누구인가?
- 핵심 인물은 어떤 영향력을 행사하는가? 12단계에서 이미 분석을 끝냈어도 구매 결정이 이뤄지는 시간적인 순서에 따라 재정리하고 각 단계에서 시간이 어느 정도 필요한지 예측한다.
- 핵심 인물의 지출 권한과 가용 예산 범위는 어느 정도인가?
- 단계별 소요시간은 어느 정도인가? 단계를 시간 순으로 나열하고 동시에 진행되는 단계가 있으면 표시하라(소요시간은 각종 자료를 꼼꼼히 검토한 후 예측하자. 적어도 80퍼센트 정도의 정확성을 보여야 하며 소극적으로 추정하는 편이 낫다. 창업가의 예측은 언제나 실제 소요시간보다 짧아서 문제다).
- 고객의 구매 과정 상의 필요정보input와 산출물output을 어떻게 파악할 것인가?

고객의 구매 과정 분석은 고객의 사업을 이해하는 일이다. 고객의 범위를 확장함에 따라 똑같은 과정을 되풀이해야 하므로 처음에 정확히 정리하는 것이 좋다. 이 과정을 잘 이해하면 향후 고객 확보가 훨씬 더 용이해진다.

—

구매 권한,
지출 재량 범위

—

의사결정 과정 참여자들의 구매 권한 또는 지출 재량 범위를 파악하는 일도 매우 중요하다. 고객이 개인적인 권한으로 지출할 수 있는 범위가 매우 제한적이라면(예를 들어 5,000달러) 복잡한 구매 과정을 거쳐야 한다. 이때 설득해야 할 다른 의사결정권자가 한 명이면 다행이지만 때론 구매 담당 부서의 복잡한 절차와 지루하고 긴 씨름을 해야 한다.

이러한 제약 조건은 이후 가격 체계 수립에도 큰 영향을 미친다. 가령 가격을 지출 범위 내에서 결정하면 의사결정 참여자 수가 줄어든다. 여하튼 제약 조건의 제거가 판매주기 단축에 미치는 영향은 어마어마하며 성공과 실패는 여기서부터 갈라진다.

예산 유형도 고려사항이다. 연간 운영 예산으로 지출하는지 아니면 고정자산 투자 같은 장기자본 예산 항목인지 알아야 하는 것이다. 예산 수립 절차와 지출 과정은 예산의 종류에 따라 달라진다. 만약 운영 예산에서 지출할 경우 상대적으로 결정이 빠르고 구매 과정도 단순하지만, 반드시 그런 것은 아니다. 이것은 언뜻 사소한 일 같아도 판매주기 3개월과 1년의 차이를 결정하는 중요한 변수다. 앞서 말했듯 판매주기는 사업의 성패를 가른다.

핵심은
소요시간 예측!

각 단계의 소요시간을 정확히 예측했는가? 한 번으로 끝내지 말고 다시 검토해보자. 전제 조건과 근거는 타당한가? 지연시간을 여유 있게 고려해 산정했는가? 소극적인 가정인가, 아니면 공격적인 가정인가?

B2C vs.
B2B

B2C 시장의 구매 과정은 비교적 간단하지만 그렇다고 가볍게 넘기지는 말자. 아마존의 '원클릭'one-click 결제처럼 구매 절차 간소화로 판매자가 얻는 이득을 생각해보라. 결제까지 이르는 과정이 번거롭고 불편해서 장바구니를 비워버리는 고객이 있다면 이번 기회에 고객 관점에서 개선점을 찾기 바란다.

사례

기계식 정수 시스템(B2B)

데이터센터의 에너지 효율성을 높이는 새로운 정수 시스템이라는 가치 제안으로 시설물 유지관리 매니저를 페르소나로 선정한 창업 팀은 초기에는 새로 건설하는 데이터센터를 목표로 삼았다. 이때 그들은 교체 비용이 발생하지 않고 기존 장비와 경쟁할 필요가 없다는 가정을 세웠다. 기존 시설 개보수와 신규 시설을 비교한 타당성 검토에서 후자가 적합하다는 결론이 나왔기 때문이다.

그런데 구매 과정 분석 결과 흥미로운 사실이 드러났고, 그들은 신규 시설에서 기존 시설 개보수로 기수를 돌려 페르소나 정의 단계로 되돌아갔다(도표 13-1). 하마터면 우리는 페르소나인 척 캐롤을 만나지 못할 뻔했다.

첫 수주에 성공한 신규 데이터센터는 구매에 이르기까지 9개월이 채 걸리지 않았고 이 경험을 토대로 신규 시설의 매출주기를 9개월로 예측했다. 하지만 좀 더 광범위한 잠재고객을 대상으로 구매 과정을 분석하자 현실은 가정과 많이 달랐다. 가정은 어느 고객에게도 적용되지 않았으며 평균 매출주기는 무려 2.5년이었다. 현금, 직원들의 사기, 제품 신뢰도 등 어느 것 하나 안정적이지 못한 신생기업에게 이것은 터무니없이 긴 기간이다.

할 수 없이 이들은 첫 고객이 지불한 돈으로 급여를 지급하고 비용을 줄여가며 간신히 버티는 동안 매출주기가 상대적으로 짧은 개보수 시장의 문을 두드렸다. 남다른 능력을 갖추고 산전수전 다 겪은 노련한 기업가는 어떻게든 현명하게 대처하겠지만

〈도표 13-1〉 척 캐롤의 구매 과정

신규 프로젝트

- CIO와 접촉해 승인을 얻고 사내 전문가를 소개받는다.

- 내부 전문가, 녹색 경영 최고책임자, 시설관리자 등 설계 엔지니어에게 영향을 미치는 주요 인사들을 만난다.

- 설계 엔지니어와 함께 시스템 설계와 사양 등을 논의하고 구매를 진행하도록 유도한다.

- 계약 성사를 위해 시공사 구매담당자를 만나 설득한다.

기존 시설 개보수

- 시설관리자와 접촉해 데이터센터장을 설득하도록 유도한다.

- 필요하다면 CIO를 만나 지지를 얻은 다음 센터장과 사내 전문가를 만난다.

- 시설관리자, 데이터센터장, 구매담당자를 만나 계약과 설치가 이뤄지도록 설득한다.

신규 프로젝트

수요 창출	핵심 인물 접촉	설계 엔지니어 접촉	설계	데이터센터 건설 (실구매자는 시공사)	설치
1~2개월	2~4개월	2~4개월	6~12개월	12~15개월	1개월

기존 시설 개보수

수요 창출	시설관리자 접촉	핵심 인물 접촉	구매 및 재무 부서와 협상	설치
1~2개월	4~6개월	2~4개월	2~3개월	1개월

초보 창업가에게 긴 매출주기는 죽음의 키스다.

개보수 시장에서 설치 완료까지의 소요 기간 중간값은 약 1년이었고, 이것은 2.5년에 비해 다루기가 훨씬 쉬웠다(신생기업에게는 1년도 길다. 짧으면 짧을수록 좋다). 그런데 안타깝게도 좀처럼 수요가 발생하지 않았다.

이 팀은 다시 한 번 페르소나 정의 단계로 돌아가 시장조사를 다시 하며 개보수 시장을 백지 상태에서 재검토했다. 고객은 아이디어도 좋고 제안도 마음에 들지만 현재의 시설에 불만이 없다는 반응을 보였다.

일단 창업 팀은 개보수 시장에 집중하기로 했다. 그러다가 현금흐름이 안정되면 신규 데이터센터에 다시 도전할 생각이었다. 어쨌든 이 모든 결심과 통찰력은 고객의 구매 과정 이해에서 나왔다.

시장진입을 가로막는 규제, 페이팔 키즈PayPal for Kids

스탠퍼드대학에서 컴퓨터 과학을 공부한 프레드릭 커레스트는 이후 벤처기업 창업이라는 큰 꿈을 안고 다시 MIT에 입학했다. 열정적이고 도전적인 프레드릭은 MIT 창업 경진대회MIT Entrepreneurship Competition에서 10만 달러의 상금을 획득한 전설적인 인재였다.

2학년 때 그는 여러 아이디어를 체계적으로 검토했고 마침내 내가 '페이팔 키즈'라고 부른 아이템을 선택했다. 이것은 부모의 동의라는 제약 조건 아래 어린이가 금액에 상관없이 부모의 신용카드로 결제할 수 있는 인터넷 쇼핑에서의 시장 기회였다.

서비스는 간단하다. 어린이들은 결제한도를 설정해놓고(예를 들면 50달러) 일일이 부모의 동의를 받을 필요 없이 물건 구매가 가능하다. 물론 부모에게도 혜택은 있다. 그들은 특정 사이트 혹은 카테고리의 상품을 구매하지 못하도록 제한하고 자녀가 구입한 제품 목록을 확인할 수 있다. 의사결정권자인 부모는 자녀에게 계획적인 용돈 지출 습관을 길러주는 가치도 얻는다.

프레드릭은 1차 시장조사에서 이것이 엄청난 잠재력을 지닌 시장이라는 결과를 얻었다. 하지만 구매 과정을 분석하는 단계에 이르렀을 때 뜻밖의 반전이 일어났다.

애초에 프레드릭은 미국 전역의 부모와 아이들을 목표로 했다. 한데 미국에서 고객이 일정 금액을 예치 및 인출하는 방식의 거래를 주관하고 거래 금액의 일부를 수수료로 부과하는 비즈니스 모델을 도입하려면 금융기관으로 등록돼 있어야 한다. 즉, 이 사업을 하려면 미국의 모든 주에 금융기관으로 등록해야 한다. 프레드릭은 정부 규제가 걸림돌로 작용하는 사업을 원치 않았다. 결국 자본, 시간, 정면으로 맞닥뜨려야 할 관료제의 경직된 사고방식과 구조가 아이디어를 죽이고 말았다.

프레드릭은 새로 발견한 지식으로 아이디어를 확장해 나갔고 현명한 동업자들도 만났다. 마침내 그는 소프트웨어 회사에서 일한 경험을 바탕으로(시장을 깊이 이해하는 것은 언제나 좋은 출발점이다) 기업 대상의 웹 기반 애플리케이션 관리 및 보안 서비스를 제공하는 옥타Okta를 설립했다.

이 사례에서 고객의 구매를 가로막은 걸림돌은 긴 매출주기가 아니라 의사결정 단위 분석 단계에서 간과한 구매 과정의 복잡성과 공급자에게 필요한 자격 요건이었다.

S·U·M·M·A·R·Y

잠재고객을 실고객으로 전환하는 구매 과정 분석의 목표는 의사결정 참여자들이 구매를 결정하는 과정을 이해하고 영업을 방해하는 걸림돌을 확인하는 데 있다. 긴 매출주기부터 뜻밖의 규제와 드러나지 않은 조직의 내부 사정에 이르기까지, 실제 매출이 발생하려면 페르소나의 수요 충족이라는 과제 이상의 난관을 극복해야 한다. 그러나 이 단계를 충실히 마치면 이후의 영업 과정에 도사린 위험을 슬기롭게 피할 수 있다.

후속시장의 규모를 전망하라

Calculate the Total Addressable Market Size for Follow-on Markets

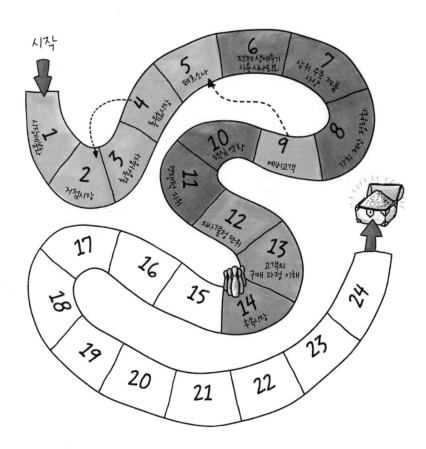

- 거점시장을 정복한 후 어느 시장으로 진출할 것인지 간단히 검토한다.
- 후속시장의 규모를 예측한다.

좋아,
첫 번째 핀이
넘어졌어!

아직 거점시장 공격에 총력을 기울여야 하지만
시장 정복 이후 벌어질 일도 잠시 고민해보자.
세부사항까지 자세히 검토할 필요는 없으며 큰 그림을 그리는 것으로 충분하다.
예상하는 후속시장 후보가 있는가? 규모는 얼마나 되는가?

지금까지 우리의 관심은 온통 거점시장beachhead market에 쏠려 있었다. 당연히 그랬어야 한다. 그러나 이번에는 한 걸음 물러나 거점시장 점령 이후 공격 목표가될 다른 시장, 즉 '후속시장'Follow-on Market과 그 규모를 간단히 검토해보자. 이 단계는 올바른 길을 택해 전진하고 있다는 사실을 다시 확인하고 더 큰 시장 기회의 존재와 그 규모를 생각해볼 기회다.

후속시장에는 두 가지 유형이 있다.

첫째, 동일한 고객에게 보다 고급스런 제품을 추가로 판매하는 업셀링upselling(상위 제품의 구입을 유도하는 것—옮긴이)이다. 이쯤이면 목표고객의 욕구와 우선순위에 관한 전문가가 되었을 것이므로 어떤 제품을 만들면(심지어 되팔아도 상관없다) 고객에게 추가 가치를 줄 수 있는지 판단하는 게 어렵지 않을 것이다. 또한 고객에게 쏟은 투자와 돈독한 관계에다 기존 영업과 유통망을 그대로 활용할 수 있다는 이점도 있다. 단, 핵심 역량의 범위를 넘어서는 후속시장이라면 경쟁적 지위를 달성하는 것이 어렵다. 핵심 역량이 고객과의 상호작용에서 형성된 것이 아니라면 더더욱 위험하다.

둘째, 동일 제품으로 거점시장과 유사한 '인접시장'adjacent market에 진출하는 전략으로 보통 혁신 주도 신생기업이 걷는 길이다. 새 기능과 품질개선, 차별화된 제품 구성, 마케팅 수단, 가격 체계 구축이 필요하지만 동일한 핵심 역량을 기반으로 거점시장에서 쌓은 전문성과 규모의 경제 효과를 활용할 수 있다. 다만 새로운 고객관계를 형성해야 하는데 이것은 시간과 비용이 많이 들고 리스크도 크다.

혁신기업이 역량을 갖춘 경우 일반적으로 두 번째 전략을 선택하지만, 사실 어떤 전략도 상관없으며 때론 두 전략을 모두 채택하기도 한다. 제프리 무어가 쓴 《캐즘 마케팅》의 볼링 앨리에 빗대보면 1번 핀이 거점시장이다. 1번 핀을 중심으로 왼쪽에 있는 핀은 인접시장이고, 오른쪽 핀은 고객에게 추가 가치를 제공하는 전략이다(도표

〈도표 14-1〉 **무어의 볼링 핀 비유 수정**

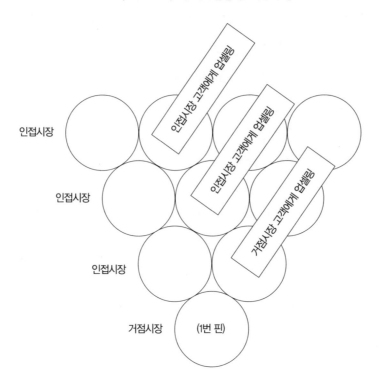

인접시장

인접시장

인접시장

거점시장　(1번 핀)

14-1).

　만약 후속시장 후보가 있다면 거점시장과 똑같이 총유효시장 규모를 추정해보자. 지나치게 많은 시간을 투자할 필요는 없다. 거점시장에 기울인 노력의 10분의 1 이하가 적당하다. 정보가 필요할 경우에는 시장세분화 과정에서 수집한 자료를 참고하라.

　왜 이 단계에서 후속시장을 고민하고 규모를 추정해보는 걸까? 그것은 장기적인 성장 가능성을 염두에 두고 제품 기획과 핵심 역량 구축에 임할 수 있기 때문이다. 당신은 경영진, 직원, 투자자에게 어마어마한 잠재력을 보유하고 있음을 보여줌으로써 그들을 흥분시키고 동기를 부여할 수 있다. 혹시라도 예상과 달리 거점시장에 문제가 있어 포기해야 한다면 대안을 찾는 데도 도움이 된다.

하지만 이 단계로 인해 멤버들의 집중력이 흐트러지면 곤란하다. 후속시장 규모에 대한 기대는 거점시장이라는 눈앞의 목표를 향해 더욱 매진하는 동시에 핵심 역량 개발의 중요성을 상기하는 계기가 되어야 한다. 이 장을 여는 삽화가 보여주듯 후속시장에서의 성공을 보장하는 전제 조건은 거점시장에서의 성공이다.

후속시장의
규모 추정

거점시장에 제품 기반을 두고 가능성 있는 인접시장과 업셀링 기회를 고민해보자. 적어도 5~6개의 시장 기회가 자연스럽게 떠올라야 한다. 4단계에서 했던 총유효시장 규모 추정에 적용한 방식을 그대로 사용해 후속시장의 규모를 추정하라.

만약 벤처캐피털을 유치하거나 처음부터 큰 회사를 설립할 계획이라면 거점시장과 후속시장(10개 정도)의 규모를 합쳐 10억 달러가 넘어야 한다. 4단계에서 설명한 모든 방법론을 적용해 최종사용자 수, 한 명당 매출액, 연매출을 차례대로 계산하자. 하지만 1차 시장조사에 너무 많은 시간을 쓸 필요는 없다는 사실을 잊지 말자.

사례

스마트 스킨케어의 후속시장

2단계 거점시장 선택에서 소개한 창업 팀의 사례를 다시 살펴보자. 이 팀은 익스트림 스포츠를 즐기는 30대 대상의 자외선차단제 시장을 연간 2,000만 달러로 추정했다. 높은 이익률을 감안할 때 거점시장 규모로는 아주 훌륭했고 성장에 탄력이 붙기 시작하면 훨씬 더 큰 시장을 유인할 잠재력도 충분했다. 가령 소비자 전체를 대상으로 한 자외선차단제 시장 규모는 연간 수십억 달러에 달한다.

창업 팀은 기반 기술로 쉽게 진입해 높은 시장점유율을 달성할 수 있는 시장 외에도 여러 가능성을 열어두고 후속시장을 탐색했다. 이들이 선정한 여러 후속시장은 연간 1억 달러 이상이었고 모두 합치면 연간 20억 달러에 달했다(도표 14-2). 다음의 그림 이외에 다른 설명은 필요가 없었다(각 시장의 연매출과 총합계는 숫자를 정확히 기록해야 한다).

〈도표 14-2〉 **스마트 스킨케어의 후속시장 예측**

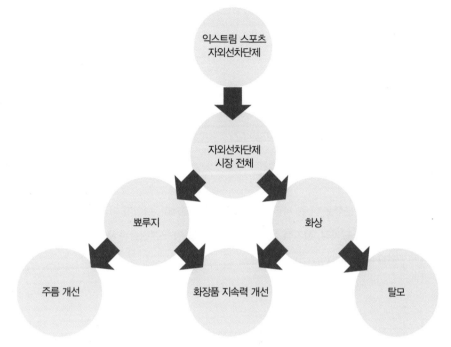

스마트 스킨케어, 피부 지속력을 높인다

S·U·M·M·A·R·Y

후속시장 분석은 더 큰 시장 기회를 확인하는 단계다. 나아가 이러한 분석을 통해 사업의 단기적, 장기적 잠재력을 보여줌으로써 구성원들과 투자자들을 안심시킬 수 있다.

비즈니스 모델을 설계하라

Design a Business Model

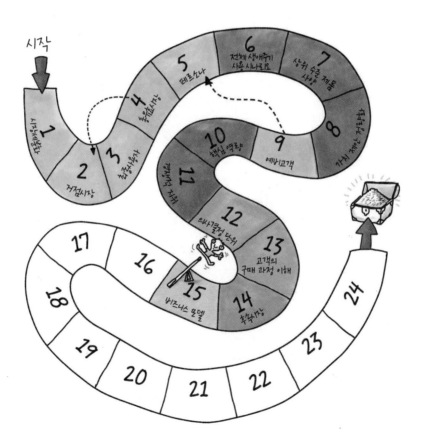

15단계 과제

- 고객에게 제공하는 가치에서 수익을 창출하기 위해 산업 전반의 비즈니스 모델을 검토한다.
- 이전 단계의 작업 내용을 토대로 브레인스토밍을 해서 혁신적인 비즈니스 모델을 설계한다.

수익 창출 혁신에 투자하는 시간

가치 창출 혁신에 투자하는 시간

균형이 필요하다는 생각이 들지 않는가?

창업가들은 고객을 위해 창출한 가치에서 자신의 몫(수익)을 획득하는 방법을 좀 더 깊이 고민해야 한다.

창업가들은 보통 비즈니스 모델 설계에 시간을 너무 적게 쓴다. 최종사용자 프로파일, 제품 정의, 가치 제안 등 고객을 위한 가치 창출에는 많은 노력을 기울이지만 정작 가치를 수익으로 전환하는 방법은 소홀히 한다. 제품을 시장에 내놓는 데 열을 올리느라 시장에서 유행하는 비즈니스 모델을 그대로 가져다 쓰는 직무유기를 범하고 있다는 얘기다.

왜 기술과 제품 혁신에만 몰두하고 그에 합당한 혁신적인 비즈니스 모델에는 관심을 기울이지 않는가? 비즈니스 모델 혁신에 시간과 노력을 투자한 기업이 어마어마한 실적을 기록한다는 사실을 알고 있는가?

그 대표적인 사례가 구글이다. 구글이 등장하기 이전에 검색엔진의 '가치 획득 체계'value capture framework는 한 페이지에 가능한 한 많은 배너광고를 싣고 가급적 높은 광고비를 부과하는 것이었다. 하지만 구글은 인터넷 사용자가 입력한 키워드에 따른 검색광고 방식을 채택했고, 광고주들은 방문자와 광고 실적 데이터에 근거해 효과적인 광고 운영이 가능한 구글의 방식을 선호했다. 인터넷 공룡을 탄생시킨 주역은 검색 알고리즘의 기술적 우위가 아니라 비즈니스 모델의 혁신이다.

흥미롭게도 검색광고 시장을 연 기업은 구글이 아닌 오버추어다. 그리고 실리콘 밸리 벤처 인큐베이터의 원조인 아이디어랩IdeaLab이 만든 고투닷컴GoTo.com이 오버추어의 전신이다. 어쨌든 아이디어를 적극 도입한 구글은 상업적으로 성공할 방법을 찾아 끈질기게 매달린 끝에 선두주자 자리에 올라섰다.

아이튠스의 성공도 비슷한 과정을 거쳤다. 기존 디지털 음원 시장의 표준 수익 모델은 월 이용권으로, 만약 고객이 지불을 중단하면 음원에 접근할 수 없었다. 그때 애플이 내민 차별화 카드는 한 곡당 99센트로 영구적인 접근을 보장하는 것이었다. 모두가 고개를 절레절레 흔드는 가운데 애플은 음반업계를 설득하고 고객에게 가치를 이해시키기 위해 상당한 노력을 기울였다. 이 새로운 모델은 결정적이라고 할 수는 없지만 아이튠스 성공의 주요 요인으로 작용했다. 그리고 이후 가치 획득 체계의 혁신에 대한 애플의 남다른 투자를 촉발했다는 점에서 큰 의미가 있다.

가치 획득을 위해 비즈니스 모델 설계에 투자하라. 산업계에 표준으로 자리 잡은 모델에 의존하지 말고 혁신을 꾀하라.

고객층이 형성된 후에는 모델을 변경하기 어렵지만 신생기업은 선택의 범위가 매우 넓다. 따라서 신생기업은 시장에 고착화된 기존 경쟁자에 비해 유리하다. 고객 관점에서 비즈니스 모델을 평가하자. 이때 다양한 대안을 시험한 후 최종 결정하자.

—

비즈니스 모델은
가격 체계가 아니다

—

비즈니스 모델은 고객에게 가치를 제공하고 그 대가로 내가 취할 수 있는 가치를 결정하는 기준과 방법이다. 이 말은 이윤을 지출 비용이나 원가를 기준으로 해서 자의적으로 정하는 게 아니라 고객이 얻는 가치를 바탕으로 결정한다는 의미다.

물론 한시적인 미봉책을 택해야 하는 불가피한 경우도 있지만(공동개발, 공공기관 프로젝트, 범위가 불분명하고 불확실성이 높은 시범사업 등), 가급적 고객 가치 기반의 비즈니스 모델과 가격 체계를 구축하기 위해 끊임없이 노력해야 한다. 비즈니스 모델의 중요성은 가격 체계와 비교가 되지 않는다. 설립에서부터 기업이 존립하는 내내 가치 획득 능력을 결정하는 변수는 후자인 가격 체계가 아니라 전자인 비즈니스 모델이다.

비즈니스 모델의
핵심 변수

어느 산업, 어떤 기업에나 적용할 수 있는 보편적인 비즈니스 모델은 존재하지 않는다. 비즈니스 모델은 사업 배경, 즉 특정 환경과 조건에 따라 달라진다. 그렇지만 비즈니스 모델을 결정하는 데 기준이 되는 핵심 요소는 분명 존재한다. 다음의 네 가지 요소를 반드시 검토하자.

1) 고객: 고객의 욕구와 의도를 이해하라. 의사결정 단위(12단계)와 구매 과정 분석(13단계)에서 얻은 지식을 최대한 활용하자.
2) 가치 창출과 획득: 고객이 어느 단계에서 얼마만큼의 가치를 얻는지 평가하라. 또 고객 가치에 부합해 어느 정도의 가치를 어떤 방법으로 얻을 수 있는지 판단하라. 가치 제안 정량화(8단계)의 산출물을 참고하자.
3) 경쟁자: 경쟁자의 가치 창출과 획득 방식을 검토하라.
4) 유통: 최종사용자에 이르는 유통 경로가 제품 판매에 적합하게 설계되어 있는지 확인하라.

공짜는 비즈니스 모델이
아니다

인터넷 비즈니스는 흔히 두 종류의 수익 모델을 채택한다. 첫째, '기본 서비스 무료' freemium 모델이다. 다시 말해 기본 기능은 공짜, 추가되는 고급 서비스에는 기간별 사용료 혹은 서비스별 요금을 부과하는 모델이다. 둘째, '추후 대책 마련' we'll come up with something later 모델로, 일단 투자금을 풀어 사용자를 확보한 다음 나중에 수익을 낼 방법을 찾는 전략이다.

둘 다 진정한 의미에서 비즈니스 모델이 아니다. 내가 앞에서 말했듯 사업은 시장에 선보인 재화나 서비스에 누군가가 돈을 지불하는 날 시작된다. 댄 애리얼리는《상식 밖의 경제학》에서 사람들이 공짜에 열광하는 이유는 구매에 어떠한 노력, 갈등, 마찰도 생기지 않기 때문이라고 설명한다. 사람들을 쉽게 끌어당기는 공짜는 고객 획득 비용을 줄이는 전략의 일부로 채택 가능하다. 그러나 끌어당기는 것으로 끝이다. '고객'이 제품에 돈을 지불할 것인지는 알 수 없다. 공짜 고객이 제품을 사용하는 동안 비용은 계속 발생하고 그 비용을 충당하려면 자금원, 즉 '실고객'이 있어야 한다.

나는 온라인에서 사진 공유 서비스를 제공하는 인스타그램Instagram을 보고 첫 번째 실고객이 등장하기 전까지는 '사업'이 아니라고 생각했다. 결국 인스타그램에 돈을 처음 지불한 실고객은 인수기업인 페이스북이었다. 인스타그램 같이 많은 사용자를 모은 '복권'lotto은 때로 성공적인 인수합병 대상이 되기도 한다. 그러나 이 모델은 지속적인 사업 영위가 가능한 안정적인 모델로 보기 어렵다.

'기본 서비스 무료'와 '추후 대책 마련' 전략은 목표를 달성하기 위한 수단일 뿐 비즈니스 모델이 아니다. 보여줄 수 있는 사업이 없으니 말이다.

비즈니스 모델의
유형

일반적으로 채택하는 비즈니스 모델을 이해하면 가장 적합한 모델을 선택하는 데 도움을 얻을 수 있다. 여러 유형을 혼합한 모델도 가능하다. 다른 산업을 참고하는 것도 좋은 생각이다. 경계를 넘나드는 수평적 혁신은 때로 창의적인 동시에 효과적인 모델을 낳는다.

여기에 모두 열일곱 개의 선택지를 제시하겠다. 당신은 비즈니스 모델을 설계하는 단계에서 이 선택지를 고려해봐야 한다.

1) 요금 및 유지 보수비 일시불 선지급One-time Up-Front plus Maintenance: 가장 널리 채택하는 모델로 고객이 사용, 유지 보수, 업그레이드 서비스를 포함한 모든 비용을 선불로 지급한다. 기업고객의 경우 초기 지불 비용이 많다면 자본예산capital budget 항목일 가능성이 크며, 구매 과정이 복잡하고 긴 시간이 필요하다. 대신 유지비는 운영예산operating budget에서 나온다. 대규모 현금 유입은 초기의 높은 자본 비용(자본 사용에 따른 비용―옮긴이)을 상쇄하는 데 커다란 도움을 주지만, 이 모델을 채택하려면 지속적인 매출 창출 능력이 있어야 한다.
2) 원가 기준Cost Plus: 고객에게 제품 생산 비용에 일정 비율을 더한 가격을 받는다.

이것은 고객과 불확실성을 공유하는 모델로 정부 계약에서 흔히 사용되고 비용 산정이나 회계 기준에 대한 합의 혹은 신뢰가 전제 조건이다. 특히 제품이 아직 성숙 단계에 이르지 못했지만 최종적으로 고객에게 제공할 때 그 범위가 확대될 가능성이 큰 경우 유리한 모델이다. 시간이 지나 제품이 안정적인 상태에 들어서면 다른 모델을 도입해야 한다. 일의 실제 진척도보다 활동 자체를 기준으로 원가를 계산하려는 유인이 발생해 고객과 기업 모두에게 불리한 결과를 가져올 위험이 존재하기 때문이다.

3) 투입 시간Hourly Rates: 원가 기준 모델과 마찬가지로 활동에 보상하는 모델로 잘못된 유인 구조를 형성할 가능성이 있지만 프로젝트 범위가 불분명하고 변화 가능성이 클 때 선호한다. 서비스업에서 흔히 채택하며 비용이 아니라 시장 수요가 가격을 결정하는 주요 변수다.

4) 사용료Subscription or Leasing Model: 일정 기간을 기준으로 비용을 부과하는 방식으로 지속적인 매출이 발생한다는 점에서 굉장히 매력적인 모델이다. 다양한 방식으로 활용되며 특히 다음의 두 모델이 가장 많이 쓰인다.

   a. 연간 또는 다년간 약정: 총비용을 할인해 고객 이탈을 방지하는 방식이다. MIT 하워드 앤더슨Howard Anderson 교수가 설립한 시장조사기관 양키 그룹Yankee Group은 연 단위로 구독료를 받고 월간 뉴스레터를 발송한다. 이들은 초기에 현금을 확보함으로써 자본 걱정을 덜 수 있었다(할인을 해도 선불은 신생기업에게 언제나 좋은 대안이다).

   b. 월 단위 계약: 사용자는 유연하게 대응하는 효과를 얻고 기업은 연간 계약에 비해 높은 가격을 부과할 수 있다.

5) 기술 이전Licensing: 특허를 이전하고 사용료를 받는 모델은 높은 이익을 가져다

준다(여기서 말하는 이익은 한계수입marginal revenue과 한계비용marginal costs의 차이를 의미한다). 또한 생산과 판매 역량을 구축하기 위해 대규모 투자를 유치할 필요도 없다. 물론 불리한 점도 많다.

우선 특허 가치가 높을 때만 가능하며, 고객사들이 이 특허를 기반으로 혁신적인 제품을 개발하기를 기대한다. 그러나 특허를 사용하는 회사 입장에서는 기존 제품의 중단기적 이익을 위협할 수 있으므로 특허 사용을 망설일 수 있다는 사실을 고려해야 한다. 특허를 적용받지 않는 제품의 생산 방법을 찾아 사용료 지불 없이 자신의 이익률만 개선할 수도 있다. 최종소비자와 접촉해 그들의 수요를 이해하려 노력할 필요가 없기 때문에 지속적인 혁신 역량 개발에 제한이 따른다는 것도 문제다. 마지막으로 특허 사용료는 5퍼센트 이상을 기대하기 어려우므로 총유효시장 규모가 제품 시장의 20분의 1 이하라는 점을 알아두자.

어쨌든 생명공학 기술처럼 기반 시설 확보에 막대한 비용이 필요한 분야에서는 여전히 매력적인 비즈니스 모델이다.

6) 소모품Consumables 의존: 고객과 기업 모두에게 이익을 주는 모델이다. 고객은 낮은 초기 비용과 사용량에 따라 비용을 지불한다는 혜택을 얻는다. 제품에 따라서 고객이 높은 선지급 비용을 지불해야 하는 제품은 처음에 결정하기 어렵지만, 일단 사용한 후에는 구매가 그대로 유지되기도 한다. 즉 이 모델을 도입하면 제품 사용에 필요한 소모성 재화 구매를 정당화하기 쉽다. 소모품 예산은 사용량에 따라 달라지며 기업고객은 대부분 이 비용을 자신의 고객에게 전가한다. 공급자 입장에서는 신규 고객 획득 과정의 걸림돌을 제거해 판매비를 줄이고, 한 고객에게 발생 가능한 매출을 장기간에 걸쳐 극대화할 수 있다.

이 모델은 의료장비 시장에서 보편적으로 도입하고 있지만 일반 소비재 시장에서도 종종 채택한다. 가장 유명한 것이 질레트의 면도기/면도날 모델이다. 프린터 부문의 이익이 대부분 잉크젯 카트리지에서 발생하는 휴렛패커드도 좋은 예다.

7) 고수익 제품으로 업셀링Upselling with High-Margin Products: 소모품에 의존하는 모델처럼 주요 제품의 이익률은 매우 낮지만 추가로 판매하는 고수익 제품으로 높은 총이익을 달성하는 모델이다. 그 대표적인 예가 가전제품과 자동차 시장이다. 가령 가전제품 소매업체는 가격을 원가에 가깝게 책정한 카메라로 소비자를 끌어들여 이익률이 높은 부속품을 판매하고 보증기한을 1년, 2년, 3년 연장한다. 자동차도 보증기한 연장, 부대용품, 부식 방지 코팅 등으로 높은 이익을 남긴다.

8) 광고Advertising: 신문, 잡지, 웹사이트는 독자나 방문자에게 접근하고자 하는 제3자로부터 수입을 얻는다. 구글이 보여주듯 제3자, 즉 광고주가 원하는 집단을 선별하는 탁월한 능력을 갖추고 일정 규모에 도달할 경우 수익성이 뛰어난 모델이다. 그러나 광고 모델에만 의존하는 신생기업은 성공하기 어렵다. 링크드인의 사례처럼 광고는 다양한 수입원의 하나일 뿐이다.

9) 정보 제공 또는 한시적 접근Reselling the Data Collecteor Temporary Access to It: 광고 모델과 유사한 이 모델은 공짜 제품으로 최종사용자를 확보한 다음 사용자 정보를 제3자에게 제공하고 수입을 얻는다. 예를 들어 링크드인은 기업의 채용 담당자에게 광범위한 회원 정보에 접근권을 제공하는 것이 주요 수입원이다. 의료산업도 시장조사 등의 목적으로 사용자 정보를 제공한다.

10) 거래 수수료Transaction Fee: 온라인 유통업은 판매로 이어지는 소개 고객에 대해 수수료를 받는다. 이베이의 판매자가 지불하는 경매 수수료가 대표적인 예다. 신용카드 회사는 가맹점의 매출액 중 일부를 수수료로 부과한다.

11) 종량제Usage-Based: 전기요금처럼 사용량에 따라 비용을 부과하는 모델로 여러 산업에서 널리 쓰인다. 아마존을 비롯한 클라우드 서비스 업체 또한 이 모델에 의존한다. 고객의 입장에서는 유휴 용량에 비용을 지불할 필요가 없고 사용량에 따라 비용을 통제할 수 있다는 이점이 있다.

12) 정액 요금제'Cell Phone' Plan: 사용량과 가격을 정한 후 반복적으로 부과하므로 예측 가능성이 큰 방식이다. 대개는 초과 사용량에 높은 비용을 부과하며 기본요금은 초과 사용량에 부과하는 요금보다 훨씬 낮다. 고객과 기업 모두 뛰어난 예측 가능성이라는 이득을 얻으며, 설령 추가 비용을 부담하더라도 사용량에 제한이 없다는 점에서 유연성을 보장받는다. 인트라링스IntraLinks의 초기 멤버이던 MIT의 짐 도허티Jim Dougherty 교수는 변호사와 투자은행을 상대로 보안 유지가 필요한 중요 서류를 고객과 공유하는 서비스를 출시하면서 이 전략을 채택해 효과적으로 재원을 확보했다.

13) 주차요금 혹은 범칙금Parking Meter or Penalty Charges: 매사추세츠 주 케임브리지에 살 때 나는 보도 옆에 설치한 크고 값비싼 주차요금 징수기에 항상 의문을 품고 있었다. 시간당 주차요금은 오랫동안 25센트였는데 징수기 구매 및 설치, 정산원에게 드는 비용을 생각하면 요금이 터무니없이 낮아 보였기 때문이다. 그러던 어느 날 내가 25달러 주차요금을 10일 후에도 납부하지 않아 40달러가 되었을 때 비로소 나는 시당국이 어떻게 돈을 버는지 알았다. 굉장한 비즈니스 모델이 아닌가! 이런 모델이라면 당연히 불법주차 단속원도 많이 고용할 수 있다. 신용카드 회사, 비디오와 DVD 대여 서비스 업체 블록버스터Blockbuster의 연체료도 이와 똑같다. 맹점은 이러한 비즈니스 모델 때문에 충성고객이 이탈하는 일이 발생한다는 데 있다. '연체료 없음'no late fee을 내건 넷플릭스의 부상과 블록버스터

의 퇴장이 이 사실을 잘 보여준다. 교훈은 고객의 순진함을 이용해 돈을 벌지 말라는 것이다.

14) 소액결제Microtransactions: 온라인 게임산업에 유행처럼 번졌다가 신문을 구제해줄 구원투수로 주목받고 있는 새로운 성공 모델이다. 이 모델에서 고객은 신용카드로 소액(보통 12달러 이하로 정의하지만 1달러나 그 미만인 경우도 흔하다)을 결제하고 디지털 상품을 구매(한계비용이 사실상 0)한다. 티끌 모아 태산을 만들 수 있는 모델이다.

15) 비용 절감 공유Shared Savings: 비즈니스 모델 검토 단계에서 언제나 주목받지만 간결하고 고상한 개념에도 불구하고 실행이 복잡해 좀처럼 도입하기 어려운 모델이다. 고객이 제품을 통해 비용을 절감하거나 혜택을 얻을 때만 비용을 지불하기 때문이다. 대표적으로 아메레스코Ameresco는 에너지 절약형 시설에 투자한 뒤 절감액으로 투자비를 회수하는 에너지 절약 사업Energy Efficiency Service Companies, ESCO에 참여해 성공을 거두었다. 사실 이 모델은 제품에서 직접적으로 비롯되는 비용 절감을 측정 및 판단하기가 곤란해 도입이 어렵다. 그 계산이 비교적 분명한 분야는 벤처캐피털로 의사결정에 참여하고 무한 책임을 지는 파트너는 보통 투자 이익의 20퍼센트를 가져간다.

16) 프랜차이즈Franchise: 아이디어와 능력은 있는데 제품을 출시할 의지, 기술, 자본이 없다면 프랜차이즈 모델을 도입해 매출의 일부를 차지할 수 있다. 이 모델에서는 노하우와 브랜드를 제공하는 대가로 상당 금액의 가입비를 부과하기도 한다. 브랜드 인지도가 높은 제품의 효과적인 유통 채널로써 프랜차이즈 모델을 이용하는 방법도 가능하다.

17) 유지 보수Operating and Maintenance: 제품을 만들지 않고 공장이나 다른 시설물을 관

리하는 대가로 사업을 영위하는 모델이다. 컨설팅 계약과 비슷하며 고객은 비용을 줄이거나 통제해 수입을 극대화할 수 있다. 에너지 분야에서 보편적으로 채택하는 방식이다.

이 열일곱 가지 방식이 비즈니스 모델의 전부는 아니지만 가치를 얻는 차별화된 방법을 찾는 데는 분명 도움을 준다. 위에서 소개한 여러 모델을 혼합하거나 아니면 완전히 새로운 모델을 창조할 수도 있다. 어떤 경우든 자유롭게 토론하고 창의적인 발상을 허용하라. 그리고 가능하면 여러 대안을 실험하라.

기존 모델을
뛰어넘어라

음악 다운로드 사이트 애미 스트리트Amie Street는 수요자 기반의 비즈니스 모델로 혁신을 이룬 사례. 이 사이트에서 많이 알려지지 않은 음악은 무료로 다운로드할 수 있지만, 다운로드 횟수가 증가하면 비용이 올라간다. 따라서 음악 팬들은 가격이 오르기 전에 사이트를 방문해 음악을 들어보고 다운로드할 것인지 선택한다. 만약 추천한 음악이 인기를 얻어 가격이 올라가면 가격 상승폭의 50퍼센트를 돌려받는다.[1] 가격 체계와 현명한 고객 유인 구조를 눈여겨본 아마존은 2010년 9월 애미 스트리트를 인수

---

1. Michael Arrington, "Amie Street: Awesome New Music Model," 《TechCrunch》, July 23, 2006, http://techcrunch. com/2006/07/23/amie-street-awesome-new-music-model.

했고 인수가격은 공개되지 않았다.

그렇지만 영리한 비즈니스 모델 구상에 너무 많은 에너지를 소비한 나머지 고객을 위한 가치 창출을 등한시하지 않도록 조심하라. 비즈니스 모델이 정의하는 사업의 양면, 즉 가치 창출과 가치 획득은 균형을 이뤄야 한다.

S·U·M·M·A·R·Y

비즈니스 모델을 채택하는 것은 매우 중요한 의사결정으로 많은 시간과 노력을 투자해야 한다. 특히 이것은 고객 생애 가치Lifetime Value of an Acquired Customer, LTV(한 고객이 특정 기업의 고객으로 있는 동안 창출할 것으로 예상하는 가치의 합계—옮긴이)와 고객 획득 비용이라는 두 주요 변수로 측정하는 수익성에 직접적인 영향을 미친다. 가격 체계는 핵심이 아니라는 사실을 기억하자. 비즈니스 모델이 수익성에 미치는 영향력은 가격 체계에 비할 바가 아니다.

일단 한번 비즈니스 모델을 정하면 바꾸기가 매우 어렵다. 가급적 경쟁자와의 차별성, 나아가 경쟁 우위를 보장하는 모델을 선택하라. 경쟁자들이 자신의 비즈니스 모델을 바꾸면서까지 따라오지는 못하기 때문이다.

Disciplined Entrepreneurship:
24 Steps to a Successful Startup

가격 체계를 수립하라

Set Your Pricing Framework

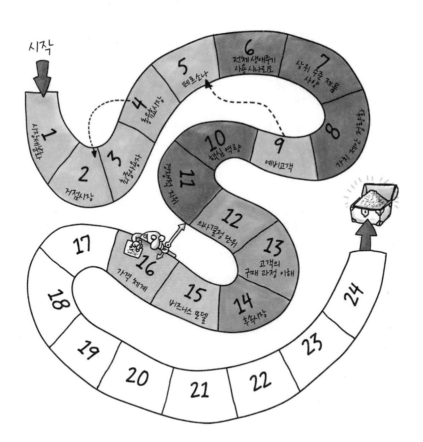

- 정량화한 가치 제안과 비즈니스 모델을 바탕으로 제품가격 결정에 필요한 체계와 전략을 마련한다.

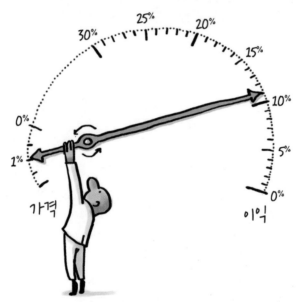

가격을 올리면 이익이 증가한다.
하지만 시장이 성숙하고 정보가 충분해질 때까지
참고 기다려라.

비즈니스 모델을 설계했다면 가격 전략을 검토할 때가 되었다. 이 전략을 얼마나 미세하게 조정하느냐에 따라 기업의 수익이 크게 바뀐다.

앞에서 설계한 비즈니스 모델을 기준으로 가격 체계Pricing Framework를 수립해보자. 가격 체계 역시 24단계를 거치며 계속적인 수정이 필요하다. 이 단계의 초점은 제품가격 결정에 필요한 원칙과 방법론 모색에 있다. 이 과정을 거치면서 복수의 기준 가격과 다양한 가격 전략을 설정하고 시장에 적용해 피드백을 받아 계속 수정하는 일은 각자의 몫이다.

비즈니스 모델과 달리 가격 체계는 시장 조건에 따라 종종 바뀐다. 매일 가격을 바꾸거나(주유소) 심지어 실시간으로 가격을 결정하는 경우(항공권)도 있다.

우선 이 단계를 수익성에 결정적인 영향을 미치는 두 변수, 즉 고객 생애 가치Lifetime Value of an Acquired Customer와 고객 획득 비용the Cost of Customer Acquisition 산정을 위한 준비 과정이라고 가정하자. 어떤 단계는 처음부터 완벽하게 결정하려 하기보다 다른 과제를 수행한 뒤 다시 돌아와 수정하는 편이 훨씬 쉽다. 가격 체계도 다른 단계처럼 최선의 가정으로 출발해 끊임없이 수정하면서 점점 해답에 다가가는 나선형 혁신 구조를 따라야 한다.

가격 체계는 개별 제품가격을 기준으로 수익성에 큰 영향을 미친다. 《숨은 1%의 이익을 잡는 가격 결정의 기술》The 1% Windfall의 저자 라피 모하메드Rafi Mohammed는 글로벌 1,200대 기업을 대상으로 한 맥킨지 앤 컴퍼니McKinsey & Company의 연구를 인용해 가격을 1퍼센트 올리면 영업이익이 11퍼센트 증가한다고 말한다. 일단 비용을 투입하고 나면 증가한 매출은 모두 이익이기 때문이다. 물론 다양한 이해관계로 얽힌 의사결정 단위, 복잡한 구매 과정, 판매주기에서 비롯된 가격 상한선은 분명히 존재한다. 가격 체계는 매출 증대와 고객 확대 사이에서 균형을 유지하려는 시도라고 할 수 있다.

가격 콘셉트의
기본 원칙

—

1) 원가는 가격을 결정하는 변수가 아니다: 비용이 아닌 고객 가치를 기준으로 가격을 결정하라. 원가를 기준으로 한 가격 전략은 언제나 탁상공론으로 끝난다. 특히 소프트웨어산업의 한계비용(한 단위 추가 생산에 드는 비용)은 거의 0에 가깝기 때문에 비용에 근거해 가격을 결정하면 돈을 벌지 못한다. 8단계에서 정량화한 가치 제안을 기준으로 고객이 얻는 가치의 일정 비율을 가격으로 정하라. 그 비율은 산업의 특성과 경쟁 강도에 따라 다르지만 20퍼센트가 적정하다. 80퍼센트는 낯선 제품을 구입해 기존의 기반 시설과 작업 공정에 끼워 넣는 위험을 감수하는 고객의 몫으로 돌려라. 물론 마이크로소프트, 인텔 등 시장지배적인 기업은 높은 가격을 유지할 수도 있다. 하지만 독점 가격은 단기 수익을 올리는 데는 기여할지 몰라도 고객이 부당하다고 판단하거나 낮은 가격을 고수하는 경쟁자가 등장하면 장기적으로는 문제가 발생한다.

   a. 고객이 얻는 가치 중 얼마만큼을 가격으로 정할 것인지는 비즈니스 모델과 고객에게 전가하는 리스크의 크기에 달려 있다. 월 사용료 부과 방식은 장기적인 사용을 가정하지만 언제든 취소가 가능하기 때문에 선지급 모델보다 가격을 높게 책정한다. 대신 선지급 모델은 고객이 가치를 정확히 알지 못한 채 모든 비용을 미리 지급하는 위험을 떠안아야 한다.

   b. 비용을 거론할 때가 되면 비용 기준으로 가격을 정하지 않는다는 원칙을 분명히 밝히고 공식화하라. 그리고 곧장 고객이 얻는 가치로 토론의 방향을 틀

어라. 파라메트릭 테크놀로지스Parametric Technologies의 CEO 스티브 왈스키Steve Walske의 말을 떠올리자. "내 사업은 아주 간단하다. 고객은 2달러만 내면 10달러의 가치를 얻을 수 있다. 성공 비결은 따로 없다."

c. 원가는 공개하지 않는 것이 원칙이다. 특히 영업직에게는 절대 비밀이다. 뛰어난 영업사원은 계약 성사를 위해서라면 설령 원가 이하로 팔더라도 수단과 방법을 가리지 않는다. 그들은 그러한 적극성 때문에 고용된 것이고 고용주의 마음에 쏙 들게 탁월한 성과를 올리지만 원가는 알지 못한다(내 말이 미덥지 못하다면 스티븐 레빗Steven Levitt과 스티븐 더브너Steven Dubner가 쓴《괴짜경제학》Freakonomics에서 부동산 중개업자의 사례를 읽어보기 바란다). 원가에 대해 이런저런 의견을 수용하는 순간 가격 체계에 관한 토론은 뒷걸음질치고 때론 사기 저하, 생산성 및 수익성 하락이라는 결과를 낳는다.

2) 의사결정 단위와 구매 과정 분석을 참고하라: 구매결정 과정과 참여자 정보는 고객의 비용 결정 및 지출 방법을 직접적으로 보여주는 소중한 정보다. 각 개인이 행사하는 권한과 책임의 범위를 알면 판매 과정의 걸림돌을 없애는 데 도움이 된다.

그러면 캐나다의 퀘벡 주 몬트리올에 본사를 둔 재활 보조로봇 제작회사 키노바Kinova가 전동 휠체어에 장착하는 보조로봇 팔 자코Jaco의 가격을 결정한 사례를 살펴보자(도표 16-1). 네덜란드 진출 당시 키노바는 1차 시장조사에서 자코를 구입하는 고객은 건강보험 시스템을 통해 2만 8,000유로를 지원받는다는 사실을 알아냈다. 그렇다면 2만 8,000유로가 넘는 금액은 고객이 부담해야 하므로 판매 과정에서 저항이 발생할 수 있다. 자코가 고객에게 제공하는 가치는 상당히 높았지만 키노바는 가격을 2만 8,000유로로 책정했다. 이 가격 체계는 판매

〈도표 16-1〉 **키노바의 재활 보조로봇 팔 자코**

주기 단축과 고객 획득 비용 감소로 이어졌고 높은 가격대로는 기대하기 어려운 시장점유율을 단숨에 차지하면서 매출이 껑충 뛰어올랐다.

3) 대체재의 가격을 이해하라: 고객 관점에서 현상 유지를 포함해 대체재의 존재 및 그 가격을 이해하는 것은 필수다. 고객이 경쟁 제품에서 얻는 가치와 지불 비용을 신중히 검토하라. 그리고 자신의 경쟁력을 판단하라. 자료 수집과 분석이 그 어느 때보다 중요한 단계다.

4) 고객이 달라지면 가격도 달라져야 한다: 창업을 준비할 때 나는 전설적인 기업가 미치 케이퍼Mitch Kapor 앞에서 사업 계획을 발표하고 현명한 조언을 얻었다. 그가 말했다.

"나쁜 소식은 매출 계획에 기록한 숫자의 절반밖에 팔리지 않을 거라는 점입니다. 좋은 소식은 최초의 고객 그룹에게는 책정 가격의 두 배로 받아도 잘 팔릴 거라는 겁니다."

고수의 지적은 정확했다. 그 이유는 제프리 무어의 《캐즘 마케팅》에 잘 나와 있다. 고객은 기술 수용과 제품 구매 시기에 따라 구분되고 지불 의사 또한 달라진다. 그래서 수익을 극대화하려면 고객에 따라 가격 차별화 전략을 구사해야 한다.

무어의 기술 수용주기 모델이 구분하는 고객 유형은 아래와 같다.

a. 기술 애호가(혹은 광팬)는 최초의 구매 고객이다. 기술을 몹시 사랑하는 이들 중에는 일반 소비자도 있지만 대개는 대학 실험실이나 연구기관, 제너럴 일렉트릭General Electric 같은 기업 연구소에서 일하는 사람들이다. 이들은 딱 하나밖에 구매하지 않는다(케이퍼가 지적한 절반의 매출). 하지만 다른 사람보다 먼저 손에 넣기를 원하기 때문에 높은 가격에도 기꺼이 돈을 지불한다(미치가 권고한 두 배의 가격).

b. 얼리 어댑터도 가격 탄력성이 낮지만 이들은 특별한 물건을 소유했다는 만족감에 더 반응한다. 무엇보다 주의를 기울여 특별히 관리해야 할 그룹이고, 가격 모델에서 별도로 고려해야 한다.

c. 전기 다수 수용자Early majority(실용주의자pragmatist)는 시장의 대부분을 차지하는 고객이다. 가격 전략을 이야기할 때 가정하는 기준 가격의 적용 대상이다.

d. 후기 다수 수용자Late majority(보수주의자conservatives)는 나중에 등장하는 고객으로 이 무렵이면 가격 전략은 거의 확정적이다. 이들은 명확하고 보수적인 계획을 선호한다.

e. 지각 수용자Laggard(회의론자skeptics)는 결정이 너무 느려서 회사를 팔고 난 다음에 나타날지도 모른다.

5) 초기 시범고객_{Early Tester}과 '등대고객'에게는 유연한 가격 체계를 적용하라: 사업 초기 이들의 도움은 매우 중요하다. 시범고객과 협력하면 제품의 질을 개선하는데 도움을 얻고, 등대고객은 다른 고객의 구매 결정에 막강한 영향력을 행사하기 때문이다. 그러므로 선지급금 할인, 시범 도입, 무료 체험 등 탄력적인 가격 체계를 적용해 만족도를 높이고 이들을 열성적인 지지자로 만들어야 한다. 무엇보다 이들은 풍부한 사례와 현장 경험을 제공하고 시장의 준거 역할을 함으로써 제품 개선에 크게 기여한다.

하지만 제품을 마구 퍼주거나 무한정 할인 혜택을 베풀면 제품이 가치 없다고 여겨지거나 위험한 선례를 남길 수 있으므로 주의해야 한다. 가격 혜택을 줄 때는 비밀유지 각서를 쓰고, 다른 고객이 동일한 가격 조건을 적용해달라고 요구할 때는 강경하게 대처하라. 초기에 1회 구매로 끝나는 거래가 가격 체계 전체를 결정하도록 내버려둬서는 안 된다. 만약 선택의 여지가 있다면 소프트웨어보다는 하드웨어의 가격을 할인하는 편이 낫다. 고객은 하드웨어와 소프트웨어의 가치를 비교해서 인지하고 하드웨어의 가격 인하를 더 쉽게 받아들인다.

6) 가격을 내리기는 쉬워도 올리기는 어렵다: 낮은 가격이 문제로 작용해 나중에 올릴 수밖에 없는 상황에 처하기보다는 가격을 높게 책정해 할인을 허용하는 편이 더 낫다. 초기 고객은 예산이 비교적 넉넉하고 후기 고객은 비용이 낮은 제품을 선호한다. 일단 낮은 가격에 익숙해진 고객에게 가격 인상을 받아들이라고 설득하기는 어렵다. 시장에 대한 이해도가 높아질수록 가격 인상이 불가피한 경우도 있지만 가격 인상이 성공적인 결과를 낳는 경우는 드물다.

사례

차량용 원격 제빙 장치, 헬리오스Helios

헬리오스 팀은 박막형 태양전지 기술thin film technology에서 원격 제빙 장치라는 아이템을 찾아낸 사례다. 이 팀은 렌트 업체나 경찰 등 차량을 대규모로 보유하고 관리하는 기업과 공공기관을 거점시장으로 선정했다. 제빙이 필요할 경우 고객의 가장 강력한 대안은 운전기사가 직접 창문의 얼음을 긁어내거나 전담 직원을 고용하는 것이었다.

이 사업에 뛰어든 헬리오스 팀은 가치 제안을 분명히 정의하고 구매 의사결정권자들의 이성적 판단과 함께 감정적 선호도를 구체적으로 따져볼 필요가 있었다. 노동조합의 영향력이나 규정이 의사결정의 중요한 변수로 작용했기 때문이다.

이 팀은 우선 의사결정 단위와 구매 과정을 이해한 다음, 가격 체계를 수립하고 고객 생애 가치와 고객 획득 비용을 산정했다. 몇 번의 수정을 거듭한 후 최종적으로 결정한 가격은 대당 100달러였고 첫해 매출은 10만 달러로 예측했다(목표고객의 보유 차량은 평균 1,000대로 가정). 교체율을 20퍼센트로 가정하면 이듬해부터는 2만 달러의 순이익이 발생한다. 이들은 가격 비교 대상인 창문에 색을 입히는 틴팅tinting 가격도 참고했다. 물론 강력한 입소문을 기대하며 체험 고객을 위한 가격 할인 정책도 검토했다.

헬리오스는 창업의 각 단계가 서로 연계돼 영향을 미치는 과정을 잘 보여주는 사례다. 창업은 한 단계씩 완벽하게 끝내고 다음 단계로 넘어가는 순차적인 과정이 아니다. 앞으로 나아가는 동시에 끊임없이 이전 단계로 돌아가 가설을 검증하고 수정하는 순환적인 과정이다.

S·U·M·M·A·R·Y

가격 체계 수립은 고객이 얻는 가치를 평가해 그중 일부를 취하는 전략을 결정하는 과정이다. 원가는 가격 구조 결정과 아무런 상관이 없다. 일반적으로 초기 고객에게 높은 가격을 부과하지만 체험 고객이나 영향력이 큰 등대고객처럼 제품의 성공에 도움을 주는 고객에게는 한시적 할인 등으로 유연하게 대처하라. 비즈니스 모델과 달리 가격 체계는 끊임없이 수정해야 한다. 24단계를 통과하는 동안 정보와 지식이 쌓이면서 가정을 재검토하고 시장 변화에 적극 대응해야 하기 때문이다.

고객을 통해 얻게 될
이익을 계산하라

Calculate the Lifetime Value(LTV) of an Acquired Customer

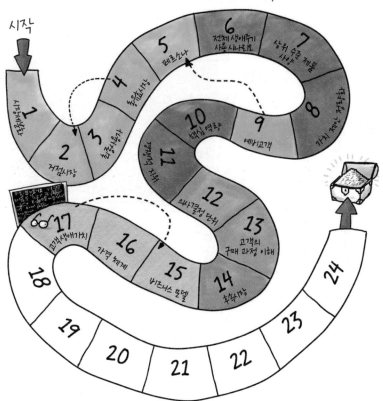

시작

1 시장세분화
2 저점시장
3 최종사용자
4 총유효시장
5 페르소나
6 전체 생애주기 사용 시나리오
7 상위 수준 제품
8 가치 제안의 정량화
9 예비고객
10 핵심 역량
11 경쟁 지위
12 의사결정 단위
13 고객의 구매 과정 이해
14 확장시장
15 비즈니스 모델
16 가격 체계
17 고객생애가치
18
19
20
21
22
23
24

17단계 과제

- 고객 한 명에게서 얻을 수 있는 수익을 모두 더한다.
- 투자 상환 등에 필요한 자본 비용을 반영해 수익의 현재가치를 구한다.

걱정 말게,
창업 과정의 수학은 훨씬 간단하다네.
고객 생애 가치가
고객 획득 비용에 3을 곱한 값보다
크지 않으면 다 소용없지!

가치 획득에 필요한 비즈니스 모델과 가격 체계까지 마련했으므로
이제 기초수학 문제를 풀 차례다.
고객 한 명을 획득하는 비용보다 더 높은 가치를 고객 생애 전반에 걸쳐 얻어낼 수 있을까?

고 객과의 상호작용에서 수집한 자료를 토대로 사업의 타당성을 검토하는 과정이 끝났으니 이제 미시경제학적 관점에서 사업의 지속 가능성과 매력도를 분석해보자. 이것은 고객 생애 가치The Lifetime Value of an Acquired Customer, LTV와 고객 획득 비용The Cost of Customer Acquisition, COCA을 계산해 거점시장의 수익성을 판단하는 과정으로, 고객 한 명 단위로 가치와 비용을 산정하는 '고객 단위 경제학'unit economics이다.

고객 생애 가치는 기업의 생존 가능성을 판단하는 핵심 기준이고 그런 점에서 17단계는 매우 중요하다. 또한 이 과정을 통해 사업의 지속 가능성과 수익성을 결정하는 주요 변수를 확인한 다음 계속 역량을 집중해서 앞으로 나아가야 한다.

애완용품 판매 사이트인 펫츠닷컴Pets.com의 실패는 고객 생애 가치와 획득 비용 산정 그리고 고객 단위 경제학의 중요성에 관해 값비싼 교훈을 준다. 1998년 8월에 설립된 펫츠닷컴은 고객이 애완동물에게 지출하는 비용이 어마어마하다는 단순한 가정에서 출발했다. 이들은 온라인 쇼핑몰을 개설해 기존 시장을 흡수하면 오프라인 매장과 달리 점포 유지비를 들이지 않고 수익을 올릴 수 있을 거라고 기대했다.

분명한 콘셉트와 창업 팀의 우수한 면모 덕분에 그들은 수백만 달러를 쉽게 끌어모았다. 먼저 브랜드를 구축한 펫츠닷컴은 고객 유치에 열을 올렸고 닷컴 붐의 절정을 반영한 2000년 슈퍼볼 광고에도 돈을 쏟아 부었다. 하지만 고객이 점점 늘고 있었음에도 고객에 대한 분석은 계속 뒤로 밀려났다.

마침내 고객을 분석하기 시작했을 때 제품의 낮은 이익률과 높은 고객 획득 비용 때문에 고객을 많이 모을수록 적자 폭이 커진다는 사실이 드러났다. 자금이 줄줄 샜지만 경영진은 규모의 문제일 뿐 고객층이 탄탄해지면 흑자 전환은 문제없다며 판을 두 배로 키웠다. 결과적으로 이 주장은 고객에 대한 미시적 분석에 근거하지 않은 간절한 소망에 불과했다. 펫츠닷컴의 경영진에게는 고객 생애 가치 증가나 고객 획득 비용

감소에 이르는 확실한 방법이 없었다. 여전히 신규 고객이 늘어났음에도 자금 출혈은 더욱 심각해졌다.

곧 정신을 차린 투자자들은 펫츠닷컴의 계산이 엉터리라는 사실을 깨달았다. 결국 펫츠닷컴은 2000년 9월 문을 닫았고 파산 절차에 들어갔다. 3억 달러의 투자금이 공중 분해된 것이다.

굳이 긍정적으로 생각하자면 신생기업에 시간, 돈, 에너지를 투자할 때는 반드시 창업가들의 미시경제학적 분석 능력과 결과를 검토한 후 냉철하게 판단해야 한다는 교훈을 얻었다고나 할까. 그처럼 3억 달러짜리 교훈을 얻었으니 더 이상 같은 실수는 없어야 하지만 현실은 그렇지 않았다.

기초 분석을 등한시한 최초의 소셜커머스 기업 그루폰Groupon은 더 큰 비용을 치르고 있다. 2008년에 설립된 이 회사는 초기에는 서서히 성장했지만 어느 순간 제품군을 확대하고 매일 엄청난 할인율을 적용해 고객을 유인하기 시작했다. 특히 그들은 소셜 미디어 기반의 입소문 전략을 활용해 매출 면에서 초고속 성장을 기록했다. 덕분에 투자자, 언론, 고객 모두의 사랑을 독차지했지만 문제가 있었다.

그루폰에는 독자적인 핵심 역량이 없었던 것이다. 경쟁이 치열해지면 한 명의 고객이라도 더 붙잡는 방법 외에 대안이 없었다는 얘기다. 따라서 생존을 위한 고객 획득 비용이 치솟고 고객 생애 가치는 계속 떨어졌다.

고객 가치에 관심을 두지 않은 그루폰은 구전 마케팅의 효과가 잦아들자 그제야 재무 상태에 눈을 돌렸고 심각한 문제를 발견했다. 물론 펫츠닷컴처럼 폐업으로 이어지지는 않았지만 초기에 미시경제학적 분석에 시간을 투자했다면 지금의 그루폰과는 분명 달랐을 것이다.

이어지는 세 단계에서는 고객 생애 가치와 고객 획득 비용을 산정하는 방법을 소개한다. 고객 생애 가치를 획득 비용보다 월등히 높이는 확실한 방법을 발견하지 못하면 제품 개발은 물론 회사 운영에 필요한 관리비, 간접비 등 어떠한 지출도 불가하므로 두 변수 모두 중요하다. 이 단계에서는 의사결정 단위와 구매 과정 분석, 핵심 역량 정의, 개발 계획 등 이전 단계의 도움을 받아야 한다.

의사결정 단위 등의 변화는 고객 가치 분석에 직접적인 영향을 미친다. 현실적으로 타당한 가정에 근거해 면밀히 분석했다면 시간의 흐름에 따라 발생하는 변화 또한 놓치지 않도록 계속 주시하라.

고객 생애 가치를 결정하는
주요 변수

먼저 고객의 생애 가치를 계산할 때 필요한 변수부터 자세히 알아보자. 최종 결과는 대략적인 범위이므로 처음부터 정확한 값이 나오리라고 기대하지 않는 편이 낫지만, 가치를 결정하는 원인 변수는 정확히 이해하고 넘어가야 한다. 숫자 그 너머에서 영향을 미치는 변수를 파악해야 장차 닥칠 위험 요소와 고객 생애 가치의 증대 방법을 찾을 수 있고 실고객이 등장하는 시기, 생애 단계별 가치, 변화 추이의 예측도 가능해진다. 생애 가치를 분석한 결과 기업의 생존 가능성, 지속 가능성, 성장 가능성이 확보되지 않으면 생애 가치에 영향을 미치는 변수를 재검토하거나 수정해야 한다. 아래의 여덟 가지 변수를 정확히 이해하자.

1) 일회성 수입원One-Time Revenue Stream: 대부분 선지급으로 구매가 이뤄지는 경우다.

2) 반복성 수입원Recurring Revenue Stream: 사용료와 유지비, 소모품 등은 한 번의 매출로 끝나지 않는다.

3) 부가 수입Additional Revenue Opportunity: 업셀링, 즉 영업부가 별도의 노력을 기울이지 않고 고객의 추가 구매를 유도할 수 있다면 주요 수입원이 된다. 앞서 분석한 의사결정 단위와 매출주기를 기억하라. 두 요소를 함께 고려하지 않으면 왜곡된 값을 얻을 위험이 있다.

4) 각 수입원의 매출총이익Gross Margin: 제품가격에서 생산비를 뺀 값이 매출총이익이다. 비용cost에는 영업비와 마케팅비(고객 획득 비용에 포함되는 변수), 연구 개발비, 일반 관리비 등의 간접비는 포함되지 않는다.

5) 고객유지율Retention Rate: 반복성 수입원에 적용하는 개념으로 반복 구매하는 고객 비율을 월 또는 연 단위로 측정한다(반대 개념은 고객이탈률churn rate). 고객이 사용료 지불을 중단하면 업셀링 가능성도 사라진다고 봐야 한다. 다년간 계약에서는 고객이 계약 기간을 모두 채울 거라고 가정해서는 안 된다. 계약 해지 가능성도 고객유지율 계산에 반영해야 한다.

6) 제품수명Life of Product: 일회성 수입원에 적용하는 개념으로 고객이 교체나 사용 중지를 결정하는 시점까지 제품이 생존하는 기간을 의미한다.

7) 재구매율Next Product Purchase Rate: 일회성 수입원에 적용하며 기존 제품의 수명이 다했을 때 교체품을 구매하는 고객의 비율을 의미한다.

8) 자본 비용Cost of Capital Rate: 연 단위로 측정하며 부채나 자본의 형태로 투자자에게서 자금을 조달했을 때 발생하는 비용이다. 실적 자료가 없는 신생기업은 연 35~75퍼센트가 적절한 수치다.[1] 이렇게 높은 이유는 투자자는 향후 몇 년간 자

금을 회수하지 못하며 특히 완전히 새로운 시장을 개척하는 경우 위험까지 함께 감수하기 때문이다. 이 두 가지 이유로 투자자는 높은 프리미엄을 요구한다.

—

고객 생애 가치
계산법

—

고객 생애 가치는 향후 5년 동안 얻는 이익의 순현재가치Net Present Value로 계산한다. 신생기업은 시장에 처음 발을 들여놓는 것이므로 기간을 5년으로 한정한다. 이후의 기간을 포함하면 자본 비용이 너무 커져 5년 이후에 발생하는 고객 가치가 모두 상쇄될 가능성이 있다. 고객의 생애 가치는 분명 5년이 넘겠지만 자본 비용이 미치는 영향력을 고려해 기간을 한정하는 수밖에 없다.

생애 가치는 고객 1인당 달러로 표시하며 개별 고객이 지불하는 제품가격에서부터 시작한다.

각 수입원의 매출총이익, 고객유지율을 계산한 다음 고객의 제품 구매시점부터(Year 0) 이후 5년 동안(Y1, Y2, Y3, Y4, Y5)의 이익을 각각 계산하자(제품 교체가 발생하는 시점에는 고객유지율 대신 재구매율을 적용한다).

각 수입에서 발생하는 이익을 연도별로 더하면 한 해에 창출하는 고객 가치 값이

---

1. William A. Sahlman, "A Method for Valuing High-Risk, Long-Term Investments," 《Harvard Business School》, Case 9-286-006, August 12, 2003.

나온다. 그런데 이 값을 모두 더해 전체 생애 가치를 구하기 전에 고려해야 할 변수가 하나 있다. 그것은 자본 비용을 반영해 현재가치로 할인하는 과정이다. 첫해(Y0)의 현재가치는 매출원에서 발생하는 이익의 총합 그대로다. 이후부터는 아래의 공식을 적용해 구한다.

$$현재가치 = 이익 \times (1 - 자본\ 비용)^t$$

t: 구매시점으로부터 경과한 햇수

생애 가치 그 자체로는 사업이 매력적인지 아닌지 알 수 없다. 이것을 알려면 고객 획득 비용을 함께 고려해야 한다. 1만 달러의 생애 가치는 획득 비용이 1,000달러일 때는 훌륭하지만, 획득 비용이 5만 달러라면 매우 비관적 혹은 '도전적'인 사업이다.

벤처 투자자 데이비드 스톡David Stock이 운영하는 사이트 'www.forentrepreneur. com'에 고객 가치 경제학에 관한 흥미로운 글이 많다. 그가 찾아낸 핵심은 간단하다. 경험 법칙에 따르면 제품 형태가 아닌 '서비스형 소프트웨어'software as a service, SaaS 산업의 경우 고객 생애 가치는 고객 획득 비용의 세 배 이상이어야 한다. 그 이유는 다음과 같다.

첫째, 고객 획득 비용을 계산할 때는 연구 개발이나 일반 관리비, 기타 간접비 등이 진혀 포함되지 않으므로 이러한 항목에 지출하는 비용을 감안해야 한다. 둘째, 아무리 현실 감각을 발휘해 소극적으로 계산해도 지나친 낙관주의가 작용하지 않을 수 없다. 세 배라는 숫자에도 오류가 있을 가능성이 크다. 셋째, 신생기업은 불안전한 환경에서 사업을 한다. 고객 생애 가치와 획득 비용 비율이 3 대 1 이상이 되어야 예기치 못한 상황이 발생했을 때(가령 개발 지연, 경쟁 반응, 경기 불황 등) 버텨낼 수 있다.

고객 생애 가치를 계산하는 방법:
매년 유지비가 드는 장치

그러면 실제로 고객 생애 가치를 계산해보자. 다음의 예시는 초기 구입비와 매년 유지비가 드는 작은 장치를 만드는 회사가 대상이다. 주요 가정은 아래와 같다.

- 일회성 수입: 장치가격 10,000달러
- 반복성 수입: 6개월 보증 기간 이후 매년 제품가격에 15퍼센트의 유지 보수비 부과, 첫해(Y0)는 750달러, 이듬해부터는 계속 1,500달러의 매출 발생
- 부가 수입: 없음
- 이익률: 장치는 65퍼센트, 유지 보수는 85퍼센트
- 고객유지율: 유지 보수의 경우 첫해에는 100퍼센트, 이듬해부터는 90퍼센트
- 제품수명: 5년
- 재구매율: 유지 보수 서비스를 받는 고객 중 75퍼센트
- 자본 비용: 50퍼센트

〈도표 17-1〉에서 보는 것처럼 여덟 가지 요소는 모두 중요하다. 하지만 신생기업의

〈도표 17-1〉 고객 생애 가치에 대한 계산 예시

고객유지율과 자본 비용은 누적고객비율과 순현재가치의 형태로 반영한다.

	구매시점(Y0)	1년차(Y1)	2년차(Y2)	3년차(Y3)	4년차(Y4)	5년차(Y5)
장치 수입						
장치가격	10,000달러					10,000달러
재구매율						75%
이익률	65%					65%
장치 이익	6,500달러					4,875달러
유지 보수 수입						
연간 비용	750달러	1,500달러	1,500달러	1,500달러	1,500달러	750달러
고객유지율	100%	90%	90%	90%	90%	(제품 교체)
누적고객비율	100%	90%	81%	72.9%	65.6%	65.6%
(누적고객비율=고객유지율^t, t: 구매시점으로부터 경과한 햇수)						
재구매율						75%
이익률	85%	85%	85%	85%	85%	85%
유지 보수 이익	637.50달러	1,147.50달러	1,032.75달러	929.48달러	836.40달러	313.65달러
총이익	7,137.50달러	1,147.50달러	1,032.75달러	929.48달러	836.40달러	5,188.65달러
자본 비용	50%	50%	50%	50%	50%	50%
순현재가치 계수(순현재가치 계수=(1-자본비용)^t, t: 구매시점으로부터 경과한 햇수)	100%	50%	25%	12.5%	6.25%	3.125%
현재가치	7,137.50달러	537.75달러	258.19달러	116.19달러	52.28달러	162.15달러
고객 생애 가치	8,300.06달러					

268

고객 생애 가치에 큰 영향을 미치는 변수는 바로 높은 자본 비용의 비중이다. 자본 비용을 고려한 현재가치 할인의 의미는 내일 발생할 이익이 오늘 발생하는 이익보다 가치가 낮다는 사실이다. 이것이 사용료와 소모품에 의존하는 비즈니스 모델이 무조건 승리할 수 밖에 없는 이유다. 또 다른 중요한 변수는 이익률과 고객유지율이다. 일반적으로 신규 고객 유치보다 기존 고객 유지비가 낮으며 높은 고객유지율은 생애 가치에 큰 영향을 미친다.

고객 생애 가치를 측정하면서 창업가들이 흔히 간과하는 변수 중 가장 치명적인 것이 자본 비용이라는 사실을 반드시 기억하자. 자본 비용을 낮출 수 있으면 완전히 다른 생애 가치를 얻을 수 있다. 대부분의 경우 창업가는 예상보다 훨씬 낮은 고객 생애 가치에 당황한다.

자본 비용을 이해했을 때 얻는 또 다른 이점은 수입원의 다양성과 고객 수에 내재된 가치를 인지하는 일이다. 두 요소는 기업의 자산 가치를 결정하며 높은 자산 가치를 인정받는 신생기업은 쉽게 자금을 유치할 수 있다. 더불어 매력적인 인수기업으로 떠오를 가능성도 크다.

이처럼 고객 생애 가치 값도 중요하지만 생애 가치를 결정하는 개별 변수를 정확히 이해하는 것도 매우 중요하다. 무엇보다 훈련받은 기업가로서 맹목적인 낙관론이 아니라 숫자에 근거해 판단하고 실천해야 한다. 또한 숫자 뒤에 숨은 중요한 원인 변수를 이해해야 한다는 사실을 잊지 않기 바란다.

다른 중요한
고려 사항

고객의 생애 가치에 영향을 미치는 요소는 앞서 설명한 여덟 가지 변수 이외에도 매우 많다. 생애 가치가 너무 낮아 기업의 생존이 위태롭다는 결과가 나오더라도 절망하지 말고 다음의 사항을 반드시 검토하기 바란다. 다른 요소를 반영해 긍정적인 결론에 도달할 가능성도 열어두자.

1) 비즈니스 모델이 중요하다: 수입 규모를 직접적으로 결정하는 비즈니스 모델은 고객 생애 가치에도 큰 영향을 준다. 사용료를 비롯한 반복성 수입은 일반적으로 총수입에 크게 기여하지만 초기에 투자자의 도움을 받아야 하므로 자본 비용이 높다. 반대로 일회성 수입은 시작에 필요한 자원을 확보하기가 용이한 반면, 지속적인 수익성을 보장받기 어렵다.

2) 고객 생애 가치는 매출이 아니라 이익으로 측정한다: 이익률과 자본 비용이 가장 중요한 변수다. 가장 흔한 실수는 매출 합계로 고객의 생애 가치를 측정하는 경우다. 그러나 중요한 것은 이익이다.

3) 간접비를 무시하지 말자: 간단하게 설명하기 위해 이 책에서는 간접비를 반영하지 않았다. 대신 고객 생애 가치가 획득 비용보다 일반적인 기준 이상으로 높아야 성공한다는 조건을 달았다. 연구 개발비와 일반 관리비 등의 간접비는 이익 산정에도 포함시키지 않았다. 비용 발생을 특정 제품에 직접 연결하기 어려운 간접비는 배부 기준을 근거로 제품별로 배부하는데 매출이 증가하면 제품당

간접비는 감소한다.

4) 결국은 이익률이 결정한다: 이익률이 낮은 핵심 제품을 접고 이익률이 높은 부가 제품을 내세우면 고객 생애 가치는 개선된다. 조용한 자명종이라는 하드웨어로 시작한 라크 테크놀로지스의 비즈니스 모델에는 지속 가능성 측면에서 치명적 결함이 있었다. 그들은 부가 수입원으로 사용료 방식의 비즈니스 모델에 근거한 수면 패턴 분석 서비스를 개발해 문제를 해결했다. 덕분에 매출총액이 증가했고 이익률이 높은 반복성 수입원이 생겼으며, 고객과의 지속적인 관계 유지로 더 많은 제품을 판매할 기회도 얻었다.

5) 고객유지율도 중요하다: 고객이 옆에 오래 머물수록 생애 가치는 높아진다. 이러한 고객 유지는 수익성 개선을 위해 쉽게 통제할 수 있는 몇 안 되는 변수 중 하나다. 고객유지율이 조금만 상승해도 누적수익은 크게 증가한다.

6) 업셀링은 매력적인 기회다: 업셀링의 수익성 개선 효과는 라크 테크놀로지스의 사례에서 확인했다. 하지만 이는 페르소나의 욕구와 필요를 충족시키는 경우에만 가능하다. 업셀링을 위한 과도한 노력은 오히려 고객을 위해 애써 창조한 가치를 훼손하고 고객의 신뢰를 잃을 위험이 있다.

사례

헬리오스의 고객 생애 가치

태양에너지 박막코팅 기술로 차량용 제빙 장치를 개발한 헬리오스의 사례를 다시 살펴보자. 가격 체계를 구축하는 단계에서 그들이 전면 유리 커버, 스마트폰 원격 조종 장치 소프트웨어를 포함해 잠정적으로 결정한 가격은 100달러다.

비즈니스 모델과 가격 정책, 구매량에 대한 시장조사 등을 바탕으로 그들은 첫해 매출을 고객당 10만 달러로 예측했다. 1,000대의 차량을 보유한 기업과 공공기관을 목표고객으로 삼았기 때문이다. 이후 매년 20퍼센트의 차량이 교체되고 그 차량의 재구매를 가정하면 반복성 수입이 발생한다.

〈도표 17-2〉에 나타난 헬리오스의 고객 생애 가치 가정은 제품가격 인상률 연 5퍼센트, 고객유지율 90퍼센트(매우 공격적), 부가 서비스와 유지 보수비를 반영한 매출 총이익률이 97퍼센트다. 그리고 비교적 저렴한 비용으로 확보한 자금의 자본 비용은 40퍼센트다. 헬리오스의 고객은 경찰, 대중교통 수단, 렌트 업체, 기타 차량을 대량 보유하고 관리하는 기업이나 공공기관(적절한 목표고객이다)이며 생애 가치는 1만~12만 5,000달러로 추정했다.

헬리오스 사례는 흥미로운 주제들을 던져준다. 이것은 고객 생애 가치를 측정하는 과정에서 흔히 마주치는 이슈들이지만 하나같이 고객 가치를 결정하는 기본 변수와 동인을 이해하는 것이 얼마나 중요한지 보여준다.

헬리오스의 제품은 기존 고객에게 추가 구매를 유도할 수 있는 제품이 아니기 때문

	구매시점(Y0)	1년차(Y1)	2년차(Y2)	3년차(Y3)	4년차(Y4)	5년차(Y5)
연간 수입 (가격인상률 연 5%)	100,000달러	18,900달러	17,861달러	16,878달러	15,950달러	15,073달러
총이익	97,000달러	18,333달러	17,325달러	16,372달러	15,471달러	14,620달러
현재가치	97,000달러	11,000달러	6,237달러	3,536달러	2,005달러	1,137달러
고객 생애 가치	120,915달러					
가격(대당)	100달러	(선지급 비즈니스 모델 가정)				
최초 연매출	100,000달러					
이익률	97%					
가격인상률	5%					
제품 수명	5년					
고객유지율	90%					
자본 비용	40%					

에 처음에 매출을 크게 끌어올리고 곧바로 다음 고객으로 넘어가야 한다. 가정에서도 첫해에 10만 달러라는 막대한 규모의 매출이 발생하지만(고객이 보유한 차량 전체를 대상으로 벌어들인 10만 달러에는 현재가치 할인을 적용할 필요가 없다) 고객관계 유지로 이듬해부터 교체되는 20퍼센트의 차량에 대한 주문을 얻어내는 유인은 약해진다. 고객 유지율 90퍼센트, 즉 새로 구매하는 차량에 헬리오스의 제빙 장치를 설치하려는 고객 비율은 너무 낙관적이고 공격적인 가정이다.

고객 생애 가치가 생각만큼 높지 않다는 사실도 놀랍다. 비즈니스 모델과 가격 체계를 고려하면 이는 당연한 결과다. 반면 신규 고객 유치에는 너무 많은 시간, 노력,

비용이 든다. 10만 달러 계약을 성사시키려면 고객을 수없이 만나야 한다. 고객 획득 비용이 3만 달러, 아니 5만 달러 이상이 될지도 모른다.

고객 생애 가치를 측정한 헬리오스는 앞 단계로 돌아가기로 결정했다. 그들은 보다 용이하게 안정적으로 현금을 창출하는 비즈니스 모델과 가격 체계를 수립하고 새로운 기능 추가나 스마트폰 원격 조종 장치 앱을 활용하며 가치 제안을 확대하는 방법을 찾기로 했다.

고객 생애 가치의 극단적 사례, 펫록 Pet Rock

조약돌 애완동물을 판매한 펫록은 반복 수입원이 없는 하드웨어 산업의 어려움을 극명하게 드러낸 사례다. 1975년 광고회사의 임원 개리 달은 관리가 필요 없고 구매 후 어떤 비용도 발생하지 않는 애완동물이라고 광고하며 이 제품(조약돌)을 판매했다. 이 '제품'의 매력은 개리가 말한 그대로였고 개당 3.95달러에 팔렸다(일부는 이 유별난 취미가 사기에 가깝다며 비난했다).

그러면 우리의 공식에 대입해 고객 생애 가치를 계산해보자. 아주 쉽다. 개리는 제품당 1달러의 수익을 올렸는데 그게 전부다. 반복성 매출원은 없고 조약돌 제품은 고객의 제품 교체를 유도할 만한 제품 진부화(기존 제품이 고객의 욕구에 맞지 않게 되어 사용하지 않는 것—옮긴이)도 일어나지 않았다. 여기에다 소모품도 없다. 이러한 특징은 목표고객에게는 가치지만 기업에게는 딜레마다.

- 일회성 수입: 제품가격 3.95달러
- 반복성 수입: 없음
- 부가 수입: 없음

- 이익률: 25%

- 고객유지율: 반복 구매를 하지 않는 고객이라 유지할 필요 없음

- 제품 수명: 무한대

- 재구매율: 0%

- 자본 비용: 50%

제품당 1달러의 수익을 남긴 펫록은 100만 달러를 벌었다(개리 달 외에는 이런 경우가 없었다). 경쟁자 진입이 없었지만 펫록에는 핵심 역량이라고 할 만한 것이 없었고 결국 유행은 1년을 넘기지 못했다. 한마디로 고객 생애 가치 1달러에, 총유효시장이 아주 작았다. 더구나 사람들의 마음을 사로잡는 사회적인 관계 형성이나 상호작용에서 비롯된 현상이 아니었기 때문에 총유효시장의 확대 가능성은 없었고, 요요나 홀라후프처럼 유행이 다시 돌아올 가능성도 없었다. 고객 생애 가치 1달러로 끝이었다. 펫록의 사례는 이 책에서 다루는 혁신 주도적 창업 모델과는 거리가 멀다. 펫록 같은 비즈니스 모델은 머릿속에서 지워라.

S·U·M·M·A·R·Y

고객 생애 가치는 고객이 제품을 구매했을 때 발생하는 총이익에 신생기업의 자금 확보에 드는 비용을 할인해서 구한다. 이것을 낙관적으로 부풀리지 말고 현실적으로 예측하라. 고객 생애 가치를 극대화하려면 영향을 미치는 변수를 정확히 이해해야 한다. 우리의 목표는 고객 생애 가치가 19단계에서 계산할 고객 획득 비용의 세 배 이상이 되는 것이다.

영업 프로세스를 설계하라

Map the Sales Process to Acquire a Customer

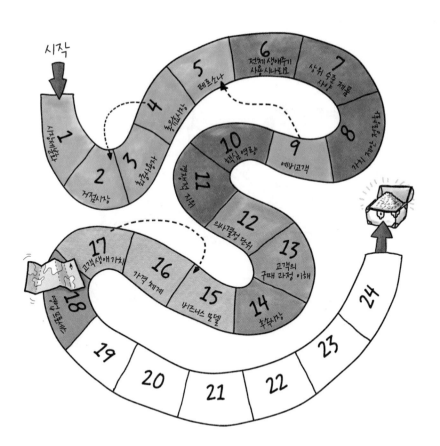

시작

1 시장세분화
2 거점시장
3 최종사용자
4 총유효시장
5 페르소나
6 전체 생애주기 사용 시나리오
7 상위 수준 제품 사양
8 가치 제안 정량화
9 예비고객
10 핵심 역량
11 경쟁 우위
12 의사결정 단위
13 고객의 구매 과정 이해
14 후속시장
15 비즈니스 모델
16 가격 체계
17 고객생애가치
18 영업 프로세스
19
20
21
22
23
24

18단계 과제

· 단기, 중기, 장기 영업 전략을 수립한다.

영업 프로세스를 단축하고 비용 효과성을 높이는 방법을 찾으려면
고객 획득 과정의 모든 단계를 자세히 이해한 뒤
이를 바탕으로 획득 비용을 결정하는 요소를 명확히 분석해야 한다.

고 객 생애 가치를 1차적으로 산정해본 후에는 '고객이 제품을 구매하도록 이끄는 데 비용이 얼마나 들까?'라는 질문에 답을 말할 수 있어야 한다. 고객 획득 비용의 산정은 생애 가치 예측보다 어렵고 그만큼 오류 가능성도 크다.

개념은 간단하다. 문제는 나도 그랬지만 많은 창업가가 창업 과정에서 이 비용을 지나치게 과소평가한다는 데 있다. 방법은 기대가 아닌 사실을 바탕으로 엄격하고 정직하게 영업 프로세스를 분석하고 평가하는 것밖에 없다.

여기서는 두 단계에 걸쳐 획득 비용을 산출하는 체계적인 접근 방법을 소개한다. 처음부터 정확한 비용을 도출하려 시도하지 말고 영업 프로세스에 대한 전반적인 이해를 목표로 큰 그림을 그리려고 노력하라.

18단계의 목표는 영업 프로세스의 이해와 단기, 중기, 장기의 판매 경로 설계에 있다. 이어 19단계에서는 영업 및 마케팅 비용을 분석한다. 물론 고객 획득 비용을 예측한 후에는 다시 영업 프로세스의 이해 단계로 돌아와 비용을 줄이기 위한 전략을 탐색하고 수정해야 한다.

고객 생애 가치와 고객 획득 비용 분석은 곧 사업의 원동력과 전개 과정에 대한 이해 과정이며, 지속 가능성과 수익성 판단에 필요한 가장 기본적인 기준을 제시한다는 점에서 중요한 의미를 지닌다.

간과하기 쉬운
네 가지 변수

창업가는 흥미롭게도 제품 정보에 적극적으로 반응하고 얼른 구입하겠다는 의사를 내비치는 고객만 기억한다. 고객 획득 과정의 전형적인 시나리오와 변수조차 꼼꼼히 검토하지 않는다. 흔히 간과하는 네 가지 변수는 다음과 같다.

- 영업과 마케팅 활동에 따르는 제반 비용: 영업사원 연봉, 소개책자 인쇄, 홈페이지 제작, 상품 전시회, 전문잡지 광고, 제품설명서 개발 등의 비용을 포함해야 한다.
- 긴 판매주기: 가장 짧은 판매주기만 기억하는 경향이 있다.
- 제품을 구매하지 않은 고객들에게 기울인 영업과 마케팅 비용 및 노력: 왕자를 발견하기 전에 얼마나 많은 개구리에게 키스를 했나?
- 의사결정 단위에 영향을 미치는 조직 개편 등의 변화: 새로운 제품과 파트너로 목표를 달성하려는 신임 관리자의 등장은 영업 효과성을 방해한다.

영업 프로세스의
단계별 구분

고객 획득 비용은 초기에 매우 높고 시간이 흐를수록 점점 줄어든다. 설립 단계에서 고객에게 접근할 때는 성장과 성숙기에 접어든 이후보다 비용과 시간이 훨씬 많이 들기 때문이다.

영업 프로세스는 시기에 따라 세 가지 유형으로 구분해 분석하는 것이 일반적이며, 시기별로 각기 다른 영업 전략과 방법론을 적용해야 한다.

1) 단기: 주요 목표는 수요 창출과 주문 이행이다. 고객 중심의 시각으로 고객이 원하는 제품을 창조해도 시장은 아직 제품이 낯설 수밖에 없다. 제품의 가치와 독창성을 적극 알리고 설명하지 않으면 사람들은 제품의 존재를 알아차리지 못한다. 초기에 고객과의 직접적인 접촉이 중요한 또 다른 이유는 제품 개선에 필요한 피드백을 얻을 수 있기 때문이다. 하지만 배급 업체 등 중개인이 있는 영업 구조라면 쉽지 않은 일이다. 이 시기의 영업은 마치 선교와 같다. 직접적으로 촉구하지 않은 수요가 자연스럽게 일어나는 순간 미션은 완료된다.

• 영업직 또는 사업 개발 담당 인력의 활용은 현명하고 효과적인 투자다. 그러나 비용이 만만치 않고 가속도가 붙기까지는 시간이 걸린다. 무엇보다 탁월한 인력을 계속 붙잡아두기가 쉽지 않고 채용 전에 역량과 자질을 판단하기도 어렵다. 그럼에도 불구하고 실적이 쌓이는 중기 이후가 아니라 선교사의 역할이 필요한 초기에 영업 전문가의 기여도가 높다는 사실은 분명하다. 아

니, 그들은 유일한 대안이자 최선의 대안이다.

- 소셜 미디어, 블로그, 검색광고, 이메일 등의 인터넷 마케팅과 텔레마케팅으로 직접적인 영업을 보완할 수 있다. 예를 들어 웹 애플리케이션 같은 제품 판매는 무료 체험과 생생한 후기가 영업사원보다 더 많은 실적을 올린다. 이러한 마케팅 도구가 주는 큰 혜택은 사람 간의 접촉과 달리 다양한 자료를 기반으로 고객 반응에 대해 광범위한 분석이 가능하다는 점이다.

2) 중기: 입소문과 유통 채널이 수요 창출의 짐을 떠안으면 초점은 주문 이행 쪽으로 좀 더 옮겨간다. 이때 고객관계 관리를 시작해야 하는데 우선 기존 고객 유지와 추가 판매 기회를 창출하는 전략을 모색해야 한다. 유통업체나 기존 제품에 가치를 부가해 새로운 상품 및 패키지로 재판매하는 부가가치 재판매 업체value-added resellers, VARS를 통해 원거리 시장 혹은 생애 가치가 비교적 낮은 소규모 고객 집단에 접근하는 방법도 있다. 이들을 활용하면 영업 인력(상대적으로 비용이 많이 드는)은 높은 생애 가치를 지닌 고객에게 집중할 수 있다.

　이때 고객 획득 비용이 낮아지지만 이익의 15~45퍼센트나 그 이상을 지출해야 한다. 그렇지만 탄탄한 유통 채널 속도와 효과성 덕분에 감소하는 고객 획득 비용이 이익 감소를 상쇄하는 시점에 도달할 것이다. 여기에 얼마나 빨리 도달하느냐는 전적으로 고객 생애 가치에 달려 있다. 고객 생애 가치가 높을수록 이 단계에 도달하기까지 많은 시간이 걸린다. 세 단계는 가능한 한 빨리 지나가는 것이 언제나 최선이다. 생애 가치가 낮은 경우에는 더더욱 그러하다.

3) 장기: 고객 주문 이행에 초점을 두는 시기다. 이때 수요 창출보다 고객 관리에 더 많은 노력이 들어가며 주요 수단은 인터넷과 텔레마케팅이다. 만약 경쟁자가 진입해 고객 획득 비용에 영향을 미치고 장기 단계로 접어드는 것 자체를 방

해한다면 전략 수정이 필요하다.

영업 프로세스의
설계

단기, 중기, 장기의 영업 전략을 수립하려면 영업 채널의 종류를 이해하고 시간의 흐름에 따른 변화를 판단해야 한다. 앞서 6단계 전체 생애주기 사용 시나리오 작성에서 사용한 질문을 그대로 적용하라.

영업 프로세스를 설계하기 위해서는 아래의 질문에 답해야 한다.

- 목표고객은 어떤 경우에 문제가 있거나 다른 기회가 필요하다고 판단할까?
- 목표고객은 문제 해결책 또는 이전에 경험하지 못한 새로운 기회가 있다는 사실을 어떻게 알까?
- 목표고객이 제품을 인지한 후 구매결정에 필요한 정확한 분석과 올바른 판단을 하게 하려면 어떤 정보와 지식을 제공해야 할까?
- 목표고객을 제품 인지에서 구매로 이끄는 방법은 무엇일까?
- 목표고객의 대금 지불 방식을 어떻게 설계해야 할까?

영업 프로세스를 설계한 다음 경험 많은 전문가와 함께 검토하라. 〈도표 18-1〉은 B2B 기업의 전형적인 영업 전략 예시다.

단기

- 직접 판매(100%) ➡ 모든 최종소비자 대상
  목표시장의 전략적 고객에 초점

입소문의 영향력이 커지고 제품이 인정을 받아 성숙기에 접어들 때까지 지속한다.
이후에 초점이 수요 창출에서 요구 이행으로 이동한다.

중기

- 직접 판매(50%) ➡ 규모가 가장 큰 고객 집단
- 독점 계약을 맺은 부가가치 재판매 업체(50%) ➡ 중소 규모 고객 집단

제품 표준화를 진행하고 제품군 확장에 따른 신규시장의 시험이 이뤄지면서
온라인 판매 비중이 점차 늘어난다(3년 이내 도달).

장기

- 직접 판매(25%) ➡ 상위 50개 고객, 신규시장
- 독점 계약을 맺은 부가가치 재판매 업체(40%) ➡ 상위 51위 이하 고객, 비주력 시장
- 인터넷과 텔레마케팅(35%) ➡ 주력 시장의 모든 고객(부가가치 재판매 업체와 직접 판매 병행)

영업 전략 비교:
징가, 그루폰, 링크드인, 페이스북

인터넷 기업은 영업사원에게만 의존하는 전략부터 직접 판매가 전혀 없는 경우까지

매우 다양한 영업 전략을 채택한다. 소셜 게임 팜빌FarmVille을 개발한 징가Zynga는 영업 직을 대폭 줄이고 바이럴 마케팅viral marketing(인터넷 유저들이 블로그, 이메일, 카페 등을 통해 자발적으로 특정 기업 및 제품을 널리 퍼트리는 마케팅 기법—옮긴이) 전략을 선택했다. 반대로 그루폰은 판매자를 모으기 위해 직접 판매 방식을 채택했고 이로써 높은 고객 획득 비용 탓에 수익성에 타격을 입었다. 하지만 양면시장의 다른 면인 구매자 획득 과정에서는 최소 수량을 충족시켜야 대폭 할인을 해주는 데일리 딜daily deal 서비스를 전면에 내세워 입소문의 위력을 효과적으로 이용했다.

링크드인은 훨씬 세련된 모델을 구축했다. 처음에는 고도의 맞춤식 인터넷 광고와 영업 인력을 함께 활용했다(유료 서비스 판매를 위해). 그러나 선도자의 지위에 올라서고 성장 추진력을 얻은 이후에는 동료에게 사이트 가입을 권유하는 사용자에게 의존해 손쉬운 초대장 발송 기능과 효과적인 대상자 추천 알고리즘을 개발했다. 이때 링크드인에 가입하지 않은 사람들에게 이메일이 속속 도착했다. 이처럼 신규 고객 유치로 높은 시장침투율을 달성한 링크드인은 이후 가입자 사이의 추천 기능을 고도화하는 데 집중했다. 사용자 사이의 네트워크 밀도를 높여 사이트에서 떠났던 회원을 다시 불러 모으고 사이트에 더 많은 시간을 투자하도록 유도해 이탈을 어렵게 만든 것이다.

페이스북도 네트워크 효과에 의존하기 때문에 신규 고객 획득에 비용이 들지 않는다. 특히 그들은 연결되기를 희망할 확률이 높은 사람을 추천하는 기능으로 기존 고객을 네트워크에 꽉 붙들어둔다.

사례

라크 테크놀로지스의 영업 전략

영업 프로세스를 분석한 라크 테크놀로지스는 울리지 않는 자명종이라는 낯선 제품과 수면 코치 기능을 시장에 알리는 일이 무엇보다 중요하다는 사실을 발견했다(도표 18-2). 이것은 쉽지 않은 과제였다. 여기에 CEO 줄리아 후가 수립한 단기, 중기, 장기 영업 전략을 소개한다.

단기: 줄리아 후는 잠재고객을 대상으로 일대일 영업 전략을 채택했다. MIT 졸업식 날 캠퍼스에 탁자를 펴놓고 약식으로 상품 전시회를 열기도 했다. 공식석상에서 연설할 기회도 적극 찾았다. 하지만 그녀가 발로 뛰면서 제품을 알리는 전략은 사업 계획과 핵심적인 경영 문제를 챙길 시간을 빼앗았음으로써 큰 비용이 발생시켰다.

초기 고객은 소문을 퍼뜨려줄 가족과 친구들이었다. 줄리아는 페르소나에게 가장 강력한 힘을 발휘해줄 영향력 행사자로 웹사이트 '어번 대디'를 선택해 교외에 거주하는 젊고 부유한 전문직 종사자들을 목표고객으로 삼아 매일 이메일 뉴스레터를 발송했다.

또한 온라인 쇼핑몰도 제작했다. 그녀는 인터넷 광고를 통해 사이트 유입과 구매율을 높이기 위한 검색엔진 최적화search engine optimization, SOE 키워드를 계속 테스트했다. 트위터 등 소셜 미디어를 활용하는 방법도 시도했지만 결과는 미미했다.

중기: 배타적인 독점 공급 조건 없이 애플 스토어에 입점하는 데에 성공했다. 덕분에 제품 노출과 접근성이 확대되었고 애플의 인정을 받았다는 사실 자체만으로도 높

〈도표 18-2〉 **울리지 않는 자명종 라크**

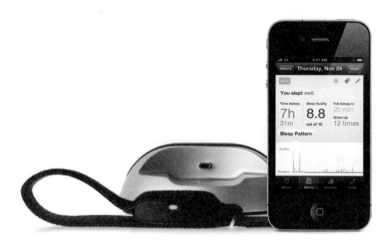

은 신뢰를 얻었다. 하지만 이것은 큰 이익을 포기하고 얻은 대가였다. 매장에서 판매하는 하드웨어 때문에 재고 비용이 발생했고 이는 매출총이익에 타격을 주었다. 어쨌든 일대일로 직접 판매를 하지 않으면서 줄리아는 유통업자 선정과 웹사이트 관리, 리뉴얼에 집중할 수 있었다.

장기: 고객이 제품 정보를 얻고 구매를 하는 핵심 장소는 웹사이트다. 줄리아는 주문량의 비중이 사이트가 40퍼센트(다른 온라인 채널 포함), 소매유통 채널이 50퍼센트 그리고 기타 채널이 10퍼센트가 되기를 기대한다.[1]

---

1. 예시를 위해 임의로 정한 숫자이며 줄리아가 실제로 기대하는 추정치는 아니다.

S·U·M·M·A·R·Y

영업 프로세스의 설계는 시장진입, 시간의 흐름에 따른 전략 수정, 궁극적으로는 고객 획득을 위한 장기 전략 수립이라는 목표에 도달하려는 여정의 첫 번째 관문이다. 여기에는 제품 인지도 제고, 고객 교육, 판매 과정 관리 등의 활동도 모두 포함된다. 고객 생애 가치와 함께 수익성의 판단 기준인 고객 획득 비용에 큰 영향을 미친다는 점에서 이 과정은 매우 중요하다.

신규 고객 유치 비용을 분석하라

Calculate the Cost of Customer Acquisition(COCA)

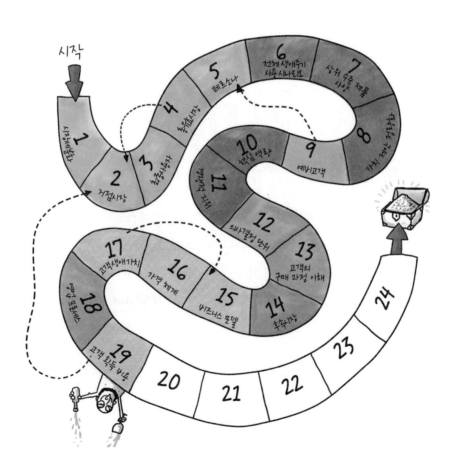

• 영업 프로세스를 바탕으로 고객 획득 비용을 단기, 중기, 장기로 구분해 분석한다.

창업가들은 낙천적이다. 그 낙관주의 때문에 고객 획득 비용을 제대로 직시하지 못한다.
현실적으로 계산하라. 그리고 계속 수정하며 정확성을 더하라.

다시 한 번 말하지만 영업 프로세스는 고객 획득 비용The Cost of Customer Acquistion, COCA 에 직접적으로 영향을 미친다. 고객 획득 비용을 계산하려면 한 사람의 고객을 유치하는 데 드는 모든 영업비와 마케팅 비용을 정량화해야 한다. 여기에는 생산비, 연구 개발비, 일반 관리비, 기타 간접비 등 영업과 마케팅 이외의 부서에서 지출한 비용은 포함하지 않는다. 반면 구매로 이끌지 못한 잠재고객에게 지출한 비용은 포함한다. 비용은 세 시기로 나눠 계산하며 영업비가 최초로 발생했을 때 제1기가 시작된다.

고객 획득 비용의 예측값도 계속 수정이 필요하다. 처음에 출발선을 명확히 하려면 비용을 결정하는 변수 확인, 각 변수가 미치는 영향력에 대한 현실적인 가설 수립, 비용을 점진적으로 줄이는 전략을 이해해야 한다.

고객 획득 비용이
중요한 이유

영업 초기에는 고객 획득 비용이 고객 생애 가치를 월등히 상회한다. 그러나 경쟁력을

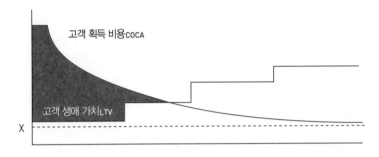

〈도표 19-1〉 **고객 획득 비용과 고객 생애 가치**

경쟁력을 갖춘 지속 가능한 사업에서는 고객 획득 비용이 결국 고객 생애 가치 아래로 떨어진다. 장기 단계로 가면 획득 비용은 더 이상 줄지 않고 정체되며 지속적인 투자가 필요하지만(X값, 점선으로 표시) 생애 가치보다는 낮은 수준이다. 시간이 흐르면서 기존 고객 대상의 업셀링으로(데이비드 스콕은 이를 '네거티브 고객이탈'negative churn이라고 표현한다) 생애 가치가 높아지기도 한다. 제품이 시장 표준으로 자리 잡아 강력한 경쟁자가 등장할 가능성이 희박하면 가격 결정력이 높아지는 경우도 있다. 위 그래프의 고객 생애 가치는 지나치게 낙관적인 가정으로 현실과 동떨어져 있지만, 이 때문에 차트는 좀 더 역동적인 모양새를 갖추고 있다. 붉은 색은 포지티브 현금흐름에 도달하기 이전의 자금 소진cash burn을 의미한다.

갖춘 사업은 고객 획득 비용이 점차 줄어들다가 생애 가치 아래로 떨어지는 시점이 온다. 문제는 결정적인 시점에 도달할 때까지 걸리는 시간이다. 들어오는 돈보다 나가는 돈이 훨씬 더 많은 그 시기를 잘 버텨야 한다(도표 19-1).

상향식 분석Bottom-Up의
맹점

—

다음의 상황을 가정해보자. 판매주기가 6개월인 장치가 있는데 영업사원은 근무시간의 20분의 1을 수요 확인, 관계 형성, 진행 과정 확인, 지원, 계약, 대금 청구 등의 활동을 한 고객에게 투입한다. 그가 영업 할당량을 채우면 회사는 그에게 연봉 15만 달러를 지급한다.

이제 영업사원이 할당량을 채웠다고 해보자. 그럼 영업사원 한 명이 고객 한 명을 획득하는 데 드는 비용은 얼마일까? 먼저 판매주기당 영업사원에게 지출하는 비용을 구해야 하므로 연봉을 판매주기(6개월)로 나누면 7만 5,000달러가 나온다 (150,000/2=75,000). 이것을 다시 영업 개시부터 종료까지 투입한 근무시간으로 나누면 판매 한 건당 영업사원에게 지출한 비용은 3,750달러다(75,000/20=3,750). 꽤 논리적인 계산 같지만 이 숫자는 고객 획득 비용이 아니다. 그저 영업 과정을 구성하는 변수 중 하나, 즉 영업사원에게 지출하는 비용일 뿐이다.

위 계산에는 다른 비용이 전혀 포함되지 않았다. 일반적으로 연봉의 25~30퍼센트를 지출하는 각종 복리후생비(의료보험, 휴가시간, 퇴직연금 등)가 빠졌다. 이외에도 출장, 제품 시연, 기술 지원, 상품 전시회, 마케팅 캠페인, 휴대전화 요금 및 인터넷 사용료 등 수요를 일으키고 계약을 성사하기까지 들어가는 비용은 많다. 인내심을 발휘해 영수증과 대금 청구서를 하나하나 챙긴 다음 각 고객에게 들어간 비용을 계산할 자신이 있다면 상향식 방법을 채택해도 좋다. 대신 영업사원에게 들어가는 다른 비용, 예를 들면 사무집기, 컴퓨터, 전화요금, 사무실 임대료 등도 계산에 넣어야 한다. 이런 비용을 모두 더해 신규 고객 수로 나누었더니 2,500달러가 나왔다고 하자. 그러면 고객 획득 비용은 3,750달러에 2,500달러를 더한 6,250달러일까? 아니다!

영업사원의 투입 근무시간을 다시 검토해보자. 한 고객에게 근무시간의 20분의 1을 쓴다는 것은 연봉을 판매주기로 나누고 다시 투입 근무시간의 비중으로 나눈 것이다. 이는 영업사원이 영업에만 100퍼센트 시간을 투입해 6개월에 스무 건의 계약을 따낸

6,250달러

10~20배

상향식 분석은 수면 아래에 잠긴 거대한 얼음덩어리를 놓칠 가능성이 크다.

다는 가정이다. 한마디로 비현실적이다. 모든 영업 건을 수주로 연결시키는 영업사원은 없다. 다른 직장에서는 50퍼센트만 성공해도 기본급 15만 달러에 계약 건당 성과급을 추가로 받는다. 그러니 당장 회사를 옮기지 않겠는가.

공격적으로 25퍼센트를 목표로 잡는다고 해도 6개월에 다섯 건 계약이다. 이것은 20분의 1만큼의 근무시간을 투입한 잠재고객 네 명 중 세 명은 구매하지 않는다는 가정이다. 앞에서 구매에 실패한 고객에게 들어간 비용도 모두 포함해야 한다는 점을 이야기했다.

모든 지출의 합계를 구하는 상향식 분석은 이처럼 체계를 잡기 어렵고 오류가 발생할 가능성이 크다. 내 경험으로 말하자면 효용성도 떨어진다. 신규 고객을 한 명 늘리는 데 드는 비용을 정확히 예측하는 것은 매우 어렵다. 하지만 의심의 여지없이 분명한 사실이 하나 있다. 6,250달러는 빙산의 일각에 불과하다는 점이다. 현실적으로 말하면 그 10~20배로 가정해야 한다(도표 19-2).

고객 획득 비용 계산:
하향식 분석 Top-Down

고객 획득 비용을 분석하는 효과적인 방법은 영업과 마케팅 비용을 기간별로 집계한 뒤 신규 고객 수로 나누는 방식이다. 영업 프로세스의 변화, 학습곡선상의 위치, 입소문 효과 등의 영향으로 고객 획득 비용은 시간이 흐르면서 변하기 때문에 시기를 구분해 각각 산정해야 한다. 이 책에서는 세 시기로 구분한다.

시기 구분은 제품 생애주기로 결정한다. 이것은 고객이 제품 가치를 인지하는 데 걸리는 시간과 직접 연결되기 때문이다. 일반적으로 판매를 시작한 첫해를 1기, 2~3년째를 2기, 4~5년째를 3기로 구분하는 방법이 많이 쓰인다. 물론 사업의 성격에 따라 시기 구분은 달라질 수 있다. 판매를 시작하는 해는 포함시키지 않고 그다음 해부터 시작해 동일한 간격으로 시기를 구분해도 좋다.

영업과 마케팅 비용의 총액에는 영업직 인건비뿐 아니라 차량 유지비, 출장 및 여가비, 전화와 인터넷 사용료, 기술 지원, 사이트 개발, 외부자문, 상품 전시회, 임대료, 경영 지원, 컴퓨터와 사무집기 등 모든 비용이 포함된다. 임원진의 영업활동 관련 지출도 마찬가지다. 이것은 절대 무시할 수 없는 큰 금액이다.

여기에서 전제 조건은 영업 프로세스에 대한 이해다. 그렇다고 지레 겁먹지 말고 예산 계획과 재무 추정에 경험이 풍부한 사람을 찾아 도움을 요청하라. 만약 각 변수를 조정할 경우 수익성에 미치는 영향을 정확히 이해하라.

고객 획득 비용을 결정하는 독립변수는 세 가지로 영업 및 마케팅 총비용Total Marketing and Sales Expense over Time, TMSE(t), 기존 고객 유지비Install Base Support Expense over Time, IBSE(t), 신규 고객 수New Customers over Time(t) NC 다.

각 시기별 고객 획득 비용 계산식은 아래와 같다.

$$\text{고객 획득 비용}_{COCA}(t) = \frac{\text{영업 및 마케팅 총비용}_{TMSE}(t) - \text{기존 고객 유지비}_{IBSE}(t)}{\text{신규 고객 수}_{NC}(t)}$$

t: 시기

시기별 비용을 구했다면 시간을 X축으로 하고 고객 획득 비용을 Y축으로 하는 그래프를 그리자. 세 점을 표시한 후 연결하면 고객 획득 비용 곡선이 완성된다.

〈도표 19-3〉은 시간이 흐르면서 점차 줄어드는 모범적인 경우의 고객 획득 비용 곡선이다. X축과 평행을 이루는 점선은 획득 비용이 더 이상 줄어들지 않고 정체되는 수준을 의미한다. 매출 규모가 지속적으로 늘어나 제품, 기업, 시장이 모두 성숙기에 진입한 단계로 영업 프로세스 분석에서 정의한 '장기'에 해당한다.

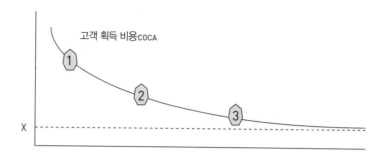

〈도표 19-3〉 **고객 획득 비용 그래프**

고객 획득 비용을
줄이는 방법

신생기업은 시장을 개척해 수요를 창출해야 하므로 고객 획득 비용은 대부분 높은 수준에서 시작한다(장기 단계의 획득 비용보다 높고 고객 생애 가치보다 높을 가능성도 크다). 사업이 경쟁력을 갖추고 성장하려면 이 비용을 줄이는 방법을 찾아내야 한다. 다음의 여덟 가지 방법을 참고하자.

1) 직접 판매는 사업 초기에 매우 효과적이지만 비용을 고려해 적절한 대안을 현명하게 활용하라: 직접 판매를 수행할 영업 전문가 고용은 초기에 필수적이지만 비용이 많이 든다. 대신 엔지니어를 교육시켜 영업 현장에 투입하는 방법이나 텔레마케팅, 소셜 미디어 활용 등 대안을 찾아보자.

2) 가능한 범위 내에서 모두 자동화하라: 별도의 투자가 필요하더라도 가능하면

고객 획득 과정을 모두 자동화하라. 웹사이트를 네트워크 효과와 바이럴 마케팅의 플랫폼으로 활용하고 페이스북과 링크드인, 아마존의 추천 기능 등을 통해 제품의 상세 정보를 공유하는 방법을 찾아보자. 에이본Avon이나 그루폰처럼 사용자가 곧 유능한 마케터가 되는 유인 구조를 설계해 수십억 달러의 가치를 창출한 기업 사례도 참고하라.

3) 구매전환율을 높여라: 잠재고객의 전환율 개선에서 한시도 눈을 떼지 말자. 상향식 분석에서 살펴본 것처럼 구매로 이어지지 않는 영업 건에서 상당한 비용이 발생한다. 구매전환율의 개선은 수입 증가와 고객 획득 비용의 감소로 이어지는 길의 첫 번째 관문이다.

4) 잠재고객의 발굴 비용을 줄이고 고객의 질을 개선하라: 무역 박람회나 상품 전시회에서 교환한 명함을 잠재고객 명단에 추가해도 되지만(획득 비용도 낮다) 사실 그것은 그다지 유용하지 않은 질 낮은 정보다. 허브스팟 등 인바운드 마케팅 소프트웨어를 이용하면 잠재고객의 발굴 비용을 줄이면서도 질 좋은 데이터를 구할 수 있다. 가능성이 큰 고객을 발굴하는 도구를 영업 전략에 포함하고 고객의 움직임을 예의주시해 구매로 전환시킬 방법을 고민하라.

5) 영업 깔때기sales funnel를 빠른 속도로 통과하라: 구매 가능성이 있는 고객을 깔때기 안으로 끌어들여 마지막 계약에 이르기까지 걸리는 시간을 잘 들여다보자. 영업 프로세스를 빠른 속도로 지나가면 판매주기가 단축되고 고객 획득 비용은 놀랄 만큼 줄어든다.

6) 고객 획득 비용을 염두에 두고 비즈니스 모델을 수립하라: 비즈니스 모델은 고객 획득 비용에 큰 영향을 미친다. 15단계에서 설명한 짐 도허티 교수의 인트라링스 사례를 다시 살펴보자. 은행과 변호사에게 고객과 보안 문서를 공유하는

온라인 공간을 제공하는 서비스는 앞에서 설명한 것처럼 처음에 사용료 기반의 비즈니스 모델이었다. 하지만 서비스 사용량을 예측하기 어려운 고객은 점점 구매를 포기하기 시작했고 비즈니스 모델의 변화가 필요했다. 그래서 매달 고정요금을 지불하고 사용량을 기준으로 추가 서비스 구매가 가능한 정액제로 바꾸자 고객의 선택이 용이해졌고 판매주기도 급격히 줄어들었다.

7) 입소문이 최고다: 회사와 제품에 대한 훈훈한 칭찬과 추천은 고객 획득 비용을 줄이는 가장 핵심적인 변수다. 입소문은 판매주기 단축이라는 효과를 내며 이미 제품을 구매할 준비를 마친 잠재고객은 가격 할인을 요구하지 않는다. 당연히 영업사원의 생산성 개선 효과도 있다. 규모에 상관없이 실제로 많은 기업이 다양한 바이럴 마케팅 전략을 구사한다. 최근에는 가까운 지인에게 제품 및 회사를 추천하는 고객의 의향을 계량화한 순추천고객지수Net Promotor Score를 활용해 마케팅 효과를 측정하고 새로운 방법을 찾기도 한다.[1] 순추천고객지수는 경영진과 이사회도 관심을 보이는 요소로 상여금 지급 기준으로 활용하기도 하며, 입소문의 힘을 보여주는 대표적인 지수로 인정받고 있다.

8) 목표시장에 초점을 맞춰라: 초점을 거점시장에 두고 시장 밖의 고객에게 눈길을 돌리지 않을 때 입소문 효과가 극대화되고 영업사원의 생산성도 높아진다. 한 우물을 판 영업사원들이 산업 전문가로 성장하면서 판매주기가 짧아지면(의사결정 단위와 구매 과정이 동일한 고객들에게 반복해서 판매한다고 가정해보라) 결국 고객 획득 비용은 낮아진다.

---

1. 순추천고객지수에 관한 자세한 설명은 www.netpromoter.com을 참고하기 바란다. 입소문 효과를 측정하고 전략을 세우는 체계적인 방법론이 나와 있다.

사례

수반가스 에너지 Associated Gas Energy: 직접 판매 모델

석유 시추 과정에서 부수적으로 발생하는 '수반가스' associated gas 처리는 돈이 많이 들고 환경 문제를 유발한다. 특히 시추 지역에는 가스를 운송할 기반 시설이 없는 경우가 대부분이다. 그러면 석유개발 업체의 운영비를 수익으로 전환하려는 야심찬 계획을 세운 팀의 고객 획득 비용 분석 사례를 함께 살펴보자. 천연가스 액화 Gas To Liquids, GTL 기술로 수반가스를 석유제품으로 전환하는 데 드는 비용은 배럴당 70달러다. 시장에서 판매하는 가격을 100달러로 가정하면 고객은 배럴당 30달러의 이윤을 얻는다. 그리고 수반가스 처리에 들어가는 재주입 비용을 절감할 경우 배럴당 10달러의 추가 이익이 발생한다.

아이디어도 명확하고 수익성도 좋았지만 문제는 고객 획득 비용에 있었다. 목표고객은 애초에 전통적인 방식의 직접 판매만 고집하는 보수적인 고객이었다. 누군가가 선교사 역할을 하지 않으면 사업은 시작하는 것조차 불투명했다.

이 팀은 높은 가치에도 불구하고 비싼 가격 때문에(초기 설치와 연간 유지비 30만 달러) 판매주기를 1년으로 예상했다. 물론 이들은 훌륭한 기술을 보유했지만 뛰어난 영업 전문가와 영업 프로세스를 잘 이해하고 영업을 기술적으로 지원할 엔지니어를 영입해야 했다. 첫해에는 외부 컨설턴트의 도움도 받았다. 고객이 편견과 타성을 버리고 (보수적인 시장이라는 사실을 기억하라) 새로운 변화를 받아들이도록 결정적 계기를 마련해야 했기 때문이다. 여기에다 에너지와 환경 정책 분야의 각종 규제를 검토하고 해

〈도표 19-4〉 **수반가스 에너지의 고객 획득 비용 추정(직접 판매 사례)**

영업 및 마케팅 지출 항목	1년	2년	3년
영업 인력, 기술 지원 인력 수	각 1명	각 2명	각 3명
영업직 인건비(연봉 175,000달러)	175,000달러	350,000달러	525,000달러
기술직 인건비(연봉 125,000달러)	125,000달러	250,000달러	375,000달러
출장비	24,000달러	40,000달러	52,500달러
접대비	15,000달러	24,000달러	30,000달러
행사비	30,000달러	35,000달러	40,000달러
웹사이트 제작 및 유지 보수	10,000달러	10,000달러	10,000달러
자문료	15,000달러	—	—
총계	394,000달러	709,000달러	1,032,500달러
고객 수	1	3	7
고객 획득 비용	394,000달러	236,333달러	147,500달러

결하는 데 필요한 조언을 해줄 전문가도 필요했다.

영업 전문가가 역량을 끌어올려 능력을 발휘하기까지 시간이 필요하다고 예상한 이 팀은 첫해 목표를 한 건의 계약 성사로 잡았다. 사실 처음이 가장 어렵다. 이후에는 더 이상 컨설턴트에게 의존할 필요가 없을 만큼 반복 학습으로 조직 내부에서 독자적인 영업력을 갖출 수 있다. 고객기업과 성공적으로 맺은 기존의 계약을 참고하면 판매 주기 단축도 얼마든지 가능하다.

첫해의 고객 획득 비용이 높아도 제품이 기대한 만큼 성공을 거두면 성공 사례를 제시해 제품의 불안정성과 리스크에 대한 불신을 씻어낼 수 있으므로 영업에 가속도가 붙는다. 〈도표 19-4〉에서 보듯 2년째에 영업사원과 지원 엔지니어를 한 명씩 더 채용할 경우 판매는 증가한다. 또한 3년째에는 고객 획득 비용이 15만 달러 이하로 떨어지는 것으로 나타나 있다. 물론 여전히 높은 수준이지만 지속적으로 감소할 것이다.

필비의 고객 획득 비용 분석

전체 생애주기 사용 시나리오 작성에서 우수한 결과물을 제출한 필비 팀은 고객 획득 비용 분석도 착실하게 수행했다. 그들은 독창적이고 포괄적이며 실현 가능성이 큰 마케팅 전략을 수립했고 고객 획득 비용을 예측하는 과정도 상당히 치밀했다. 필비 팀은 고객 획득 비용의 절감을 위한 최신 경영 툴과 전략을 효과적으로 활용했다는 점에서도 모범적인 사례다(도표 19-5).

벤치마킹을 활용한 스피크이지Speakeasy

고객 획득 비용을 타당성 있게 분석한 모범 사례를 하나 더 소개하겠다. 스피크이지는 인터넷을 통해 효과적으로 이야기하고 연설하는 방법을 개인 지도하는 서비스를 제공한다. 직접 판매는 없고 소셜미디어를 통한 영업 전략에 의존한다. 이들의 고객 획득 비용 분석은 간단한 계산식이지만 설득력이 매우 높다.

스피크이지의 고객 획득 비용 분석

우리는 스피크이지의 고객 획득 비용을 분석하기 위해 다른 서비스형 소프트웨어 업체, 특히 징가와 그루폰의 인바운드 마케팅(블로그, 검색엔진, 소셜미디어 마케팅을 통해 집행하는 광고—옮긴이) 비용을 참고했다. 신생기업인 스피크이지와 달리 벤치마킹 대상 기업은 성숙기에 접어들었지만 비교 근거로 활용하기에 큰 무리는 없다고 판단했다.

〈도표 19-5〉 필비의 고객 획득 비용 분석(1년)

필비는 한 해 동안 고객을 발굴할 마케팅 전략과 대략적인 비용을 다음과 같이 정리했다.

마케팅 전략

고객 대상

인바운드 마케팅
인터넷 검색광고, 블로그, 소셜 미디어
연간 예산: 50,000달러

아웃바운드 마케팅
페이스북, 핀터레스트Pinterest 광고, 검색광고
연간 예산: 100,000달러

가구 디자이너 대상
링크드인 광고, 검색광고, 상품 전시회, 디자이너 전문잡지 광고
연간 예산: 100,000달러

가구 소매점 제휴
디자이너 모임 후원, 카탈로그 QR 코드 부착, 판매 제품 사진 링크
연간 예산: 50,000달러

마케팅 총비용: 300,000달러 / 발굴 고객: 50,000명 / 고객당 비용: 6달러

필비는 사용자 경험의 최적화를 목표로 인터넷 광고나 웹사이트 개발과 관련된 최신 기술을 활용해 다양한 영업 전략을 짰다. 이때 초점은 고객 맞춤식 제품 정보 제공과 가격 제안으로 구매전환율을 극대화하는 데 두었다.

영업 전략

1. 잠재고객 세분화
• 유입 경로에 따른 방문자 세분화
• 인터넷 광고 랜딩 페이지 최적화
• 다양한 기능과 정보 제공
연간 예산: 25,000달러

2. 홈페이지 프로모션
• 가구 추천
• 디자이너 추천
• 방문자 맞춤식 쿠폰과 할인 제공
연간 예산: 50,000달러

3. 결제 촉구
• 장바구니 알림 기능
연간 예산: 15,000달러
구매전환율: 10%

영업 및 마케팅 총비용: 390,000달러 / 획득 고객: 5,000명 / 고객 획득 비용: 78달러

〈도표 19-6〉 **그루폰과 징가의 고객 획득 비용**

기업명	고객 획득 비용(2012년)
그루폰	5.40달러
징가	0.85달러

〈도표 19-7〉 **스피크이지의 고객 획득 비용**

	마케팅 비용		
	1년	2년	3년
고객 획득 비용	1.60달러	0.85달러	0.85달러

스피크이지의 전략은 그루폰보다 징가에 가까우므로 징가의 비용을 기준으로 삼았다(도표 19-6). 징가의 최근 분기별 고객 획득 비용은 고객당 0.30~0.85달러다. 우리는 소극적으로 추정하고자 가장 높은 수치인 0.85달러를 적용하기로 했다. 첫해에는 아웃바운드 마케팅(직접 전화 마케팅, 라디오나 TV광고, 광고 전단지, 스팸, 텔레마케팅 같은 전통적인 광고 기법—옮긴이)의 비중이 크므로 더 높게 잡았다. 이후에는 인바운드 마케팅과 입소문에만 의존하는 전략으로 넘어갔다. 우리는 서비스형 소프트웨어 기업과의 직접 비교를 위해 마케팅 비용을 곧 고객 획득 비용으로 가정하였다(도표 19-7).

달러 셰이브 클럽Dollar Shave Club의 고객 획득 비용 줄이기

독특한 방법으로 고객 획득 비용을 줄인 '달러 셰이브 클럽'은 내가 가장 자주 인용하는 사례다. 설립자이자 CEO인 마이크 더빈은 면도기를 저렴하게 공급하는 거대한 시장 기회를 발견했다. 그의 전략은 유통업체나 소매상점 등의 중간상인을 배제하고, 복잡하고 화려한 기능을 없앰으로써 비용을 최대한 낮추는 것이었다. 고객 가치에는 저렴한 가격 외에 시간 절약도 있다. 면도기를 집으로 배송해주면 시간을 들여 쇼핑하러 갈 필요가 없기 때문이다. 마이크의 가치 제안은 면도기 제조업계에 전무후무한 회원제와 배송이라는 혁신적 비즈니스 모델로 더욱 빛을 발했다.

이 시장은 넓고 깊은 블루오션Blue Ocean이었지만 문제가 하나 있었다. 만약 기존 업체가 막대한 자금을 마케팅에 쏟아 부을 경우 시장에서 쫓겨날 것이 뻔했다. 결국 고객 입소문 외에는 뾰족한 수가 없었다. 그에게는 직접 판매를 시도할 자원이 부족했고 유통업체의 도움을 받는 것은 비즈니스 모델과 맞지 않았다. 광고로 고객의 주의를 끌수도 있었지만 비용이 엄두도 내지 못할 만큼 많이 들었고, 경쟁자를 자극해 즉각적인 반격을 불러일으킬 우려도 있었다. 한마디로 마이크의 고객 획득 비용은 너무 높았다.

결국 마이크는 고유의 독특한 무기로 맞서기로 했다. 영화제작 현장에서 경력을 쌓은 마이크는 그 분야에 아는 사람이 많았다. 덕분에 마이크는 질레트를 판매하는 프록터 앤 갬블 같은 기업이 도저히 시도할 수 없는 기발한 동영상을 제작할 수 있었다. 그는 동원 가능한 자금을 모두 끌어 모아 도발적이고도 완성도 높은 90초짜리 영상을 만들었다(도표 19-8).

영상은 마이크가 회사 설립 목적을 설명하는 것으로 시작된다.

"한 달에 1달러만 내면 고품질의 면도기를 문 앞까지 가져다드립니다."

이때 화면에 자막이 지나간다. '시간을 깎아드립니다Shave Time. 돈까지 깎아드립니다

Shave Money.'

 고객이 얻는 가치를 분명히 드러낸 셈이다. 그런 다음 마이크가 카메라 앞으로 걸어 나오며 모두의 머릿속에 각인될 만한 멘트를 날린다.

 "면도날의 질은 괜찮으냐고요?"

 카메라가 답이 적힌 포스터로 이동하면 영상의 나머지 분위기와 메시지를 요약하는 한 문장이 화면을 채운다.

 "빌어먹을! 아뇨, 우리 면도날은 끝내줍니다!"

 이후 마이크는 농담과 노골적인 말을 섞어가며 경쟁자를 조롱하고 목표고객(도시에 거주하는 젊은 남성으로 바쁘게 살아가는 디지털 세대)의 마음속에 자신을 골리앗에 맞선

귀여운 다윗으로 포지셔닝한다.

영상은 소문을 타고 즉각 퍼져 나갔다. 동영상에 쏟은 시간과 노력은 지금까지 이 회사가 쓴 최대 지출이다. 그렇다고 비디오가 고객 획득 비용을 낮췄다고 판단하기는 어렵지만(비디오를 본 사람들이 제품을 구매한다는 보장은 없으므로), 저가에 면도기를 구입할 의사가 있는 잠재고객을 발굴한 것만은 분명하다. 남은 과제는 달러 셰이브 클럽이 이들을 실고객으로 전환하는 일이다.

완성본을 보고 싶다면 'www.dollarshaveclub.com'을 방문해보라. 고객 획득 비용을 줄일 독창적인 방법이 떠오르지 않아 고민이 깊어질 때 영감을 얻을지도 모른다.

S·U·M·M·A·R·Y

사업의 수익성을 판단하는 중요한 단계를 마쳤다. 이 과정을 거치며 문제점을 조기에 발견해 창업 아이디어가 빛도 보지 못하고 사장되는 경우도 있다. 그렇지만 창업가는 고객 생애 가치LTV와 고객 획득 비용COCA을 분석하여 사업의 성공 요소에 집중하는 것이 얼마나 중요한 일인지 깨닫는다.

재무제표보다 더 간단한 계기판 역할을 하는 두 가지 분석은 사업 계획을 보완하고 전략을 수정하도록 유도하며 그 기준을 제시한다. 나아가 성공으로 향하는 길을 뚜렷하게 밝혀준다. 낙관주의로 스스로의 눈을 가리지 않도록 주의하라. 희망사항을 그리지 말고 현실적으로 계산하고 예측하라.

성공을 위한 핵심 가설을 확인하라

Identify Key Assumptions

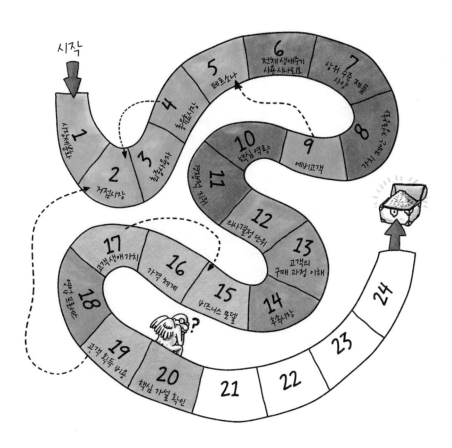

20단계 과제

- 아직 검증하지 않은 가설이 있는지 확인한다.
- 중요도 순서에 따라 상위 다섯 개 또는 상위 열 개의 가설을 정한다.

모든 것이 완벽하고 잘 풀릴 것 같은 예감이 들어도 현실 세계에 뛰어들기 전에
한 걸음 물러나 현명하고 신중한 태도로 다시 고민하라.
사업에서 성공하기 위해 반드시 충족시켜야 하는 핵심 가설은 무엇인가?

우리는 이제 고객이 누구인지, 그들에게 어떤 가치를 제공할 것인지, 그들이 어떤 과정을 거쳐 구매에 이르는지 그리고 고객을 획득하는 데 드는 비용과 고객에게 얻는 가치는 어느 정도인지 모두 이해했다. 우리가 시장에 선보일 제품은 지금까지 존재하지 않았던 새로운 것이다. 또한 우리는 시장조사와 논리적인 분석을 통해 가설을 세우고 그 가설에 근거해 위의 질문에 대한 답을 찾았다. 19단계를 거치면서 우리가 이미 테스트한 가설도 있다.

그렇지만 모든 선택의 바탕이 된 가설을 치밀하게 검증하지 않으면 선택의 타당성과 현실성을 확신하기 어렵다. 이제 20단계에서 핵심 가설Key Assumptions을 보다 철저하게 검증해보자. 물론 나도 알고 있다. 당신은 고객과 인터뷰를 했고 그들이 일하는 과정을 지켜봤다. 또 작업 단계를 하나하나 물어보며 당신이 만든 제품이 고객의 필요와 일치하는지 혹은 고객이 그렇게 판단하는지 알아내려 노력했다.

이제 가설을 재검토해 가설이 당신의 생각이나 고객의 말이 아니라 세상이 돌아가는 이치에 부합하는지 검증할 차례다. 여러 단계에서 채택한 가설을 정리하고 검증하는 작업은 어렵지 않다. 그런데 창업가는 흔히 자신의 직관이나 외부 자료에 의존해 가설 검증 단계를 생략하는 경향이 있다. 가설 검증과 검증한 가설에 바탕을 둔 구체적인 실행 계획 없이 신념만으로 기나긴 창업의 24단계 과정을 버텨내긴 어렵다. 언제나 말보다 행동이 더 중요한 법이다.

신속하고 유연하게 움직이는 간소한 창업 방법론, '린 스타트업'lean startup(최소 에너지로 시제품을 빨리 만들어 신속히 테스트한 뒤 시장 반응을 살펴가며 제품을 개선하는 전략—옮긴이)에 대해 들어봤다면 '최소 기능 제품'minimum viable product, MVP(고객의 피드백을 받아 최소한의 기능을 구현한 제품—옮긴이)의 개념을 잘 알 것이다. 24단계 프로그램에서의 '제품'은 언제나 24단계의 틀 안에서 고객에게 완벽한 가치를 주는 것이어야 한다. 하지만 최소 기능 제품MVP의 체계framework에서 말하는 '제품'은 창업 아이디어를 위한 한 개인의 가정을 테스트하는 도구를 의미한다.

20단계와 21단계에서는 가설을 확인하고 검증할 것이다. 그리고 22단계에서 최소 기능 제품과 구별하기 위해 내가 이름붙인 '최소 기능 사업제품'Minimum Viable Business Product, MVBP를 설계하는 방법을 설명할 것이다. 여기에는 시스템을 완전히 통합적으로 구축한 상태에서 기능을 총체적으로 검사하는 '시스템 테스트'system test 과정이 포함된다. 단순한 가설 검증이 아니라 고객이 실제로 제품을 구매하고 돈을 지불할 것인지 테스트하는 것이다.

누누이 말하지만 실고객을 확보하기 전까지는 의미 있는 사업을 하는 게 아니다. 마찬가지로 누군가가 구매해서 가치를 얻고 피드백을 주기 전까지 기업은 제품을 갖고 있다고 말할 수 없다.

이제 가설을 모조리 풀어놓아라. 그것을 우선순위에 따라 정렬하고 검증한 다음 최소 기능 사업제품을 설계해보자.

핵심 가설을
확인하는 방법

지금까지 살펴본 각 단계를 재검토하고 시장조사 자료를 바탕으로 내린 논리적 결론들을 나열해보자. 페르소나의 구매 기준 우선순위는 정확한가? 구매시점에 고객은 가치 제안에 매력을 느낄까? 고객이 시간과 노력을 들여 당신의 제품을 그들의 작업 절차에 통합할 의향이 있을까?

가장 중요한 핵심 가설은 매출총이익이다. 비용 예측은 정확한가? 제품이 하드웨어라면 자재명세서bill of material를 살펴 가장 중요한 부품의 비용을 다시 확인하라. 소프트웨어 개발이라면 주요 개발 과제, 요구사항, 비용 항목을 검토하라. 비교적 테스트가 쉬운 가설을 자세히 들여다보는 과정을 거치면 좀 더 고급 분석이 필요한 단계도 수월하게 마칠 수 있다.

그다음으로 중요한 것은 예비고객, 의사결정 단위와 관련된 가설이다. 예비고객 중 등대고객이 있는가? 등대고객이 구매하면 다른 고객도 따라서 구매할까? 린치핀linchpin(핵심축, 구심점) 역할을 하는 고객이 빠지면 다른 고객도 구매를 포기하지 않을까? 혹시 아직 파악하지 못한 숨은 린치핀은 없는가? 등대고객과 린치핀 고객은 제품에 관심이 있는가?

사례

아프리카 전통 예술을 전 세계로, 사사Sasa

열정 넘치는 세 명의 여성 창업가 엘라 페이노비치, 그웬 플로이드, 캐서린 마후구가 설립한 사사는 휴대전화를 플랫폼으로 아프리카 여성이 창작한 공예품을 세계 각지에 소개 및 판매해 그들의 권리신장에 기여하려는 사회적 벤처기업social venture이다.

자금이 부족한 상태에서 창업을 준비한 사사 팀은 시간과 돈을 조금이라도 낭비하

〈도표 20-1〉 사사의 판매자 가설

판매자 가설

1. 아프리카의 여성 공예가는 경제적인 독립을 원한다.

2. 사사의 플랫폼이 상품성과 사업성을 판단하는 기회를 제공한다.

3. 사사를 이용하면 상당한 수익을 올릴 수 있다.

4. 사사의 기술과 서비스는 신뢰할 만한 수준이다.

5. 기존의 작업 환경을 그대로 활용할 수 있고 수요 증가 및 확장이 가능하다.

6. 노천시장 등에서 거래하는 것보다 수익률이 훨씬 높다.

7. 카메라 기능을 갖춘 저가의 휴대전화를 구입할 여유는 있다.

8. 휴대전화로 짧은 문자메시지를 보낼 수 있다.

9. 사진이나 동영상 첨부가 가능한 멀티미디어 메시지 기능도 쉽게 배울 것이다.

sasa 고객—판매자의 가설

지 않기 위해 가설을 신중하고 철저하게 검증했다. 특히 판매자는 아프리카의 공예가 이고 구매자는 세계 각국의 고객으로 구성된 양면시장(거점시장은 미국이다)이라는 점을 기억하고 가설도 두 시장을 구분해서 작성했다(도표 20-1, 도표 20-2).

구매자 가설 중 일부는 구체성이 떨어져 여러 개의 가설로 쪼개야 한다는 점을 염두에 두고 읽기 바란다.

〈도표 20-2〉 사사의 구매자 가설

인터넷 구매자의 가설

1. 소비자는 수공예품의 가치를 잘 알고 좋아하는 사람들이다.

2. 소비자는 창작자와 창작 과정을 궁금해 한다.

3. 세계 각지의 소비자는 사사의 기술과 서비스를 신뢰할 것이다.

4. 사사의 플랫폼은 가장 좋은 대안이다.

5. 구매 고객은 다시 사사를 방문한다.

6. 아프리카에서 작품이 도착하기까지 걸리는 3주 동안 기대에 부푼다.

7. 장신구를 파는 것부터 시작하면 사사에 큰 이익이 남는다.

8. 고객 획득에 필요한 설비나 규정 등에 새로운 것은 없으며 수요와 함께 확장된다.

sasa 고객─인터넷 구매자의 가설

S·U·M·M·A·R·Y

핵심 가설 확인은 1차 시장조사의 타당성을 검증하는 다음 단계의 준비 과정이다. 고객의 실제 행동을 검증하는 실험이 가능하도록 핵심 가설을 분류하고 쪼개 하나의 구체적인 아이디어로 정의하는 것이 핵심이다. 실험을 설계하는 방법을 걱정하는 것은 아직 이르다. 가설을 확인하고 분류하는 데 집중하자.

만약 테스트 과정의 어려움을 예상하고 핵심 가설을 슬쩍 숨기면 사업의 건전성에 영향을 미치는 주요 변수를 빠뜨리는 위험한 결과를 낳을 것이다.

가설 검증을 통해
위험 요소를 줄여라

Test Key Assumptions

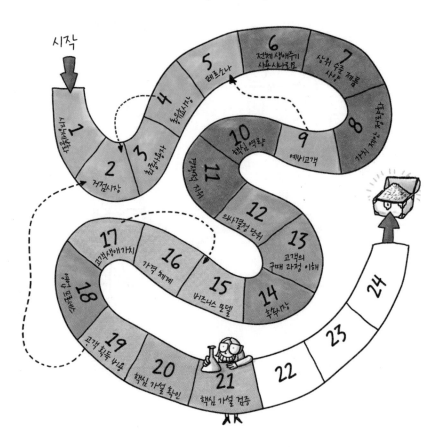

21단계 과제

- 핵심 가설의 채택 또는 기각을 결정할 수 있는 실험을 설계한다.
- 가설을 실증적으로 검증해 창업의 위험 요소를 신속하고 효율적으로 줄여 나간다.

핵심 가설을 한꺼번에 엮어놓고 잘 들어맞는지 판단하기 전에
과학적 접근 방법으로 하나하나 개별적으로 테스트하자.

핵심 가설을 확인했다면 비용이 가장 적게 들고, 가장 빠르며, 가장 쉬운 방법으로 가설을 검증하는 실험을 설계해야 한다. 목표는 가설을 지지 또는 반박하는 경험 자료를 수집하는 데 있다. 여기서 실험이란 제품 모형을 제작하거나 통계자료를 암호화해 결론을 도출하는 거창한 작업이 아니라 논리적 사고로 타당하고 신뢰성 있는 결론을 이끌어내는 검증 과정을 말한다. 철저한 시장조사와 페르소나에 대한 연구는 핵심 가설을 검증하는 단계에서도 빛을 발한다.

사실 이 실험은 매우 간단하기 때문에 좀 더 일찍 시도해도 상관없다. 그렇다고 아쉬워할 것은 없다. 이제까지 거쳐 온 과정과 학습 덕분에 지금 이 순간 핵심 가설이 무엇인지 정확히 알고 집중할 수 있는 것이다. 모든 지식을 동원하고 제품시장 적합성 Product-market fit에 몰입하면 효율적인 실험 설계와 실행도 문제없다.

물론 당장 떠오르는 여러 가설을 다양한 실험으로 테스트한 후 일부 실험에서 긍정적인 결과가 나왔다고 해서 사업의 성공을 보장할 수 있는 것은 아니다. 사회과학에서 반증은 가능할지 몰라도 입증은 어렵다는 사실을 기억하라. 성공적인 실험은 성공적인 창업을 암시할 뿐이다. 시장조사와 이 단계의 실험을 결합했을 때 우리가 얻는 것은 보다 나은 고객 이해, 성공에 대한 좀 더 굳은 확신이다.

—

가설 테스트
시작

—

핵심 가설을 확인하는 단계에 충실했다면 검증은 어렵지 않다. 예를 들어 비용 추정을 검증하고 싶다면 공급업자에게 비공식적으로 견적 요청서request for quotation, RFQ를 보내 비교해보면 된다. 어느 부분에서 잘못 추정했는지 가능한 한 빨리 알아내야 한다.

등대고객이나 핵심 고객의 관심 정도를 확인하려면 다음 중 어디에 해당하는지 판단하라.

- 대금 선불 완납(최고)
- 착수금 지불(성공)
- 의향서letter of intent 작성(양호)
- 시범 도입 동의(그런대로 괜찮음)
- 제시하는 조건을 충족시키면 구매 의사 있음(확신하기 어려우나 나쁘지 않음)

고객과 직접 만날 계획이라면 경험이 풍부한 제3자와 동행해 고객이 진짜 관심이 있는지, 예의상 흥미를 보이는 것인지 아니면 정보 수집 차원에서 만나는 것인지 판단해달라고 부탁해도 좋다.

등대고객 또는 핵심 고객 여부를 테스트하려면 반드시 다른 고객과 함께 있는 자리에서 위의 조건 중 어디에 해당하는지 살펴야 한다. 특정 고객의 의사에 따라 다른 고객들이 어떻게 움직이는지 패턴을 살펴라.

사례

가설 1: 25~34세 스마트폰 사용자는 날씨 정보 앱을 참고해 무엇을 입을지 결정한다

여기에는 두 개의 가설이 섞여 있다. 첫 번째 가설은 스마트폰 사용자는 스마트폰을 이용해 기상예보를 확인한다는 것이고, 두 번째 가설은 스마트폰의 날씨 정보를 참고해 의상을 결정한다는 것이다.

첫 번째 가설을 검증하기 위해 창업 팀은 목표고객에게 접근해(헬스클럽, 식당, 사무실 밀집 지역 등) 스마트폰에 날씨 정보 앱이 깔려 있는지, 그 앱을 이용하는지 질문했다. 그렇다고 대답한 응답자는 90퍼센트였고 이로써 이 가설은 채택되었다. 더불어 시장 동향 보고서 등을 찾아 날씨 앱이 가장 인기 있는 스마트폰 앱이라는 사실을 확인했다.

두 번째 가설의 검증에서는 상반된 결과가 함께 나왔다. 한 그룹에서는 옷을 고를 때 스마트폰 날씨 앱을 참고한다는 응답자가 30퍼센트 이하였지만, 다른 그룹에서는 70퍼센트 이상으로 나타났다. 왜 그럴까? 첫 번째 그룹은 조사 대상이 대부분 남성이었고, 두 번째 그룹은 여성의 비중이 월등히 높았다. 가설 실험으로 중요한 세분화 기준을 발견한 것이다. 이는 곧 첫 단계인 시장세분화가 충분치 않았음을 의미한다.

어쨌든 창업 팀은 큰돈을 들이지 않고 고객의 우선순위가 성별에 따라 크게 달라진다는 소중한 정보를 신속하게 얻었다. 이후 목표고객을 다시 세분화해 실험했을 때는 그들의 가설이 옳다는 것이 밝혀졌다.

가설 2: 25~35세 '네오 히피'Neohippies는 스마트폰으로 식료품을 쇼핑한다

이것은 홀 푸드 마켓Whole Foods Market(미국의 유기농 식품매장—옮긴이)에서 유기농 식료품을 구입하는 젊은 층에게 모바일 쇼핑 도우미 서비스를 제공하려는 팀의 사례다. 이 팀은 스마트폰으로 쇼핑하는 데 익숙한 학생들이었고 다른 사람들도 자신과 똑같을 거라고 가정했다. 이것은 반드시 검증이 필요한 가설이었다.

이 팀은 먼저 홀 푸드 마켓을 찾아가 목표고객의 특징을 갖춘 고객들이 쇼핑하는 모습을 관찰했다. 그런데 스마트폰을 이용하는 사람이 단 한 명도 없었다. 믿기지 않는 현실이었지만 다른 매장에서도 동일한 상황을 목격한 후 그들은 현실을 받아들이기로 했다.

그들이 쇼핑객을 인터뷰했을 때 의외의 사실이 드러났다. 쇼핑객은 대부분 아이폰을 갖고 있었지만(아이폰이 처음 출시된 때였다), 아이폰을 이용해 쇼핑하는 데는 관심이 없었다. 기존의 익숙한 쇼핑 방식을 바꿀 의향이 없었던 것이다. 이 팀은 초점을 완전히 바꿔 다른 앱과 다른 목표고객을 선정했다. 쇼핑 서비스 앱이 시장에서 통용될 거라는 그들의 생각은 당시로서는 시기상조였다.

가설 3: 페이스북을 통한 여론조사가 전통적인 전화조사보다 더 정확하다

어느 정치학 전공자가 휴대전화 보편화와 일반전화 해지 증가 현상이 여론조사의 신뢰성에 미치는 영향을 고민했다. 자동 다이얼링 시스템을 이용한 휴대전화 가입자와의 접촉을 금지하는 법률로 인해 휴대전화 여론조사는 일일이 번호를 눌러야 했기 때문에 비용 면에서 불리했다.

결과적으로 휴대전화만 사용하는 인구가 다수를 차지하는 지역의 여론 조사 결과는 왜곡될 가능성이 컸다. 그는 특정 지역에만 노출돼 클릭한 방문자의 정보를 알 수

〈도표 21-1〉 **여론조사 광고 두 번째 버전: 허먼 케인**Herman Cain**의 지지**

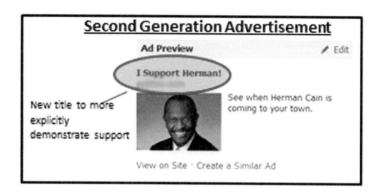

있는 페이스북 광고를 이용하면 노동집약적인 전화조사보다 저렴하고 신속하게 여론조사를 할 수 있을 거라는 가정을 세웠다.

실험은 야간에 100달러짜리 페이스북 광고를 실제 집행하며 시작됐다. 이때 뉴햄프셔 주 2012년 대통령 예비 선거를 실험 대상으로 정해 페이스북 광고 클릭률과 전문기관 조사 결과를 비교했는데, 클릭률은 예비선거 결과를 정확히 예측하지 못했다. 그는 새로이 광고 디자인을 바꾸면 예측률이 올라갈 거라는 가정을 세웠다. 며칠 후 50달러를 지불하고 헤드라인을 바꾼 다른 광고를 실험했다(도표 21-1).

다른 주를 대상으로 한 두 번째 시도는 10만 달러를 지출하며 며칠 동안 고생한 여론조사기관의 결과와 유사했다. 이 실험을 통해 그는 가설을 검증했을 뿐 아니라, 여론조사기관들이 페이스북의 타깃팅 광고를 이용한 포커스 그룹focus group 조사에 흥미를 보인다는 사실을 발견했다. 이것은 단순한 선거 결과 예측보다 활용 범위가 훨씬 더 넓은 시장 기회였다.

가설 4: 영감을 불러일으키는 주제가 주어지면 사람들은 글을 쓰려고 한다

학생들이 처음 이 아이디어를 내놨을 때 나는 논리적이지도 혁신적이지도 않다고 생각했다. 그것은 이동용 음식 판매 차량과 커피 수요 증가라는 시장 트렌드를 결합해 캠퍼스 근처에서 '맛있는' 커피 트럭을 운영해보겠다는 계획이었다.

창업 팀은 트럭에 '인스파이어드'Inspired(영감을 받은, 발상이 멋진)라는 간판을 달면 그 이름에 영감을 받은 열혈고객이 모여들 거라고 강한 자신감을 내비쳤다. 그들의 독창성은 트럭 옆면을 뒤덮은 칠판에 있었다(도표 21-2). 칠판에 매일 주제를 적어놓고 짧은 문장을 완성하게 하면 누군가의 글이 곧 다른 이에게 영감을 준다는 아이디어다. 창업 팀은 여기에 창작의 동반자인 고급 커피가 함께할 경우 고객이 모여들 수밖에 없다고 예측했다. 그들의 핵심 가설은 '사람들은 평범한 칠판과 영감을 불러일으키는 주제에 매력을 느낀다'는 것이었다.

하여튼 잠재고객이 자발적으로 글을 쓰는지 실험해볼 필요가 있었다. 실험 공간은 늘 학생들로 북적거리는 MIT 스테이타 센터Stata Center의 복도에 걸린 칠판이 제격이었

〈도표 21-2〉 **인스파이어드 커피 트럭**

〈도표 21-3〉 글짓기 주제: 나를 미소 짓게 만드는 것(오전 여덟 시)

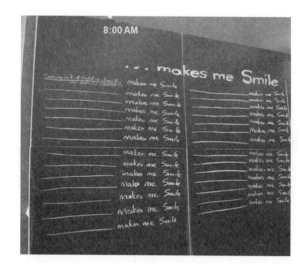

다(커피 판매 트럭과 유사한 환경이다). 창업 팀은 동료들에게 작문 숙제를 내기 시작했다(도표 21-3).

오전 여덟 시, 창업 팀은 '나를 미소 짓게 만드는 것은……'이라고 적은 뒤 학생들이 빈 칸을 채우길 기다렸다. 네 시간이 지난 정오의 칠판은 그림으로 확인하기 바란다(도표 21-4). 학생들의 적극적인 참여로 칠판은 꽉 찼다. 학생들은 재치 있는 답을 쓰면서 스스로를 표현하고 다른 이들의 창의적인 의견을 유도하는 과정을 즐겼다. 특히 '나를 미소 짓게 만드는 것은 커피!'라는 문장은 창업 팀을 기쁘게 해주었다.

창업 팀은 다른 날, 다른 주제로 똑같은 실험을 반복했다(도표 21-5). 이번에는 '죽기 전에 하고 싶은 일은……'이었다. 이번에도 실험은 대성공이었다. 칠판은 가지각색의 아이디어로 넘쳐났고 빈 공간에 추가 설명까지 적는 학생도 있었다(도표 21-6).

〈도표 21-4〉 글짓기 주제: 나를 미소 짓게 만드는 것(정오)

〈도표 21-5〉 글짓기 주제: 죽기 전에 하고 싶은 일(오전 여덟 시)

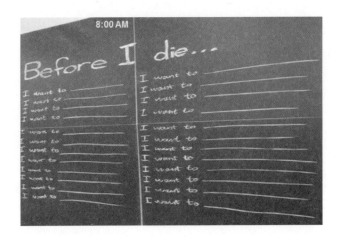

〈도표 21-6〉 글짓기 주제: 죽기 전에 하고 싶은 일(정오)

창업 팀은 가설을 지지하는 실제 자료를 확보함으로써 복잡한 논리나 토론보다 훨씬 더 설득력 있는 방법으로 검증을 마쳤다. 나는 이 팀에게 'A'를 주었다. 인스파이어드 창업 팀은 추상적이고 이론적인 근거를 찾아 헤매기보다 즐기면서 가설 검증 과제를 이행했다. 창업 과정에서는 이 점도 매우 중요하다.

물론 1차 시장조사와 페르소나 정의 단계의 몇몇 가설에 대한 추가 테스트도 필요하다. 하지만 내가 핵심 가설 확인과 검증 단계에서 기대하는 것은 실행이라는 큰 발걸음을 내딛기에 앞서 지금까지 얻은 모든 지혜로 지난 단계를 되돌아보고 평가하는 일이다. 이 지혜를 활용해 검토가 필요하거나 간과하고 있던 핵심 가설을 확인하고 목표지점을 향해 바른 길로 걸어가고 있는지 판단해야 한다. 그래야 신생기업에게 달라붙는 리스크를 최대한 줄이면서 효율적으로 앞으로 나아갈 수 있다.

S·U·M·M·A·R·Y

비용 추정, 등대고객의 관심도 등을 비롯한 핵심 가설 검증은 지금까지 걸어온 길의 근간이던 시장조사 결과를 뒷받침하고 보완하는 역할을 한다. 이제 시장 조사와 실험 결과를 바탕으로 제품을 설계해 고객에게 파는 일만 남았다.

최소 기능을 갖춘 제품을 만들라

Define the Minimum Viable Business Product(MVBP)

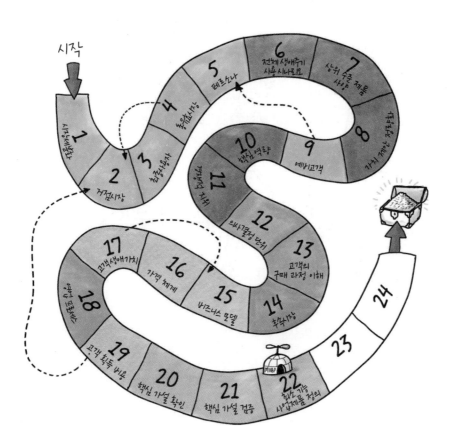

시작

1 시장세분화
2 거점시장
3 최종사용자
4 틈새시장
5 페르소나
6 전체 생애주기 사용 시나리오
7 상위 수준 제품 사양
8 가치 제안 정량화
9 예비고객
10 핵심 역량
11 경쟁 포지션
12 의사결정 단위
13 고객의 구매 과정 이해
14 후속시장
15 비즈니스 모델
16 가격 체계
17 고객생애가치
18 영업프로세스
19 고객 획득 비용
20 핵심 가설 확인
21 핵심 가설 검증
22 최소 기능 상품(제품) 정의
23
24

MVBP

- 고객의 지불 의사에 부합하는 최소 요건 제품을 정의하고 가설을 모두 통합한 시스템 테스트를 진행한다.

만족스러운 제품이 나올 것 같은 좋은 예감이 들지만 안심하기엔 아직 이르다.
이제 우리는 루비콘 강을 건너 제품을 출시한다.
이 순간 허용되는 무기는 기능을 최대한 단순화해 리스크를 극소화한 최소 요건 제품이며
가설 검증은 계속된다.

20 단계와 21단계의 초점이 개별 가설의 검증에 있었다면 22단계와 23단계의 목표는 '최소 기능 사업제품' the Minimum Viable Business. Product, MVBP의 개발과 테스트다. 최소 기능 사업제품은 가장 중요한 핵심 가설만 충족시키는 제품으로 고객의 지불 의사를 전제로 한다. 20단계에서 설명했지만 최소 기능 제품에 대한 린 스타트업의 정의는 너무 제한적이라 '제품'을 정확히 설명하지 못한다. 우리가 만드는 제품은 다음의 세 조건을 충족시켜야 한다.

최소 기능 사업제품의
세 가지 조건

최소 기능 사업제품을 정의하는 세 가지 조건은 다음과 같다. 이 중 어느 하나라도 충족시키지 못하면 이 단계를 끝낼 수 없다.

조건 1: 고객이 제품을 사용해 가치를 얻는다.
조건 2: 고객이 제품에 돈을 지불한다.
조건 3: 제품이 고객 피드백 순환 고리feedback loop를 유도할 만한 충분조건을 갖추고 있고, 피드백을 토대로 제품의 점진적 개선이 이뤄지는 과정이 반복된다.

1단계 시장 세분화에서 1차 고객은 비용을 거의 지불하지 않거나 재화 및 서비스를 무료로 이용하고 제3자, 즉 2차 고객이 1차 고객에 대한 접근권이나 정보를 얻는 대가로 돈을 지불하는 비즈니스 모델을 설명했다. 이 경우 1차 고객은 조건 1과 3, 2차 고객은 세 조건을 모두 충족시키는 최소 기능 사업제품을 설계해야 한다. 이것은 뒤의 사례에서 자세히 살펴보기로 하자. 최소 기능 사업제품은 단순성simplicity과 충분성 sufficiency 사이에서 균형을 유지해야 한다. 아마도 아인슈타인의 말이 도움이 될 것이다. "모든 것을 단순화해야 한다. 더 이상 단순하게 할 수 없을 때까지."

고객이 최대한 빨리 가치를 얻도록 변수를 줄여야 성공 확률이 높다. 머릿속에 그리던 기능을 모두 활용하지 못하더라도 너무 아쉬워할 것 없다. 목표는 분명하고 간단하다. 핵심 가설을 나열해 가장 중요한 가설만 선택하고 가급적 고객이 쉽고 편리하게 사용할 수 있는 제품을 만들어라. 그리고 고객이 구매하는지 확인하라.

사례

자가 운동치료, 홈팀 테라피Home Team Therapy

팀 푸는 전방 십자인대 재건 수술 후 물리치료를 받은 경험을 바탕으로 재활 물리치료 서비스의 개선 아이디어를 내놓았다. 마이크로소프트의 동작 인식 센서인 키넥트 Kinect가 나왔을 때, 그는 환자가 스스로 프로그램에 따라 정확히 운동하는지 확인하며 물리치료사와 의사의 피드백도 받을 수 있는 자가 운동치료의 가능성을 예감했다.

키넥트는 키보드, 음성, 터치가 아니라 사용자 동작 기반의 인터페이스로 엑스박스 Xbox 비디오 게임기를 위해 개발한 하드웨어와 소프트웨어지만 일반 컴퓨터에 연결해

〈도표 22-1〉 키넥트 인식 화면이 중앙을 차지한 홈팀 테라피의 화면

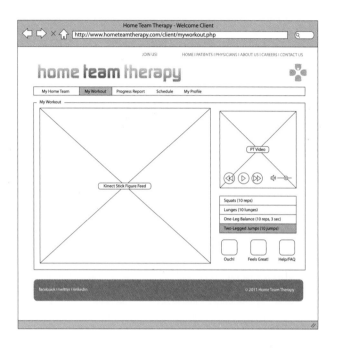

서도 사용할 수 있다. 팀 푸는 비디오 게임 시장 제품에서 자신의 비전을 구체화할 결정적 도구를 찾은 셈이다. 그러나 현실은 녹록치 않았고 무엇보다 자원이 부족했다. 그는 의사와 환자가 온라인 물리치료 서비스를 사용하고 구매할 가능성이 있는지 테스트하기 위해 최소 기능 사업제품을 설계하기로 했다. 처음에 그는 여기에 키넥트 시스템을 포함하고 싶은 마음이 간절했다. 시장의 눈길을 단숨에 사로잡을 수 있을 거라는 생각이 들었기 때문이다. 〈도표 22-1〉은 첫 번째 테스트 화면인데 동영상을 따라 연습하는 환자를 키넥트로 인식한 영상이 화면의 대부분을 차지한다.

팀 푸는 여기서 멈추지 않았다. 그는 계속해서 핵심 가설을 테스트하고 고객 피드백을 받는 데 필요한 최소한의 요건을 고민했다. 그 결과가 〈도표 22-2〉의 화면이다.

여기에 홈팀 테라피의 비전을 내다보게 해준 키넥트 시스템은 포함되지 않았다. 결과적으로 그 판단은 옳았다. 운동치료에 대한 시범 동영상 그리고 의사와 피드백을 주고받는 간단한 기능만으로도 최소 기능 사업제품의 요건을 충족했으니 말이다. 그는 최대한 단순화해 기술적 리스크와 기타 하드웨어 구매, 컴퓨터 활용 가능성, 키넥트의 사용 편의성 등의 문제를 제거했다.

그가 최소 기능 사업제품으로 테스트하려 한 가설은 다음과 같다.

① 환자들이 서비스에 가입할까?
② 환자들이 시스템을 사용할까?
③ 의사들이 서비스에 가입할까?
④ 고객이 비용을 지불하려고 할까?
⑤ 이것이 진정 고객이 원하는 기능일까?
⑥ 고객이 홈팀 테라피의 기능에 돈을 지불해도 아깝지 않다고 생각할까?
⑦ 지금 만족하더라도 고객의 요구사항과 우선순위가 변할 가능성은 없을까?

물론 키넥트 시스템처럼 눈길을 끄는 기능이 나중에 추가될 수도 있지만 지금은 아니다. 그는 최소 요건을 현명하게 정의했고 가슴 뛰는 비전과 첨단 기술에 이끌려 길을 잃는 실수를 저지르지 않았다. 즉, 그는 단순화에 성공해 핵심 가설을 검증할 기회를 만들었다. 따라서 고객의 피드백을 받아들이고 제품을 지속적으로 개선해 나가면 성공 가능성이 클 것이다.

〈도표 22-2〉 운동치료 동영상이 중앙을 차지하는 홈팀 테라피의 화면

그는 친구, 가족, 물리치료사에게 테스트한 결과 시범 동영상이 정보수집 단계에 있는 환자에게는 유용하지만 장기적으로는 더 많은 가치를 주는 기능이 필요하다는 평가를 받았다. 고객과 기업이 얻는 가치를 극대화하기 위해 어떤 기능을 포함하고 어떻게 설계할 것인지 결정하는 것은 결국 창업자의 몫이다.

맞춤형 패션 정보, 스타일업 StyleUp

패션잡지《럭키》Lucky와《뉴욕》New York의 패션 에디터였던 켄달 헤릅스트는 잡지를 비롯한 전통적인 패션 정보 매체와 여성들이 실제로 옷을 고를 때 참고하는 정보원 사이의 간극을 발견했다. 그녀는 자신의 고민을 해결하고 아이디어를 구체화하기 위해 경영대학원에 입학했다. 첫해에 그녀가 내린 결론은 각자의 개성과 날씨를 고려한 전

문가의 조언이 필요하다는 사실이었다.

헤릅스트는 여성들이 정작 옷을 입을 때는 600쪽짜리 잡지보다 간단명료하게 요약한 맞춤식 정보를 원한다고 가정했다. 일단 그녀는 친구 몇 명에게 매일 각자 참고할 수 있는 의상 사진과 날씨 정보가 담긴 이메일을 보내 가설을 테스트했다(도표 22-3).

반응은 굉장히 만족스러웠고 이메일 수신자는 곧 마흔 명으로 늘어났다. 그들은 대부분 헤릅스트의 친구로 각자의 취향이나 시도해보고 싶은 스타일을 물어볼 수 있었다. 그 과정에서 그녀는 중요한 통찰력을 하나 얻었다. 친구들 중에는 아침 일찍 이메일을 확인하고 싶어 하는 친구도 있고, 전날 밤에 정보를 받고자 하는 친구도 있었다. 또한 추천한 의상과 비슷한 옷이 없으면 당장 구입하기를 원했다. 무엇보다 중요한 소득은 알지 못하는 여성들 사이에서 헤릅스트의 이메일이 돌고 있고 그들도 꾸준히 이메일을 확인한다는 점이었다.

〈도표 22-3〉 **스타일업 이메일**

그녀는 충분한 시장 가능성을 확인했지만 안타깝게도 기술이 없었다. 그때 구원투수로 나선 사람이 세일스포스닷컴Salesforce.com 출신의 엔지니어 라이언 최였다. 그는 헤롭스트를 도와 사진을 분류하고 일대일 이메일이 아니라 한꺼번에 많은 독자에게 메일을 전송하는 프로그램을 개발했다. 그리고 가설 검증 단계에서 얻은 소중한 피드백을 반영하기 위해 개인별 발송 시간 설정과 쇼핑몰 링크 같은 기능도 구현했다.

패션 정보의 이메일 발송으로 시작된 아이디어가 확대돼 1차 고객과 2차 고객이 존재하는 비즈니스 모델이 된 것이다. 1차 고객은 무료 이메일을 수신하는 여성들이고, 2차 고객은 유통업체 등 패션산업 판매자들로 그들은 제품에 대한 1차 고객의 구매 의향 등 소중한 정보를 얻었다(도표 22-4).

켄달 헤롭스트와 라이언 최는 곧바로 최소 기능 사업제품을 만들었다.

- 날씨와 스타일에 따라 사진을 분류하는 시스템
- 일 단위 메일 발송 시스템
- 목표고객(바쁜 전문직 여성)이 닮고 싶어 하는 아름다운 여성들의 사진 데이터베이스(저작권 문제로 원본 링크로 제공) 구축
- 사용자들의 서비스 사용 실태, 몰입도 등을 분석하는 툴

그들은 많은 자원을 투입하지도 않았고 너무 앞서가서 돌아오기 힘든 결정을 내리지도 않았다. 두 사람이 최소 기능 사업제품에서 기대한 것은 여성들이 그들의 가치제안에 반응해 회원으로 가입하고 이메일을 확인한 뒤 친구들에게 소문을 내는 것이었다.

물론 그들은 기능 추가가 필요하다는 사실을 알고 있었다. 그러나 우선 기본만 갖

〈도표 22-4〉 스타일업 회원 가입 페이지

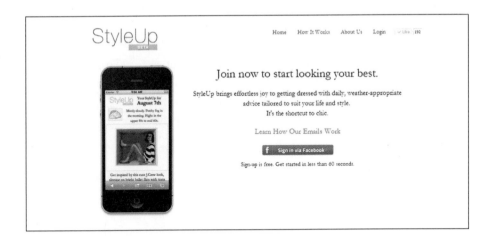

춘 최초 버전을 선보인 후 확실한 안내를 받아 요구사항과 우선순위를 정할 계획이었다. 아직까지는 목표고객과 함께 가능한 한 빨리 피드백의 순환 고리 속으로 들어가는 것을 목표로 삼고 있다.

그들은 사진의 옷을 클릭하면 쇼핑몰로 바로 이동하는 기능을 넣어 2차 고객이 얻는 가치와 1차 고객의 접근권에 대한 지불 의사도 테스트했다.

통합 마케팅 플랫폼, 스라이브하이브ThriveHive

전혀 다른 길을 걸어온 두 친구 맥스 파인지흐트와 애덤 블레이크(파인지흐트는 인텔과 아마존에서 근무했고, 블레이크는 중소기업에서 일했었다)는 내 수업을 듣고 중소기업을 위한 혁신적인 마케팅 툴을 구상했다. 두 사람은 마케팅에 관한 모든 정보를 효율적으로 제공하고 사이트 분석, 이메일, 소셜 미디어, 소개책자 발송 등의 방법론과 도구를 망라하는 마케팅 플랫폼을 구축하고자 했다.

서비스의 핵심은 마케팅 도구의 성과를 데이터로 보여주는 고객 분석 보고서였다. 그들은 마케팅 도구 개발을 각각 전문업체에 맡겨 비용을 최대한 줄이기로 했다. 이들의 목표고객인 중소기업이나 소규모 영세업체는 기본형 99달러부터 시작하는 서비스 종류에 따라 월 단위로 이용료를 지불한다.

첫 번째 난관은 모든 도구의 '통합'이라는 가치 제안을 충족시키는 최소 요건의 정의였다. 처음엔 실시간 반응 분석이 가능한 수단, 가령 페이스북이나 트위터 등의 소셜 미디어만으로 서비스를 구성하기로 했다. 이때 그들은 부가 기능 없이 기본 기능만 허용했다. 계정을 등록해 포스트를 올릴 수는 있어도 댓글을 달거나 자신의 뉴스피드를 확인할 수는 없다는 얘기다. 또한 그들은 이메일 캠페인을 지원하는 대량 메일 발송 프로그램도 추가했다. 이것 역시 편집 기능이 제한적인 기본형 서비스였다.

개발업체의 일정이 지연될 때마다 그들은 긍정적인 자세로 프로그래머들을 독려하며 일을 진행했다. 예를 들면 포스트카드 빌더Postcard Builder가 개발한 엽서 발송 프로그램은 내용을 입력한 후 사용자가 보내기 버튼을 클릭하면 첨부파일과 수신자 주소 업로드 화면으로 넘어가야 한다. 이는 곧 비용이 발생한다는 의미다. 그러나 최소 기능 사업제품에서는 보내기 버튼을 누르면 거기서 끝나는 걸로 되어 있었다.

완벽한 프로그램보다 일단은 제휴업체와 시스템을 완전히 통합하는 데 걸리는 시간과 비용을 줄이는 것이 먼저였다. 그다음 과정은 이렇게 진행되었다. 고객이 보내기 버튼을 누르면 창업 팀의 이메일 수신함에 고객이 작성한 엽서가 도착한다. 그러면 포스트빌더의 웹사이트에 로그인해 엽서를 작성해서 프린트한다. 예정된 날짜에 맞춰 우체국에 가서 우표를 붙이고 발송한다. 스라이브하이브는 거액의 투자 유치를 결정하기 전에 특정 기능에 대한 고객의 선호도와 지불 의지를 충분히 테스트했다.

SUMMARY

이전 단계에서 사업의 개별 요소를 검증했던 것과 달리 최소 기능 사업제품
MVBP의 정의는 고객에게 실제로 가치를 제공하는 제품을 통합적으로 검증하는
일이다. 실제 고객의 피드백이 본격적으로 시작되는 이 단계는 일종의 시스템
테스트다. 앞으로 남은 과제는 지속적인 제품 개선이다.

목표고객에게 제품을 테스트하라

Show That "The Dogs Will Eat the Dog Food"

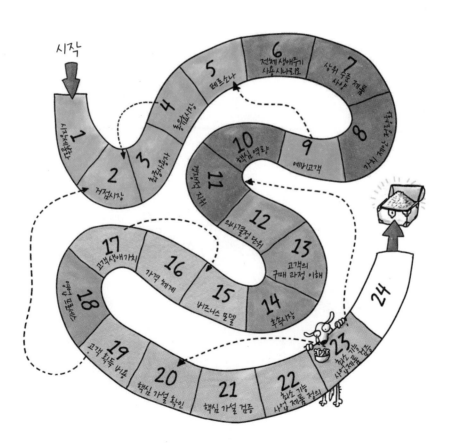

- 고객이 최소 기능 산업제품에 돈을 지불할 것이라는 주장을 정량적인 지표로 뒷받침한다.
- 최소 기능 사업제품에 대한 고객의 입소문 정도를 측정하는 양식을 만든다.

시장에 출시한 제품을 고객이 선택하고 있다는 증거를 제시하자.
장밋빛 청사진은 접어두어라. 객관적인 데이터가 필요하다.

목표고객에게 최소 기능 사업제품을 가지고 가서 고객이 하나로 통합한 가설을 받아들여 돈을 지불하는지 테스트하자. 개별 가설이 시장과 결합할 때도 효과적으로 작동한다는 사실을 증명하자.

이쯤에서 내가 재미있는 이야기를 하나 들려주겠다. 지어낸 얘기지만 씁쓸하게도 현실과 크게 다르지 않다.

오래전, 상아탑Ivory Tower이라는 외딴 마을에 맛있는 개 사료를 만들겠다는 꿈을 꾸는 어느 화학자가 살았다. 그는 개에게 건강과 행복을 선사해 재정적, 정신적으로 풍족한 삶을 살게 해주고 싶어 했다.

불철주야 실험에 매달린 끝에 드디어 화학자는 획기적인 화학식을 발견했다. 그 내용을 기반으로 만든 새로운 사료는 영양학적으로 매우 우수할 뿐 아니라 비용도 이미 시장에 나와 있는 최저가 사료의 10분의 1밖에 들지 않았다. 또한 밤에 잘 자고, 성격이 온순해지고, 털이 빠지지 않고, 이빨이 누렇게 변하지 않고, 낯선 사람에게 짖지 않고, 주인에게 잘 복종하는 등 새 사료가 주는 가치는 일일이 손으로 꼽을 수 없을 정도였다.

실험실에서 정교하게 설계한 화학적 테스트를 거친 결과, 맛도 더 훌륭한 것으로 나타났다. 논리적으로 모든 것이 완벽했다. 현실이라고 믿기지 않을 만큼 엄청난 시장 잠재력까지 갖췄으니 더 바랄 게 없었다.

화학자는 곧장 300만 달러를 끌어 모아 대규모 사료 공장을 지었다. 물론 유통업체와 계약을 맺고 대대적인 마케팅 캠페인도 벌였다. 문득 그는 배우 재키 글리슨Jackie Gleason이 코미디 영화 《허니무너스》The Honeymooners에서 "이러다가 달나라까지 가겠는데!"This thing is going to the moon, Alice라고 한 말을 떠올렸다.

드디어 고객들이 그 사료를 구입해 사랑하는 애견의 밥그릇에 수북이 담아주었다. 그 결과가 어땠냐고? 안타깝게도 새 사료를 먹는 개는 한 마리도 없었다. 개들은 아예 사료를 거들떠보지도 않았다. 결국 화학자의 회사는 한순간에 폭삭 망해버렸다.

'말도 안 돼, 이런 일이 실제로 일어날 리는 없어'라고 생각할지도 모르지만, 사실은 우리 주위에서 늘 벌어지는 일이다.

1980년대와 1990년대 초반 내가 IBM에서 일할 때, '전자의무기록'electronic medial records 이라는 것은 말이 되는 사업 아이템이었고 그래서 똑똑한 인재들이 달려들었다. 그런데 결과는 어찌 되었는가? 충분한 기술과 설득력 있는 논리에도 불구하고 아무리 시간이 흘러도 의사들은 사용하지 않았다. 마치 개들이 사료를 거부한 것처럼. 마침내 상황이 변하긴 했지만 기업들은 타이밍을 놓쳐버렸다. 그 20년 동안 수백 개의 기업이 생겨났다가 곧바로 사라지는 일이 벌어졌다.

22단계를 지나오며 구축한 고객 정보와 경험에 비춰볼 때 창업가들이 제품 경쟁력을 자신하는 것은 꽤 논리적으로 보인다. 그러나 개별 주체로서 개인은 낯설고 혁신적인 제품을 기꺼이 수용하지만, 그룹 혹은 집합으로서의 인간이 언제나 합리적인 결정을 하는 것만은 아니다. 이미 오래전부터 행동경제학자를 중심으로 비합리적인 인간 행태에 관한 연구가 활발히 진행 중이다. 만약 당신이 논리적인 방법론에 따라 가설 검증을 마쳤다면, 위의 이야기처럼 막대한 돈과 시간을 투자하기 전에 개가 사료를 먹을 것인지 확인하라! 하나 더, 개 주인이 돈을 지불하고 사료를 구입할 것인지도 확인하라!

제품의 최초 가격은 목표고객의 지불 의사를 확인하는 과정에 큰 영향을 미치지 않는다. 허브스팟의 공동창립자 다메시 샤의 표현을 빌리자면 '고객의 주머니 사정을 베타테스트'^{beta-test their wallet} 할 정도면 충분하다.

개들이 사료에 열광하는 정도가 기대에 미치지 못하더라도 최소 기능 사업제품에 관한 실제 데이터를 얻는 것만으로 충분히 의미가 있다. 계속 강조하지만 고객의 피드백을 받아 제품을 개선하는 순환 과정이 지속될 때 고객의 선택이라는 보물섬 지도를 손에 넣을 수 있다. 사료에 대한 개의 선호도를 측정하는 도구는 아주 많으므로 충분히 활용하기 바란다.

가장 중요한 것은 목표고객의 제품 채택 여부를 확인하는 과정이지만, 고객이 총유효시장에 존재하는 다른 이에게 제품의 가치를 알리고 지지하는 정도를 측정하는 과제도 이에 못지않게 중요하다. 긍정적인 입소문이 얼마나 널리 확산되고 있을까? 이를 측정하는 도구를 바이러스 계수^{virality coefficient}라고 부르기도 하는데 가능하면 고객이 다른 사람에게 제품을 소개하는 정도를 측정할 방법을 찾아보자. 입소문은 고객 획득 비용을 줄이는 최고의 방법이다.

사례

스타일업의 고객 반응과 지불 의사 측정

드디어 켄달 헤롭스트와 라이언 최가 최소 요건을 갖춘 제품으로 목표고객의 관심과 채택을 확인하는 순간이 왔다. 이때 두 사람은 여성들이 흥미를 느껴 친구들에게 회원으로 가입하자고 권유하는 반응을 기대했다. 꾸준한 관심과 회원 증가는 사업 기회

를 검증하는 주요 변수다.

목표고객의 관심은 두 가지 지표로 측정 가능하다. 하나는 이메일 오픈율이다. 다른 하나는 클릭률로 회원들이 사진의 옷을 클릭해 쇼핑몰로 들어갈 때 두 사람은 2차 고객에게 돈을 벌 수 있다.

고객은 대부분 매일 이메일을 확인했다. 평균 다섯 번을 열어보는 회원도 있었는데 내용을 다시 확인하거나 친구에게 전달하기 위해서일 것이다. 이메일 오픈율은 70퍼센트로 업계 평균인 14퍼센트를 훨씬 웃도는 수치였다(도표 23-1). 이것은 고객이 스타일업의 서비스에 관심이 많고 앞으로 계속 이메일을 받고자 한다는 의미로 해석해도 무방하다.

이들은 든든한 지원군도 얻었다. 구글의 쇼핑 에디터인 아델 맥켈빈이 "스타일업은 내일 입을 옷을 고민할 때 유용한 정보와 아이디어를 제공한다. 날씨에 따라 입는 법이 아니라 날씨에 맞춰 멋지게 꾸미는 방법을 알려준다"라고 소개한 것이다.

친구들에게 스타일업을 추천하는 고객의 반응을 확인하는 일도 어렵지 않았다. 회원으로 가입하는 방문자의 사이트 유입 경로를 추적하면 정확한 데이터를 구할 수 있다. 처음 몇 달 동안 짤막한 기사 외에 어떠한 마케팅도 없이 1,500명이 소문을 듣고 회원으로 가입했다. 8,000명의 회원이 모였을 때도 마케팅 투자는 미미했지만 성장률은 20퍼센트를 기록했다. 이로써 스타일업은 여성이 진정으로 만족하며 다른 사람과 공유하기를 희망하는 제품 창조라는 목표를 실현해갔고 더구나 그들에게는 데이터가 있었다.

순추천고객지수 같은 고객만족도 지표를 보완하면 장기적인 성장 예측도 가능하다. 순추천고객지수는 입소문의 강도뿐 아니라 재구매율 예측에도 도움을 준다.

그러면 다시 사료 이야기로 돌아가 보자. 화학자는 하나를 더 확인해야 한다. 개와 관련된 혹은 관련되기를 원하는 누군가가 돈을 내고 사료를 구입할까?

여성들이 스타일업에 마음을 빼앗겼다는 사실은 분명했고 이제 스타일업은 '그 충성스런 고객을 통해 어떻게 수익을 올릴지, 과연 돈을 벌 수 있을지'에 대해 명확한 답을 찾아야 했다.

IT전문 온라인매체《테크크런치》TechCrunch는 스타일업의 수익 모델이 제휴에 기반을 둔다고 요약했다.[1] 스타일업은 2차 고객 즉 제휴업체에게 세 가지 주요 지표인 이메일 클릭률, 구매전환율과 매출 규모, 거래 수수료를 기준으로 가치를 증명해야 한다. 제휴업체 입장에서는 수수료만 따지면 될 거라고 생각할지도 모르지만 비즈니스 모델에 수정이 필요할 경우를 대비해 확실하고 신뢰성 있는 근거를 모두 제시해야 한다. 이 과정을 통해 창업가들은 신생기업의 생존과 성장의 경제학을 이해한다.

---

1. Leena Rao, "YC-Backed StyleUp Recommends Daily Personalized Outfits Tailored To Your Style and Location," 《TechCrunch》, March 18, 2013, http://techcrunch.com/2013/03/18/yc-backed-styleup-recommends-daily-personalized-outfits-tailored-to-your-style-and-location.

고객 반응과 지불 의사를 측정하는 정량화된 지표를 만들어 설득력 있는 데이터를 제시할 경우, 스스로 사업을 확신하고 잠재적인 전략적 파트너(제휴업체, 투자자 등)의 신뢰도 얻을 수 있다. 데이터가 사업의 성공을 보장하는 것은 아니지만 성공 확률이 높다는 사실은 분명하게 보여줄 수 있다.

스라이브하이브의 고객 반응과 지불 의사 측정

스라이브하이브는 열정적인 중소기업을 위한 마케팅 플랫폼이다. 이 창업 팀은 최소 기능 사업제품을 제작한 후 테스트 고객을 모집해 피드백을 받는다는 조건으로 한시적인 무료 서비스를 제공했다.

몇 달 동안 비공개 베타 버전을 운영한 끝에 두 창업자는 고객이 주로 사용하는 기능과 추가 요구사항에 관해 방대한 자료를 얻었다. 이것은 중요한 피드백이었지만 개 사료의 얘기에 비유해보면 개가 사료를 먹는지, 누가 돈을 지불할 것인지 증명하기 어려웠고 그 판단은 시기상조였다. 누군가가 공짜로 사료를 가져갔다는 사실 외에는 어떤 것도 확실치 않았다.

비공개 베타 버전을 종료한 후, 이들은 테스트 고객에게 한 달 이내에 유료회원으로 전환할 것인지 결정할 선택권을 주었다. 그와 동시에 일반 고객을 대상으로 30일 무료 체험 이벤트를 실시했다. 사료가 마음에 들어 돈을 지불한다는(가격을 넘어서는 가치를 얻으므로) 증거는 유료회원 전환율이 확실히 보여줄 터였다.

한 달 후, 다행스럽게도 베타테스트 고객의 74퍼센트가 유료회원으로 전환했다. 최소 요건을 갖춘 제품에서 가치를 찾은 고객은 기꺼이 돈을 지불하고 계속 사용하기로 결정했다. 여기에 이벤트 결과까지 더해지면 제품의 가치와 지불 의사에 대해 확실한 증거를 수집할 수 있을 것이다.

테스트 고객이 제공한 피드백에 힘을 얻은 맥스 파인지흐트와 애덤 블레이크는 제품 개발에 박차를 가했다. 유료전환율이라는 확실한 데이터는 24단계 이후 벌어질 실전에서도 빛을 발할 게 분명했다.

이들은 세 가지 영역을 더 검증해야 사업의 지속성과 성장성을 확보할 수 있으리라고 판단했다.

- 시장 접근Market Access: 반복 가능한 기술로 목표시장에서 잠재고객을 계속 창출할 수 있을까?
- 영업 프로세스Sales Process: 고객 생애 가치보다 낮은 고객 획득 비용으로 판매할 수 있을까?
- 가치 전달Deliver Value: 고객에게 얻는 가치보다 더 많은 가치를 전달할 수 있을까?

시장 접근 스라이브하이브의 목표고객은 소규모 기업이다(종업원 스무 명 이하). 두 사람은 목표에 도달하는 가장 확실하고 효과적인 방법을 찾기 위해 고민했다. 위치 기반 소셜 게임 스캐빈저SCVNGR 같은 일부 기업은 이 시장에 도달하기 위해 직접 판매 방식을 채택했지만 스라이브하이브는 온라인에 의존해 작게 시작한 다음 점점 확대하기로 결정했다.

처음에는 포털 사이트와 소셜 미디어에 기업의 존재를 알리고 인지도를 높이기 위해 사이트 콘텐츠를 전략적으로 구성하는 데 집중했다. 하지만 시간이 너무 많이 걸렸다. 이들은 방문자 데이터를 하루라도 빨리 얻기 위해 목표고객에게 신속하게 도달하는 구글 검색광고 애드워즈를 실행했다. 모든 활동의 목표는 영업사원 한 사람에게 들어가는 비용을 상쇄할 만한 충분한 잠재고객 창출에 있었다.

6개월 후 월 수백 명의 잠재고객이 발생하는 안정적인 파이프라인을 구축했고 잠재고객 획득에 드는 비용은 고객 가치에 비해 훨씬 낮았다. 무엇보다 기업의 지속적인 성장에 필요한 잠재고객 창출 역량을 쌓았다는 점이 중요했다.

영업 프로세스   시장에서 성공하는 영업 프로세스를 갖췄는지 증명하는 것은 매우 어렵다. 창업 팀은 17단계에서 설명한 고객 단위 경제학의 공식에 맞춰 영업 전문가 한 명을 영입했고 그에게 잠재고객을 실고객으로 전환하는 책임을 맡겼다. 영업 실적에 영향을 미치는 요소는 영업사원의 역량부터 고객관계 유지 과정, 가격 정책에 이르기까지 수백 가지가 넘는다. 이들이 풀어야 할 숙제는 데이터가 전무한 상태에서 영향을 미치는 변수와 효과가 없는 변수를 가려내는 일이었다. 영업 과정은 느리게 흘러갔고 성과는 아직 미미한 수준이어서 전략 수정이 필요한 시점인지, 아니면 시간이 더 필요한지 판단하기조차 어려웠다.

6개월 후 서서히 결과가 나타나기 시작했다. 판매와 서비스 적응 과정에서 고객과 적절히 밀고 당기기, 주요 고객 관리자 영입, 마케팅을 통한 충분한 잠재고객 창출이 효력을 발휘한 것이다.

가치 전달   스라이브하이브는 고객에게 얻는 가치보다 그들에게 제공하는 가치가 더 커야 한다고 생각했다. 이는 당연한 얘기 같지만 그 정반대의 철학에 기대 성공한 기업도 꽤 많다. 마치 정보를 제공하는 기사처럼 가장해 구매를 유인하는 정보 광고 informercial를 생각해보라. 이것은 대단한 사업수완이지만 스라이브하이브는 소규모 기업 시장에서 장기적으로 성공에 이르는 길은 더 많은 가치 전달이라고 판단했다. 고객이 너무 빨리 떠나버리면 고객 획득 비용은 감당하기 어려울 만큼 커진다.

이들은 가치 전달 과정을 평가하기 위해 세 가지 핵심 지표인 월 고객이탈률, 추천 고객 비율, 고객만족도에 주목했다. 특히 고객이탈률을 정확히 파악하기 위해 처음부터 약정 기간을 두지 않기로 결정했다(장기간에 걸쳐 가치를 창출하는 서비스임에도 불구하고). 고객 피드백을 얻는 데 이것이 훨씬 유리하기 때문이다.

시장 접근과 영업 프로세스의 검증을 마쳤을 무렵, 가치 전달에서 기대하던 성과를 거두고 있다는 증거가 나타나기 시작했다. 다음의 증거를 통해 창업 팀은 고객에게 얻는 가치보다 자신들이 제공하는 가치가 더 많다는 사실을 확신했다.

- 제품이 아직 성숙 단계에 이르지 못했음에도 불구하고 고객이탈률이 업계 최저 수준이다.
- 신규 고객 중 기존 고객 추천으로 가입하는 비중이 계속 15퍼센트 이상을 기록한다(추천 고객 할인 등은 없었다).
- 출시할 때부터 함께한 고객의 50퍼센트 이상이 사업을 확대하고 있고, 고객이 스라이브하이브를 통한 마케팅 덕분이라고 말한다.

이들은 시장 접근, 영업 프로세스, 가치 전달 영역에서 모두 성과를 증명할 수 있을 때 고객이 계속 자사 제품을 이용할 것임을 확신할 수 있다고 가정했다.

S·U·M·M·A·R·Y

고객이 실제로 최소 기능 사업제품을 사용하고 돈을 지불하는지 확인하자. 실제 사용 여부와 관심도를 판단할 수 있는 데이터를 수집하라. 고객 또는 고객과 관련된 사람의 지불 의사와 추천 의향도 판단해야 한다. 장기간에 걸쳐 데이터를 수집한 후 변화 추이를 분석하고 원인 변수를 이해하자. 항상 지적 정직성 intellectual honesty 을 유지하라. 추상적인 논리에 의존하지 말고 현실 세계의 데이터를 근거로 삼아야 한다.

제품의 성장 전략을 수립하라

Develop a Product Plan

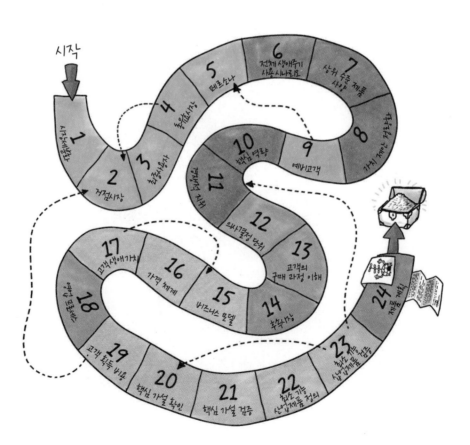

시작

1 시장세분화
2 거점시장
3 최종사용자
4 총유효시장
5 페르소나
6 전체 생애주기 사용시나리오
7 상위 수준 제품 사용흐름
8 가치 제안 정량화
9 예상고객
10 핵심 역량
11 경쟁 포지셔닝
12 의사결정 단위
13 고객의 구매 과정 이해
14 후속시장
15 비즈니스 모델
16 가격 체계
17 고객생애가치
18 영업 프로세스
19 고객 획득 비용
20 핵심 가설 확인
21 핵심 가설 검증
22 최소 기능 사업제품 정의
23 최소 기능 사업제품 검증
24 제품 계획

- 최소 기능 사업제품을 넘어 어떤 기능으로 거점시장을 공략할 것인지 결정한다.
- 거점시장 정복 이후 진출할 인접시장을 선택하고 제품 수정 전략을 수립한다.

비록 최소 요건을 갖춘 제품으로 출발하지만
미래도 지금 계획해야 돼.
물론 상황은 변하겠지.
하지만 우리가 지금 있는 곳은
간단한 체커 게임이 아니라
몇 수 앞을 내다봐야 하는 체스판 위야.
이것이 바로 유연한 계획이 필요한 이유지!

후속시장 규모를 다시 검토할 시기다.
그리고 제품이 더 이상 갈 곳 없는 외딴 섬이 되지 않도록 제품 계획을 수립하자.

개들이 사료를 맛있게 먹는 광경을 확인했다면 제품 성장 전략을 세워야 한다. 제품 계획Product Plan 수립은 14단계에서 전망한 후속시장 규모를 기반으로 한다.

당신은 아마 최소 기능 사업제품MVBP를 정의하면서 반드시 필요한 최소한의 요구사항에 집중하기 위해 몇몇 중요한 기능을 보류했을 것이다. 제품 계획을 수립하는 단계에서는 보류한 그 기능 중에서 페르소나의 요구를 기준으로 나중에 반영할 기능을 선택해야 한다. 비교적 우선순위가 높다고 생각했던 기능도 제품과 고객에 관한 아이디어를 계속 확인해온 지금 재검토하면 판단이 달라질 수 있으므로 보류한 전체 기능을 다시 고민해보자.

제품 개발 원칙을 제도화해 품질과 절대 타협하지 않는 프로세스 및 가치관을 확립하는 것도 이 단계의 주요 과제다. 흔히 새로운 버전을 출시하면 오류를 발견하고 수정하느라 시간이 지체되는 것을 당연시한다. 그보다는 제품의 질을 검증하는 절차를 공식화하고 품질에 대한 몰입이 조직 구조와 구성원의 사고 체계에 깊이 뿌리내리게 하는 것이 낫다. 품질개선 혹은 검증 없이 새로운 기능을 신속하게 시장에 선보이면서 성장을 밀어붙이면 언젠가 품질 문제로 곤혹을 치른다.

시장 확장 시점을 고민하는 것도 중요하다. 페르소나는 하나의 특정 시장, 즉 거점시장에 존재하는 고객이다. 이들이 시장에서 강력한 지위를 차지하면 사실상 표준이 되면서 독점적인 시장점유율을 확보할 수 있다(일반적으로 20퍼센트지만 보통은 그보다 높다). 만약 현금흐름이 포지티브로 돌아서면 다음 시장으로 이동할 준비를 해야 한다. 거점시장은 세력 확장을 위한 출발점일 뿐이다.

후속시장 고객은 다른 특성을 보이지만 당신은 핵심 역량으로 그 수요를 충족시킬 수 있어야 한다. 후속시장 제품은 새로운 페르소나의 수요와 기업의 성장 전략에 따라 달라지며 이때 완전히 다른 제품, 기존 제품의 대폭 수정, 기능으로의 재구성, 똑같은 제품 등 모든 가능성을 열어두어야 한다.

　제품 계획은 언제든 수정할 수 있으므로 세부사항에 집착하거나 너무 많은 시간을 투자할 필요가 없다. 하지만 다음 목표에 대한 큰 그림이 있어야 얻는 것도 커진다는 사실을 잊지 말자.

사례

센스에이블 테크놀로지스

센스에이블은 완구산업과 신발산업의 표준으로 자리 잡은 뒤 보석, 애니메이션, 소비재, 전자제품, 자동차 등의 인접시장으로 이동하기로 결정했다(도표 24-1).

　관련 산업을 자세히 조사하자 두 가지 영역으로 기능 확장이 필요하다는 결론이 나왔다. 첫째, 손으로 빚은 듯한 조각이 아니라 자연스러움과 거리가 먼 규칙적인 형태를 다뤄야 한다. 기하학적 패턴을 고도로 정형화, 양식화된 방법론으로 구현할 필요가 있었다. 둘째, 새로운 시장의 작업 공정에 통합되려면 다양한 3D 파일 포맷을 지원해야 한다. 급속 조형 시스템의 표준 파일 포맷은 기본이고(특히 .stl), 비정형화된 자유곡선의 정교한 모델링이라는 장점 때문에 모든 제조업에서 CAD/CAM 패키지의 표준 포맷으로 채택하는 넙스 방식도 추가해야 했다. 그뿐 아니라 커브와 면을 수학적으로 계산해서 만드는 넙스와 달리 다각형 면의 집합으로 물체를 형성하는 폴리곤polygon(다각형) 기술도 필요했다. 픽사Pixar의 3D 애니메이션을 비롯해 디지털 콘텐츠 제작Digital

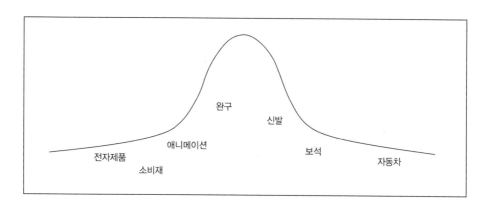

〈도표 24-1〉 센스에이블의 제품 계획 버전 1

완구

신발

애니메이션

전자제품

소비재

보석

자동차

Content Creation, DCC 시장에서는 폴리곤이 표준이기 때문이다.

센스에이블 제품 계획의 첫 번째 버전은 거점시장인 완구와 신발산업에만 초점을 두었고, 두 번째 버전에서 확장 영역으로 선택한 시장은 보석시장이었다(도표 24-2).

거점시장에서 성공하자마자 우리는 보석과 가구 시장으로의 확장을 계획했다. 이 때 정형화된 형태를 쉽게 지원하는 기능을 추가하고 산업 디자인 시장에서 좀 더 광범위한 영역을 포괄할 수 있도록 넙스 포맷을 지원했다. 우리는 여기서 멈추지 않았고 보석과 가구 시장의 정형화된 형태 그리고 최초의 강점이던 자연스러운 조각적 형태의 구현을 모두 훌륭하게 해내는 세 번째 버전의 제품 계획에 돌입했다. 프로엔지니어Pro/E, 카티아CATIA, 솔리드웍스SolidWorks, 유니그래픽스UniGraphics 등 전통적인 CAD/CAM 패키지와의 자유로운 연동은 정교한 제조 공정을 거치는 산업으로의 진출에 필수 요구사항이었다. 프리폼 버전 3은 〈도표 24-3〉과 같다.

한눈에 쉽게 확인할 수 있듯 기능이 점점 확장되고 있다. 더욱이 목표시장과 밀접

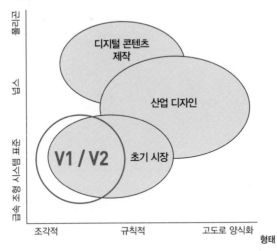

〈도표 24-2〉 센스에이블의 제품 계획 버전 2

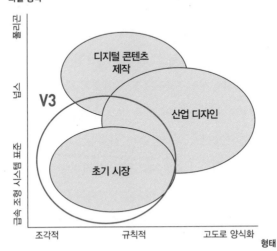

〈도표 24-3〉 센스에이블의 제품 계획 버전 3

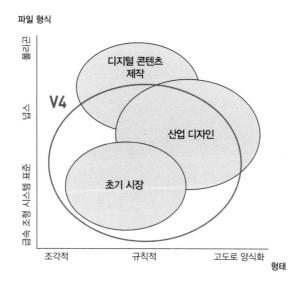

〈도표 24-4〉 센스에이블의 제품 계획 버전 4

파일 형식

폴리곤

넙스

솔리드 조형 시스템 표준

V4

디지털 콘텐츠 제작

산업 디자인

초기 시장

조각적   규칙적   고도로 양식화

형태

하게 연관된 영역으로 제한했기 때문에 우리는 시장 기회가 점진적으로 성장할 것으로 예상했다. 프리폼 버전 4에서도 이 경향은 계속 유지되며 이것은 기능 추가 혹은 개선에 따른 시장 확장이다(도표 24-4).

버전 5를 계획하면서 우리는 마침내 원대한 꿈을 꾸기로 결심했다. 도달해야 할 목표도 분명했다. 우리는 산업 디자인 시장 전체를 아우르는, 즉 완벽한 범용성을 지녀 모든 디자이너가 갖고 싶어 하는 도구를 제공하고 싶었다(도표 24-5).

다섯 번째 버전까지 제품을 계획한 우리는 시장의 요구를 폭넓게 이해하고 구체적인 요구사항을 분류해 계획 속에 담아냈다. 물론 우리는 실제 제품의 진화가 계획대로 진행되지 않을 것임을 알고 있었고 그래도 상관없다고 생각했다.

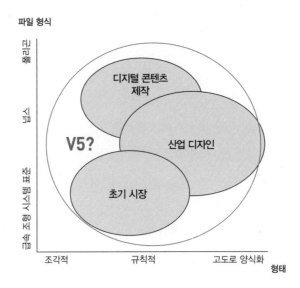

〈도표 24-5〉 센스에이블의 제품 계획 버전 5

파일 형식

풀리곤

넙스

금속 조형 시스템 표준

디지털 콘텐츠
제작

V5?

산업 디자인

초기 시장

조각적   규칙적   고도로 양식화

형태

　2차 세계대전 영웅이자 미국의 제34대 대통령인 드와이트 아이젠하워Dwight Eisenhower
가 말하지 않았던가.

　"계획 그 자체는 아무것도 아니다. 중요한 것은 계획을 세우는 과정이다."

　우리는 계획을 세우는 과정을 통해 새로운 가능성을 고민하고 예기치 못한 장애요
인을 발견하며, 달성하고자 하는 목표에 집중한다. 계획이 중요한 것은 사실이지만 그
것도 목표에 이르기 위한 수단일 뿐이다. 계획은 출발점이다. 도중에 다른 종착역을
향해 방향을 바꿀 수도 있다.

S·U·M·M·A·R·Y

제품 계획의 수립은 총유효시장의 범위를 넓혀 시장 규모를 예측하고 준비하는 과정이다. 출발점에 불과한 거점시장에 너무 깊이 빠지지 말고, 더 높은 곳을 바라보며 앞날을 미리 생각하자. 계속 확장해야 한다. 우리는 계획을 통해 제품 개발과 조직화의 관점에서 장기적인 시각을 유지할 수 있다. 그렇다고 너무 많은 시간을 투자할 필요는 없다. 지금은 고객이 제품을 선택하게 하는 일이 더 중요하다. 그렇지 않으면 인접시장에 진출하기도 전에 자원이 바닥난다. 거점시장을 경험한 후 계획을 수정할 수도 있지만 무계획은 자신만의 체계적인 방법과 노력이 아니라 행운의 여신에게 운명을 맡기겠다는 의미다.

24단계와 그 이후

Postlude: A Business is More than 24 Steps

24단계의 프로그램을 차근차근 따라오며 사다리의 맨 꼭대기에 선 모두에게 축하의 박수를 보낸다. 지금까지 이 책을 손에서 놓지 않았다면 시장 적합성에 딱 들어맞는 완벽한 제품 출시 방법을 터득했으리라 믿는다. 하지만 24단계가 끝이 아니다. 최소 요건을 갖춘 제품을 뛰어넘어 사업 확장 단계에 이르면 또다시 배워야 하고 다음의 과제를 풀어야 한다.

- 기업 문화 구축
- 창업 팀 구성
- 조직 구조 설계와 인사관리
- 제품 개발

- 판매와 영업

- 고객 서비스의 과정 정립

- 재무 계획과 자금관리

- 확장에 필요한 투자 유치

- 기업가적 리더십 발휘와 사업 확대

- '굿 거버넌스'Good Governance 설계

- 기타

위의 과제는 나중으로 미루고 지금은 24단계에 집중하자.

이 책이 좀 더 현명하고 효과적으로 창업하는 방법을 제시함으로써 성공 확률을 높이는 안내자 역할을 하기를 바란다. 자신의 편협한 시각을 실행으로 옮기는 일은 없어야 한다. 특히 직접적인 시장조사나 꾸준한 학습과 수정을 통한 반복적인 문제해결 과정에 유의하자.

창업은 보고 즐기는 스포츠가 아니다. 창업가가 지녀야 할 덕목은 실천과 지성, 그리고 상황에 맞는 행동이다. 창업가가 고객을 대상으로 아이디어와 제품을 테스트하면서 끊임없이 움직이고 진보를 이룰 때, 혁신의 나선형 구조 끝에 있는 성공에 다다를 수 있다.

여전히 해결하지 못한 고민이 있다면 이 책에서 해답을 찾지 말고 시장으로 나가 고객에게 물어보라. 고객의 요구사항을 포착해 체계적으로 해결책을 찾고 이를 통해 지속 가능한 성장을 추구하도록 돕는 것이 이 책이 할 수 있는 전부다.

세상은 훌륭한 기업가의 등장을 간절히 바란다. 문제가 점점 더 어렵고 복잡해지며 파급력 또한 커지고 있기 때문이다. 역사적으로 세상에 최선의 해결책을 선사한 이는 대담한 기상과 역량을 지닌 기업가였고, 나는 앞으로도 그럴 거라고 확신한다. 문제를 해결하려는 과정에서 이 책에서 제시한 24단계의 틀이 도움이 되기를 바란다.

이 책에 대해 개선이 필요한 부분을 알려주면 나 역시 즉각 실행에 옮길 것이다. 우리가 좋아하는 것은 행동이다. 행동하는 독자는 지금 당장 'www.disciplinedentrepreneurship. com'을 방문해주기 바란다.

인접시장adjacent market: 현재 활동하는 시장에서 쉽게 진출할 수 있는 새로운 시장. 페르소나 재정의 필요.

거점시장beachhead market: 사업을 시작해서 제품을 판매하는 첫 번째 시장.

기업business: 목표 달성을 위해 존재하며 외부의 기부금에 의지하지 않고 독자적으로 생존 가능한 조직.

포지티브 현금흐름cash-flow positive: 일정 기간 동안 수취한 현금이 지불한 현금보다 많은 경우.

경쟁적 지위, 경쟁력 포지셔닝competitive position: 기존 혹은 잠재적 경쟁자 그리고 고객의 현상 유지 선택과 비교해 고객의 구매 기준 우선순위 1위와 2위를 충족시키는 정도.

핵심 역량Core: 기업의 지속적인 경쟁 우위의 원천이자 성장 동력.

후속시장follow-on market: 현재 활동하는 시장(이 책에서는 거점시장)에서 의미 있는 시장점유율을 달성한 후 진출하는 시장. 동일한 제품을 판매하는 인접시장 또는 현재 고객에게 추가 제품을 판매함으로써 형성되는 새로운 시장.

이익(률)gross margin: 제품의 한계수입과 한계비용의 차이. 백분율로 표시한 매출총이익률 20퍼센트는 제품 한 단위에서 얻는 수입이 한 단위 생산에 드는 비용보다 20퍼센트 높다는 의미.

혁신innovation: 신규 기업 또는 기존 기업이 상업화한 완전히 새로운 아이디어나 발명.

혁신 기반 창업innovation-based entrepreneurship: 지금까지 존재하지 않던 아이디어나 발명을 근거로 한 기업 설립.

시장market: 재화나 서비스의 거래가 일어나는 시스템. 고객은 유사한 제품을 구매하고 유사한 판매주기와 가치 제안을 적용하며 고객 간 입소문이 존재한다는 세 조건을 충족해야 함.

1차 시장조사, 직접적인 시장조사primary market research: 고객, 잠재고객과 직접 이야기하고 직접 만나며 직접 관찰하는 조사.

제품product: 물리적 재화, 서비스 또는 정보의 제공 및 전달.

제품시장 적합성product-market fit: 특정 시장 고객의 관심 또는 요구와 제품이 일치하는 정도.

제품 마케팅product marketing: 고객 수요 파악과 수요를 충족시키는 제품 계획으로 제품시장 적합성을 발견하는 과정.

목표고객target customer: 제품을 판매하려는 시장의 고객 그룹. 서로 공유하는 특성이 많으며 특정 제품을 구매할 가능성이 크다.

총유효시장Total Addressable Market, TAM: 시장점유율 100퍼센트를 달성했을 때 발생하는 연매출.

한국의 혁신적인 스타트업을 위해

방건동 박사
(기업 소프트웨어 솔루션 벤처기업인 '자이오넥스' 공동 창업자 겸 파트너)

처음 이 책의 감수 제의를 받고 든 생각은 누구보다 나에게 당장 필요한 책이라는 것이었다. 혁신적인 제품 아이디어로 창업을 꿈꾸는 사람들에게 만능 도구상자를 안겨준다는 머리말의 첫 문장은 내 호기심과 관심을 끌기에 충분했다.

MIT 동문선배 두 분과 함께 지금의 회사를 설립한 지 14년째인지라 과연 우리가 잘하고 있는지, 바꿔야 한다면 무엇을 개선해야 하는지 궁금했기 때문이다. 또한 글로벌 무대를 향한 사업계획이 타당한지 돌아볼 필요도 있었다. 14년이라는 짧지 않은 기간 동안 소위 대박을 터트린 회사들도 봤지만 그보다 더 많은 회사가 그 반대의 길을 걷는 걸 지켜봤으니 말이다.

2000년 IT 버블기에 겁 없이 패기만으로 창업에 뛰어든 만큼 우리는 초창기에 온갖 우여곡절을 겪었다. 토종회사에서 무슨 쓸 만한 기업 소프트웨어가 나오겠느냐는 핀잔도 들었고 지적자산의 유출로 인한 어려움도 있었으며, 잘 진행되고 있던 프로젝트가 정치적인 문제로 인해서 갑자기 중단된 경우도 있었다.

그래도 이런저런 위기를 무사히 넘긴 데는 '사람'의 힘이 컸다. 믿고 의지할 수 있는 사람들 덕분에 우리 회사는 위기를 하나하나 극복하며 기반을 다져왔다. 특히 최근에는 몇 년간 해외로 사업을 확대하기 위해 노력하던 중에 빌 올렛 교수님의 책을 만나면서 다시 한번 사업 방향과 전략을 점검하는 좋은 계기가 되었다.

함께 수업을 듣던 학생의 이야기가 책으로

책을 읽기 시작했을 때 나는 순간적으로 소름이 돋는 경험을 했다. 저자의 초창기 사업 파트너이자 이 책의 주요 성공사례로 나오는 센스에이블 테크놀로지스의 창업자 토머스 매시는 나와 함께 CAD 강의를 들으며 같은 프로젝트 팀에 있던 학생이었기 때문이다. 강의 시작 전 또각또각 카우보이 부츠 소리를 내며 들어와 진한 남부 사투리로 인사하던 그가 눈에 선하다. 당시 토머스는 학부 졸업반으로 직접 개발한 새로운 기술을 기반으로 창업을 준비하고 있었고, 이에 필요한 CAD 기술을 얻기 위해 대학원 과목을 수강하는 중이라고 했다. 학위를 받기 위해 강의를 듣는 내 입장에서는 창업하고자 강의를 듣는 학부생 토머스가 신기해 보일 수밖에 없었다.

당시 나는 토머스의 연구실에 찾아가 신기술도 살펴보고 어떤 사업을 하려는지 물어보면서 내심 '과연 될까' 하는 생각을 했었다. 그때가 1994년이었으니 정확히 20년이 지난 후 이 책을 통해 그가 창업한 회사의 이야기를 접한 셈이다. 대학생 시절, 기술에 푹 빠져 있던 풋내기 사업가 토머스는 현재 미국 켄터키 주를 대표하는 하원의원으로서 정치가의 삶을 개척하고 있다.

이러한 토머스의 이야기가 MIT에서는 특별한 사례가 아니다. 물론 정치가로 거듭

나는 것은 흔한 일이 아니지만, MIT에는 고교 때부터 창업을 꿈꾸며 아이디어를 갖고 입학하거나 대학 혹은 대학원에서 창업을 목표로 공부하는 젊은 두뇌가 적지 않다. 세계적인 글로벌 기업에 들어가는 것만큼이나 창업을 의미 있고 가치 있는 그리고 현실적인 커리어로 생각하는 학생이 매우 많은 것이다.

이 책을 접하면서 내가 다시 한 번 깨닫게 된 사실은 도전정신과 창의성이 체계적인 방법론과 노하우를 만나면 폭발적인 힘을 낸다는 점이다. 20년 전, 토머스가 이 책의 저자인 올렛 교수님을 만나지 못했다면 어떻게 되었을까? 좋은 기술이 사업적 가치, 즉 수익을 내고 성장하려면 자본의 힘만큼이나 가치 창조를 위한 체계적이고 철저한 방법론이 필요하다. 이 책은 그 방법론을 24단계로 차근차근 풀어내고 있다.

지난 14년간 우리 회사 역시 이 단계를 직·간접적으로 거쳐 왔다. 물론 몇 단계를 건너뛰면서 급하게 사업을 추진한 적도 있고 특정 단계에 해당하는 점검 포인트에서 갈피를 잡지 못하고 헤매던 때도 있었다. 그래도 마침 신규 제품을 기반으로 해외시장에 도전한 터라 이 책에서 제시하는 24단계를 당면문제의 해법으로 적용해보면서 각 단계의 의미와 가치를 재확인할 수 있었다. 덕분에 이 책에서 제시하는 24단계 창업 가이드가 예비창업자는 물론 기존 기업에서 신규 사업을 기획하는 사람에게 큰 도움이 되리라는 것을 믿어 의심치 않는다. 이 책을 읽는 독자 여러분도 책을 읽고 공감하는 것에서 끝내는 게 아니라, 창업을 준비할 때나 현재 운영하고 있는 사업에 24단계 프로그램을 적용해볼 것을 적극 권한다.

한국에서의 창업

기억해야 할 것은 이 책에서 제시하는 24단계 창업 프로그램이 한국이 아닌 미국의 환경을 가정한다는 점이다. 창업 환경에서 미국과 한국의 가장 큰 차이점은 기업가정신, 창업 생태계, 잠재시장 규모를 꼽을 수 있다.

몇 년 전 국내 명문 공과대학에서 벤처창업을 주제로 특강을 했는데, 그때 나는 창업을 고려하는 대학생 수가 매우 적다는 사실을 실감했다. 예비졸업생 대부분은 대기업 입사나 공무원을 희망했고, 심지어 진로를 바꿔 법대나 의대로 편입하고자 하는 학생도 상당수 있었다. 여기에는 벤처창업을 '성공을 향한 가치 있는 도전'으로 보기보다 위험하고 무모한 커리어로 보는 사회적인 시선도 영향을 미친다. 이 책의 저자가 몇 년 전 한국을 방문했을 때 들은 이야기를 토대로 쓴 '당신이 벤처창업자라 부모님이 결혼을 허락하지 않아요'(bit.ly/MITStartup)라는 칼럼이 이러한 사회적 분위기를 대변한다.

창업 생태계 측면에서 미국이나 이스라엘 같은 벤처 선진국에는 초기 창업자금은 물론 1차, 2차 자금 조달을 위한 체계적이고 건강한 생태계가 갖춰져 있다. 그들은 일단 엔젤투자자에게 창업자금을 받아 6개월~1년간 제품 개념을 구체화한다. 이어 1차, 2차 자금 조달로 본격적인 기업화 궤도에 진입하는 인프라가 잘 조성돼 있다. 이러한 생태계는 자본 제공으로 그치는 것이 아니라 벤처 창업에 대한 경험과 노하우, 법적 가이드 및 보호, 네트워킹, 기업공개와 M&A를 위한 전략 등 다양한 지적 자원을 제공해주는 훌륭한 토양이 된다.

기업이 본격적인 사업궤도에 오르고 이 책에서 언급한 주변시장에 진입할 때는 글로벌 시장에 얼마나 쉽게 진출하느냐가 사업 확장성에 절대적인 영향을 준다. 한국에서의 벤처 창업은 대개 국내시장을 목표로 하기 때문에 한국의 사업 환경에 종속되는 경향이 강하다. 또 국내에서는 성공적으로 사업이 궤도에 올라도 글로벌 시장으로 진출하려면 커다란 관문을 지나야 한다. 반면 미국에서의 벤처 창업은 미국 내에서의 사업모델 성공이 자연스럽게 글로벌 시장 진출로 이어진다. 특히 언어적, 문화적 공통

기반이 있을 때 글로벌 시장으로의 진입에 큰 이점을 누린다. 국내 창업이 이를 극복하려면 초기부터 글로벌 시장을 목표로 하고, 이를 위한 벤처환경 및 지원체계 조성이 필요하다. 현실적으로 벤처기업은 사업 초기부터 글로벌 시장을 고민하는 것이 어려우므로 외부의 제도적인 뒷받침이 절실하다.

책 내용에 대한 몇 가지 코멘트

미국 MIT를 중심으로 서술한 이 책에 한국 시장에 대한 추가 설명이 들어가면 좋겠다는 생각이 들어 몇 가지 첨언한다.

1) 총유효시장의 적정 규모(STEP 4. 거점시장의 규모를 이해하라)

저자는 스타트업을 준비하는 사람들이 목표로 삼기에 가장 좋은 규모는 '2,000만 달러 이상 1억 달러 미만'의 시장이라고 말한다. 즉 거점시장의 적정한 연매출을 200~1,000억 원으로, 소프트웨어는 50억 원으로 본다. 이와 관련해서 저자와 의견을 나누었는데, 이 숫자는 경험에서 나온 대략적인 추정치지만 이를 참고로 해서 창업자가 충분한 의욕과 비전을 갖고 사업계획을 세우되 지나친 목표를 잡지 않도록 하기 위한 것이라고 설명했다. 그렇다면 한국 시장에서 적정 규모는 어느 정도일까?

내가 볼 때 한국에서의 적정한 거점시장 규모는 100~500억, 소프트웨어는 약 25억이다. GDP 기준의 경제규모로는 미국이 한국의 15배 정도 되지만, 이 배수를 스타트업의 거점시장 규모에 그대로 적용하는 것은 적절하지 않다. 기업이 안정적인 성장 궤도에 진입했을 때의 시장규모, 즉 후속시장의 규모는 경제규모에 비례하겠지만 창업 초기에는 빠른 시간 내에 시장의 20퍼센트 이상을 점유하며 사업기반을 구축할 수 있는 거점시장을 목표로 하는 것이 좋다. 한국에서 이러한 거점시장의 규모는 미국의 절반 정도로 보는 것이 적절한데, 국내의 벤처투자가들도 대략 이 정도 비율로 생각한다.

2) 고객의 구매 과정 (STEP 13. 고객의 구매결정 과정을 이해하라)

창업 전에 고객이 제품 구매에 이르기까지 어떤 과정을 거치는지 자세히 살펴볼 필요가 있다. 저자는 기계식 정수 시스템을 팔려는 팀의 사례를 소개하며 이들이 고객의 구매 과정을 검토하다가 현실과 가정이 많이 다르다는 사실을 깨닫고 시장조사부터 다시 시작해 가정을 새로 썼다는 내용을 적고 있다.

　　실제로 기업에서는 고객의 구매 과정을 어떻게 분석할까? 내가 몸담고 있는 자이오넥스의 경우에도 '기존 시스템 대체'와 '신규 시스템 도입'으로 나눠서 생각한다. 2000년도 초, 중반에는 SCM(공급망관리)이라는 개념을 이해하고 있는 기업들이 주로 대기업이었는데, 고가의 해외 솔루션을 도입했다가 제대로 활용하지 못해서 대안을 찾고 있는 경우가 많았다. 따라서 SCM 솔루션의 목적과 기대효과를 설명하고 이해시켜야 하는 '신규 시스템 도입' 시장보다는 당면한 문제를 해결하기 위한 '기존 시스템 대체' 시장에서의 구매기간이 상대적으로 짧았다. 경쟁력 있는 제품과 역량이 있다면 불만을 갖고 있는 고객을 대상으로 '기존 시스템 대체' 시장을 공략하여 성공사례를 만들고, 이를 기반으로 '신규 시스템 도입' 시장으로 사업을 확대해나가는 것이 일반적이라고 할 수 있다. 하지만 사업의 확장성을 위해서는 '신규 시스템 도입' 시장에서의 경쟁력을 강화하는 것이 매우 중요하다. '기존 시스템 대체' 시장에 안주하다 보면 신규시장 진입 역량이 약화될 수 있으므로 매출이 적고 구매기간이 길더라도 신규시장을 꾸준히 공략하면서 고객의 의사결정을 빨리 이끌어 낼 수 있는 방법과 노하우를 축적하는 것이 필요하다.

3) 후속시장 규모(STEP 14. 후속시장의 규모를 전망하라)

거점시장에 대한 고민이 어느 정도 끝나면 후속시장을 생각해봐야 한다. 저자는 벤처캐피털을 유치하거나 처음부터 큰 회사를 설립할 계획이라면 거점시장과 후속시장(10개 정도)의 규모를 합쳐 10억 달러가 넘어야 한다고 말한다.

　1조 원이 넘는 거점시장과 후속시장 규모는 회사가 안정적인 국면에 들어갔을 때라야 접근 가능한 수치다. 그리고 미국의 벤처기업은 기본적으로 글로벌 시장을 대상으로 후속시장을 추정한다. 반면 국내의 벤처기업은 글로벌 시장을 타깃으로 시작하는 기업이 상대적으로 적은 편이다. 국내 시장만 놓고 본다면 10분의 1(앞서 미국의 시장 규모가 15배라고 한 것은 스타트업이 아닌 일반적인 규모를 의미한다) 정도로 보는 것이 적절하다. 즉 1,000억 이상이 되어야 의미가 있다. 올렛 교수님과 이 부분에 대해서도 의견을 나눴는데, 시장규모가 작은 나라의 경우에 상대적으로 후속시장의 규모를 작게 생각하는 것이 일반적이겠지만 가능하다면 초기부터 글로벌 시장을 향한 큰 목표를 갖고 사업계획을 수립하는 것을 권했다. 즉, 한국의 스타트업도 후속시장이 1조 원이 넘는 시장을 목표로 준비를 하는 것이 필요하다는 것이다. 특히 언어적인, 문화적인 장애물을 어떻게 극복할 것인가를 초기부터 고려하고 계획한다면 충분히 가능하지 않겠느냐는 의견을 주었다. 실제로 성공적인 국내 벤처기업들을 보면 초기부터 해외시장을 목표로 사업구조나 제품개발을 했던 것을 많이 볼 수 있다. 그 좋은 사례로써, 벤처 1세대 기업이며 연 매출이 1조가 넘는 휴맥스의 경우 국내 매출이 6퍼센트에 불과하다.

4) 가격 결정 변수(STEP 16. 가격 체계를 수립하라)

저자는 가격 콘셉트의 기본 원칙을 설명하면서 "원가는 가격을 결정하는 변수가 아니다"라고 말한다. 또 정량화한 가치 제안을 기준으로 고객이 얻는 가치의 일정 비율을 가격으로 정하되, 그 비율은 대략 20퍼센트가 적정하다고 제시한다. 이 수치는 한국에서도 유효할까?

사실 한국에서는 '가치'를 기준으로 가격을 정하는 것은 상대적으로 매우 어렵다. 특히 소프트웨어처럼 눈에 잘 보이지 않는 제품에 대한 가치를 잘 인정하지 않기 때문에 국내에서는 심하다 싶을 정도로 고객의 예산과 투자 의지에 모든 것을 맞추는 경향이 있다. 이는 안타까운 일이지만 고객 스스로 얻을 수 있는 가치를 인정하고 여기에 투자하는 방식이 아직 국내에는 일반적이지 않은 것 같다.

5) 고객 획득 비용의 중요성(STEP 17. 고객을 통해 얻게 될 이익을 계산하라)

저자는 고객의 생애 가치를 알아보는 것만으로는 사업이 매력적인지 아닌지 알 수 없으며, 그것을 알아내려면 고객 획득 비용을 함께 고려해야 한다고 말한다. 고객 획득 비용을 염두에 두는 것은 한국이나 미국은 물론 사업을 하는 사람들에게 동일하게 적용되는 원칙이다. 고객 획득 비용이 높으면 고객에게 받는 돈이 아무리 많아도 사업을 지속적으로 유지하기가 어렵다. 그런데 많은 벤처기업이 고객 획득 비용을 깊이 고민하지 않는다. 그런 의미에서 이 책에서 말하는 고객 생애 가치The Lifetime Value of an Acquired Customer, LTV와 고객 획득 비용The Cost of Customer Acquistion, COCA의 정의가 매우 의미 있다고 생각한다.

한국의 스타트업 붐을 꿈꾸며

대한민국에 역동적인 창업 환경이 만들어지려면 예비창업자들의 롤모델이 될 수 있는 성공적인 창업자가 많이 필요하다. 금전적인 성공으로 그치는 것이 아니라 사회적으로 존경받는 건강한 기업으로 성장하고 발전하는 벤처기업의 사례가 많아질수록 한국의 젊은이가 창업을 가치 있는 삶의 한 방향으로 받아들이게 될 거라 믿는다.

또한 미국이나 이스라엘에 비해 상대적으로 열세인 창업 환경일지라도 혁신적인 기술과 건강한 기업구조를 갖춘 벤처기업을 발굴 및 지원하는 국가 차원의 기반을 마련한다면 좀 더 빠른 시간 내에 강한 창업 생태계를 조성할 수 있지 않을까 싶다. 나아가 상대적으로 게임이나 모바일 솔루션 등에 치우친 벤처기업 포트폴리오의 폭을 넓히는 것도 필요하다.

2000년을 전후로 가까이에서 창업한 회사들 중 전문적인 기술력을 바탕으로 해외시장을 공략해 해당 분야의 글로벌 1위 기업에 인수 합병된 회사를 보면 대한민국의 기업가정신도 결코 만만치 않음을 알 수 있다. 대표적으로 최근 미국 나스닥 상장업체에 인수된 래피드폼Rapidform(1998년 창업해 2012년 세계 1위의 3D 프린팅 회사에 인수 합병되었고, 현재 모기업의 소프트웨어 개발본부로써 개발에 매진하고 있다. www.rapidform.com)과 글로벌 강소벤처기업인 메디트Medit(광학 방식의 고정밀 3차원 스캐너를 순수 국내 기술로 독자 개발해 공급하는 회사다. MIT 출신이 창업해 글로벌 시장에서 인정받고 있던 솔루션닉스Solutionix와 합병했다. www.meditdental.com)가 있다.

창업의 길은 결코 순탄하지 않다. 그러나 "걸어갈 때는 가시밭길이지만 뒤돌아보면 꽃 길"이라는 말처럼 노력하고 정성을 쏟은 만큼 보람을 찾을 수 있고, 무엇보다 남을 위해 일하는 인생이 아닌 나를 위해 일하는 인생이라는 자부심을 가질 수 있다.

창업에서 성공 확률을 높이려면 준비에 신경 써야 하며 특히 모멘텀을 놓치지 않는 것이 중요하다. 그런 의미에서 이 책의 24단계 점검 포인트가 속도와 방향이라는 두 마리 토끼를 잡는 데 큰 도움을 주리라고 확신한다. 이 책이 제2의 대한민국 벤처 부흥기를 일으키는 데 작은 보탬이 되기를 기대한다.

스타트업 성공의 비밀이 숨어 있는 곳

오윤희

《조선일보》 '위클리비즈' 기자)

이 인터뷰는 《조선일보》의 오윤희 기자가 MIT의 빌 올렛 교수를 직접 만나 질문하고 답변을 들은 내용을 정리한 글이다.

1976년 4월 1일 당시 스물한 살이었던 스티브 잡스는 부모님의 집 차고에서 스티브 워즈니악과 함께 최초의 개인용 컴퓨터 '애플 I'를 만들었다. 하버드대학교를 다니던 빌 게이츠는 "모든 것이 갖춰진 채 시작하면 너무 늦다"며 학교를 그만두고 마이크로소프트를 창업해 '개인용 PC 전성시대'의 막을 열었다.

창업에 관심이 없는 사람들일지라도 이들의 이야기나 열여섯 살에 잡지를 창간하며 10대 때 이미 사업가가 된 리처드 브랜슨 버진 그룹 회장, 래리 앨리슨 오라클 창업자 등 수많은 벤처 창업자들의 성공 신화를 한 번쯤 들어봤을 것이다. 이야기 속에 나오는 그들의 모습은 일반인과는 한참 다른 비범한 천재 혹은 특별한 유전자를 타고 난 별종들처럼 보인다.

하지만 MIT 슬론 경영대학원 교수이자 MIT 마틴 트러스트 기업가정신센터 소장인 빌 올렛 교수는 "이들을 성공으로 이끈 것은 특별한 유전자가 아니라 '탁월한 제품'이다. 탁월한 제품을 만드는 과정은 특별한 유전자가 없어도 할 수 있다"고 주장한다.

올렛 교수 자신도 대학 졸업 후 11년 동안 근무했던 IBM을 떠나 '케임브리지 디시전 다이내믹스'와 '센스에이블 테크놀로지스'를 창업한 경력이 있다. 특히 공동 창업한 센스에이블 테크놀로지스는 경제전문지 《INC.》가 선정하는 '가장 빠르게 성장하는 500대 기업'에 두 번이나 이름을 올렸고 《포춘》, 《월스트리트 저널》 등 유력 매체들로부터 '혁신적인 제품', 체계적인 창업 성공 사례'라는 평가를 받았다.

"누구나 기업인이 될 수 있고, 기업가정신을 배울 수 있다"고 주장하는 올렛 교수가 쓴 《스타트업 바이블》은 창업의 구체적인 방법론을 제시한다. 그는 예비 창업자가 밟아야 할 과정을 24가지로 세분해서 소개했는데 1단계 시장세분화, 2단계 거점시장 선정하기, 3단계 최종사용자의 특징을 구체화하기에서부터 마지막 단계인 제품의 성장 전략 수립하기까지 각각의 과정에 필요한 절차와 주의할 점을 상세하게 정리해서 알려주고 있다. 그러나 각각의 단계를 완벽하게 끝마쳐야만 다음의 단계로 넘어갈 수 있는 것은 아니다. 많은 창업자들이 자본이나 시간이 부족한 상태로 준비하기 때문이다. 나선형 계단을 올라가는 것처럼 각각의 단계에서 학습과 수정의 과정을 반복하면서 최적의 답을 향해 전진해야 한다고 그는 조언한다.

예비창업가들을 위한 최적의 배움터, MIT

한국은 외환위기 직후 벤처 열풍이 불었다. 하지만 그 열풍은 성장으로 계속 이어지지 못하고 몇 년 후 '벤처 거품'이라는 불명예스러운 말로 막을 내렸다. 하지만 최근에 '제2의 벤처 붐'이 일어날 조짐이 서서히 보이고 있다. 정부가 '경제혁신 3개년 계획'에서 창업 육성 자금으로 약 4조 원을 지원한다고 밝힌 데 이어 외국인 투자자들까지 벤처 투자에 관심을 보이면서 국내 시장에 창업 자금이 풍부해진 덕분이다.

최근 벤처기업협회의 자료에 따르면, 2014년 7월까지 벤처캐피탈이 집행한 신규 투자금액은 작년 같은 기간보다 5퍼센트 이상 증가한 8,300억 원이었다. 월별 신규 투자금은 1,185억 원으로, 2002년 이래 액수가 가장 높았다.

이처럼 서서히 다시 뜨거워지고 있는 벤처 창업 열기가 이전처럼 물거품이 되지 않도록 하려면 어떤 노력을 기울여야 할까? 그 해답을 듣기 위해 최근 청년창업가를 육성하는데 열심인 빌 올렛 교수를 찾아갔다. 그가 센터장으로 있는 기업가정신센터는 MIT 캠퍼스 10동 1층에 자리잡고 있었다. 교수 연구실은 일반적으로 한적한 곳에 있는 편인데 올렛 교수의 집무실은 기업가정신센터 1층의 한복판에 위치해 있었다. 투명 유리로 내부가 훤하게 드러나 보인다는 점도 일반적인 교수 연구실과는 확연히 다른 점이었다.

칸막이가 없이 확 트인 센터 이곳저곳엔 길쭉한 테이블이 놓여 있었는데 학생들이 삼삼오오 모여 프레젠테이션 준비를 하거나 과제물에 대한 토론을 하고 있었다. 열띤 토론과 농담, 와자지껄한 웃음소리가 끊이질 않았다. 벽엔 '데모 데이 10일 전'과 같은 내용의 쪽지가 붙어 있었다(데모데이demoday란, 프로젝트를 완료하는 날 이전에 미리 시범을 보이는 날 혹은 그런 행사를 의미한다. 스티브 잡스가 자주 활용하던 방법으로, 일종의 예비 디

데이D-day의 개념이다).

MIT 내에 있는 기술 특허 관리와 사업화를 전담하는 기술이전센터Technology Licensing Office에 따르면 MIT 동문 기업은 매년 900개씩 늘어나는 추세라고 한다. 학교 내에서는 다양한 프로그램을 통해 재학생, 졸업생들의 다양한 창업을 돕고 있었다. 그리고 그 활동의 중심에는 빌 올렛 교수가 있었다. 오랫동안 기업에 몸 담았고, 현재는 학생들의 '창업 멘토'로 활동하고 있어서 그런지 올렛 교수는 전형적인 학자라기보다는 서글서글한 인상의 비즈니스맨이라는 느낌이 강했다. 그는 "한국에서 온 기자에게 주는 선물"이라면서 MIT 기업가정신센터에서 만든 작은 배지 하나를 건넸다. 갑판 위에 의기양양하게 서 있는 세 명의 해적 모습 위로 '해적이 되는 편이 해군에 들어가는 것보다 훨씬 더 재미있다'It's more fun to be a pirate than to join the navy라는 잡스의 명언이 적혀 있었다. 그는 "기업가가 되기 위해 학생들에게 가장 필요한 것은 바로 이런 정신"이라고 말했다.

▲ MIT 기업가정신센터에서 만든 배지

다음은 올렛 교수와 나눈 질의응답을 정리한 것이다.

▶ MIT의 기업가정신을 위한 교육이 다른 대학, 예를 들어 실리콘밸리에 수많은 창업자를 배출한 스탠퍼드대와 어떻게 다른가요? 특별한 차별화 방법이 있는지 궁금합니다.

우리는 실제로 기업가를 배출합니다. 그것이 가장 차별화되는 부분이지요. MIT는 처음 설립할 때부터 기존에 있는 다른 대학교와는 매우 다른 종류의 교육 기관을 설립하는 게 목적이었습니다. 저는 하버드 출신이고 그곳을 매우 좋아하긴 하지만 하버드를 비롯해 다른 아이비리그 대학은 옥스퍼드, 케임브리지대학의 이론적 교육 방식을 따르고 있습니다. 교수가 학생들에게 지식을 전달하는knowledge to knowledge 방식이지요.

하지만 MIT의 경우는 지식이 즉각 실용적으로 연결되도록knowledge put into use 하는 방식을 따르고 있습니다. 지식을 그냥 머릿속에 담아두는 것에 그치는 것이 아니라 현실 속에서 그걸 실현해보도록 하는 거죠. MIT 기업가정신센터의 교육은 다른 곳에 비해 대단히 이례적으로 실용적입니다. 그러한 특징이 이곳을 매우 독특한 곳으로 만들어주고 있지요. 하지만 이러한 실용적인 교육 방식만이 우리가 가진 차별성은 아닙니다. 제가 방금 드린 그 배지에 적힌 문구, '해적이 되는 편이 해군에 들어가는 것보다 재미있다'는 정신을 학생들에게 일깨워주고 그 정신을 장려하는 것이 저희의 또 다른 차별성입니다.

모든 사람들이 한쪽 방향으로 헤엄칠 때 우리는 학생들에게 반대 방향으로 헤엄칠 것을 권유합니다. 다시 말해 다른 방식으로 생각해보도록 장려하는 거죠. '남들과 달라지라'는 겁니다.

우리는 학생들에게 '해적 증명서' certificate of pirates를 나눠 줍니다. 또

▲ 해적증명서

동문회 웹사이트와 블로그에 주목할 만한 해킹 사례와 자료를 발표합니다. MIT에서 '해킹'이라는 말은 컴퓨터 해커뿐 아니라 여러 가지 악의 없는 장난들을 가리킵니다. 교내에는 그런 사례들만을 모아 놓은 《해킹 박물관》museum of hacks이라든지, 《MIT 해킹의 역사에 대한 책》book of hacks도 있습니다(예를 들어 라이트 형제가 비행기를 날린 지 100년이 되는 2003년 12월 18일에 학생들은 당시 비행기와 같은 실물 모형을 만들어서 MIT 10동 건물 위에 띄우기

도 했다[사진 참조]. 학교에서는 이런 장난이 다른 이들에게 육체적이나 감정적인 피해를 주지 않고 안전상 문제가 없을 경우 대개 눈감아 주며 간접적으로 장난에 동참하고 있다).

이런 여러 가지 우스꽝스러운 시도는 매우 재미있고 동시에 창의적으로 생각하는 법을 장려합니다. 이 두 가지가 다른 대학들과 구별되는 가장 큰 차이점입니다. 실용적인 교육 방식과 '해적, 해킹 정신'이라는 말로 대변되는 창의적으로 생각할 수 있는 훈련 말입니다.

또 MIT 캠퍼스는 물리적인 구조가 다릅니다. 캠퍼스의 각 건물들이 전부 유기적으로 연결되어 있습니다. 보통 다른 학교들은 이곳은 경영대 건물, 저곳은 자연대 건물 하는 식으로 캠퍼스가 각각 나눠져 있습니다. 하지만 MIT의 경우엔 그렇게 단과대 별로 분리해 놓지 않고 각 건물이 모두 유기적으로 연결돼 하나의 캠퍼스를 이루는 방식을 취하고 있습니다. 통합적 사고를 하기에 유리한 환경인 셈이죠.

▶ 한국의 상황을 알고 계신지 모르겠지만, 한국은 대기업이 주도하여 경제 성장을 이끈 배경을 갖고 있습니다. 이 같은 독특한 경제 기반이 벤처 창업에 어떤 영향을 줄 수 있다고 생각하십니까?

한국은 대단히 높은 수준의 경제적 성취를 매우 빠른 시간 안에 이뤄냈습니다. 특히 자동차나 전자기기 부문에서의 성취는 세계적인 수준이지요. 한국의 경우, 정부가 주도하는 경제 정책을 실시했고 100

년 앞을 바라보는 장기적인 시각에 입각한 경제 정책을 펼쳤습니다. 그것이 당시의 한국으로서는 매우 성공적인 방식이었다고 생각합니다.

하지만 이제는 조금 변화를 꾀할 시기가 됐다고 생각합니다. 사실 저는 2011년 3월에 서울에서 열린 'MIT 글로벌 스타트업 워크숍'에 참석하면서 조금 놀라운 경험을 했습니다. 당시 전 세계 각지에서 많은 기업가가 참석했지만 정작 주최국인 한국의 창업가 수는 많지 않았습니다. 제가 물어보자 한 참석자는 한국에선 벤처 기업 창업자가 결혼 기피 대상이 될 만큼 인기가 없다는 이야기를 했습니다. 미국에선 가장 똑똑한 젊은이들 중 상당수가 창업을 꿈꿉니다. 한국의 가장 똑똑한 젊은이들 중 상당수가 정부 관료가 되거나 대기업에 들어가고자 하는 것과는 상반되지요.

한국의 많은 젊은이들은 취업을 목표로 하고 있고, 일단 취업을 한 직원들은 '언젠가는 나도 내 회사를 차려야지' 하는 꿈을 갖기보다는 '지금보다 더 큰 기업, 더 좋은 기업으로 이직해야지' 하는 생각을 많이 하는 것 같습니다.

저는 창업가에 대한 평가가 낮은 한국의 사회적 분위기가 창업가들의 권위, 지위와 기업을 만들겠다는 열망을 낮췄다고 생각합니다. 능력이 있으면 일단 정부나 대기업 같은 안정적인 직장을 지향하는 분위기가 한국에서 많은 젊은이들이 해적이 되는 것을 가로막고 있다고 생각합니다.

▶ 교수님은 《월스트리트 저널》에 '기업가정신은 가르칠 수 있다'는 칼럼을 기고한 적이 있습니다. 학교나 교육 기관이 젊은이들에게 기업가정신을 가르치기 위해 어떻게 해야 합니까?

'기업가'라는 것은 '예술가'들처럼 타고난 자질이 있는 사람들만 할 수 있는 게 아니라고 생각합니다. 누구나 적절한 훈련을 받으면 기업가가 될 수 있습니다. 스포츠를 배우기 위해서 오랜 시간을 투자하면 운동 능력이 올라가는 것처럼 기업가정신도 오랫동안 교육을 받으면 단련되고 성장한다고 생각합니다. 하지만 그것은 책상에서 그저 지식 차원으로 전승되는 것이 아닙니다. 때문에 교육기관은 학생들에게 지식을 일방적으로 전수하는 것이 아니라 학생들이 직접 경험하고 체험할 수 있도록 해야 합니다. 학생들은 실제로 사업가가 되기 위한 훈련을 하면서 사업을 할 수 있는 역량을 터득하게 됩니다. 교육기관은 학생들에게 사업을 할 수 있는 능력과 역량을 심어주고 '나도 창업을 할 수 있다'는 자신감을 기를 수 있도록 해야 합니다.

또 기업가가 되기 위해서 역량이나 노하우만 필요한 것은 아닙니다. 무엇보다 중요한 것은 기업가 정신입니다. 실무 중심 교육으로 유명한 캐나다 라이언슨대학의 스티브 기디언 교수는 '기업가정신은 머리, 손, 심장에 있다'고 했습니다. 학생들을 기업가로 키우기 위해선 실제로 학생들이 체험하고, 고민하고, 실습하면서 자신감을 얻는 과정들이 모두 종합적으로 연계돼야 합니다.

▶ 학생들이 체험하고 실습하면서 역량과 능력을 기르는 구체적인 사례를 들어주실 수 있나요?

우리는 학생들에게 '스타트업의 24가지 과정'을 가르칩니다. 이 과정을 거치면서 모두가 공통의 언어를 쓰게 되죠. 예를 들어 학생들은 각자 토론하면서 '너희 팀의 페르소나(미래 잠재 고객을 대표하는 가상 인물상)는 뭐지?'라거나 '너희 팀의 챔피언(구매를 강하게 원하는 사람. 이들은 제품의 최종사용자일 수도 있지만 일치하지 않을 수도 있음)은 뭐야?'라고 해도 모두 그것이 무엇을 의미하는지 즉각적으로 이해할 수 있습니다. 공통의 언어를 사용한다는 것은 대단히 중요한 의미를 띕니다. 굳이 많은 말을 하지 않아도 서로가 서로를 이해할 수 있는 기반이 만들어진다는 것이지요. 당연히 이것은 일의 효율성을 높이고 서로 강한 연대감을 지닐 수 있도록 도와줍니다.

저를 만나기 전에 이 창업 연구소를 둘러봤을지 모르지만, 이 공간에서 모든 학생들은 서로 의견과 노하우를 주고받으며 서로를 북돋워주고 있습니다. 교수가 이거 하라, 저거 하라며 일러주는 것과는 완전히 다른 형태입니다. 우리는 큰 틀만 알려줍니다. 길을 제시할 수는 있어도 그 길을 어떻게 갈 것인지는 온전히 학생들의 몫인 셈입니다. 학생들 각자가 다른 이들을 위한 교사 혹은 학생이 되어서 서로

도와주고 도움을 받기도 합니다. 그러는 과정에서 일종의 커뮤니티 공동체로서의 의식을 갖게 됩니다. 저는 학생들이 이러한 커뮤니티 속에 속해 있는 것이 창업을 할 때 매우 큰 역할을 한다고 생각합니다. 《정글북》의 작가 키플링은 이렇게 말했죠. "늑대의 힘은 무리에서 나오고, 무리의 힘은 한 마리 늑대에게서 나온다." The strength of the wolf is the pack and the strength of the pack is the wolf.

우리는 수업을 하는 과정에서도 학생들이 공통의 언어를 쓰면서 공동체 의식을 가지고 그로 인해 같은 무리에 속해 있다는 격려를 받도록 합니다. 일단 어느 정도 능숙해지고 숙련되었다면 머리로 알고 있는 것을 손으로 옮기는 작업을 합니다. 그러기 위해서는 직접 나가서 시험해봐야 하지요. 우리는 학생들에게 여러 가지 기회를 제공합니다. 주말 세미나 활동이라든지 학기 중에 하는 비즈니스 체험 활동이라든지 등을 통해서 말이죠. 또 학생들이 만든 스타트업이 좀 더 성공적으로 성장할 수 있도록 액셀러레이터accelerator 역할도 하고 있습니다. 철저하게 실습 위주로 교육을 진행합니다. 학생들은 자신의 아이템을 직접 적용해서 사업을 진행합니다. 그리고 교실에서 하는 수업은 일주일에 두 번뿐이고, 나머지는 다 실습 시간입니다. 마지막으로 또 한 가지, 기업가정신을 길러주기 위해 노력합니다. 창업을 위한 정신을 알려주기 위해 노력하고 학생들의 실패를 축하해줍니다. 실패는 축하할 만한 것이니까요. 실패를 해도 괜찮습니다. 실패는 성공으로 가는 과정 중에 나타나는 한 부분일 뿐입니다. 그런데 농구가 한국에서도 인기인가요?

▶ 미국만큼 인기가 좋은 것 같지는 않은데요.

(아쉬운 표정을 지으며) 아, 그래요? 농구를 예로 들려고 했거든요. 음, 농구를 하는데 제가 슛을 열 번 던져서 열 번 다 골을 넣었다고 칩시다. 그러면 저는 충분히 많은 슛을 던졌다고 말할 수 없습니다. 한 번도 실패하지 않았으니까요. '충분히 많은 슛을 던졌다'는 것은 실패를 할 때까지 슛을 던졌다는 것을 의미합니다.

창업가로서 당신이 한 번도 실패를 하지 않았다면 그것은 당신이 충분히 혁신적인 아이디어를 내지 못했다는 것과 마찬가지예요. 우리는 실패를 장려하고, 실패를 축하하고 있습니다. 케이프 코드 해변에 가서 실패를 자축하면서 '괜찮아. 그건 축하할 만한 일이야. 네가 실패한 것은 네가 남들과 달랐다는 증거야. 그리고 우리는 여전히 해적단 커뮤니티의 일원이야'라고 서로를 북돋워줍니다. 또 항상 유머 감각을 잃지 않으려고 합니다. 그건 매우 중요한 일이에요.

▶ 교수님은 책에서 창업자들이 창업을 하기까지 필요한 준비 과정을 24가지의 단계로 정리했습니다. 그 가운데 스타트업 준비자가 실수를 가장 많이 저지르는 단계는 어디인가요?

모든 과정에서 실수가 발생할 수 있어요. 제일 처음 단계에서부터요. 하지만 사람들이 가장 많이 저지르는 실수는 고객에 대해 깊이 고민하지 않는다는 겁니다. '나는 이 제품에 대한 해결책이 있어'라고 자신만만하게 생각하지만 정작 고객이 누구인지, 고객이 왜 자신이 만든 제품을 원할지에 대한 확실한 답을 내놓지 못하는 경우가 많습니다. 다시 말해서 '어떻게'에 대해서만 너무 골몰한 나머지 '무엇을'이나 '왜'를 소홀히 한다는 겁니다. 흔히 창업 지망생들은 이렇게 생각해요. '나는 이것을 만들 수 있어.' 그런데 그들은 '누가' 그것을 원할지를 종종 간과합니다.

올렛 교수는 또한 거점시장 공략(책에서 24가지 단계 중 2단계)의 중요성을 강조했다. 거점시장이라는 것은 예비 창업자가 집중적으로 공략해야 하는 시장을 말한다. 전쟁 시 도하 작전으로 적진에 침투할 때는 보통 거점을 집중 공략해서 아군 부대의 상륙과 세력을 확대하기 마련이다. 1944년 나치 유럽 침공에 맞선 연합군이 노르망디 해안을 거점으로 선택해 유럽 대륙 탈환 작전을 이어간 것이 대표적인 거점 전략 사례다. 거점시장은 매출이 충분하지 못할 정도로 너무 작아서도 안 되지만, 너무 클 경우에도 벤처 창업자들에게는 적합하지 않다. 그는 책에서 "미국의 경우엔 2,000만 달러 이상에서 1억 달러 미만의 시장이 목표로 잡기 좋다"고 했다.

▶ 교수님은 책에서 '스타트업을 준비하는 사람들은 거점시장의 규모를 파악해야 한다'고 조언했습니다. 책에서 근거로 든 미국의 적정 거점시장은 2,000만 달러 이상~1억 달러 미만인데, 이것은 미국의 환경에서 적합한 규모일 것으로 여겨집니다. 분명히 한국은 다를 테고요. 그렇다면 각 나라의 거점시장 규모는 어떻게 파악할 수 있습니까?

먼저 말하고 싶은 것은 창업 지원자들은 일단 거점시장을 파악해야 하지만 그 거점시장의 규모가 처음에는 무척 작다는 겁니다. 한국의 경우엔 글쎄요……. 100만 달러 정도일 것이라고 생각하는데, 중요한 것은 처음에는 거점시장이 작을지 몰라도 나중에는 얼마든지 커질 수 있다는 겁니다. 예를 들어서 한국의 거점시장을 공략한 후 매우 성공했다면, 중국으로 확장할 수도 있습니다. 그렇기 때문에 거점시장은 창업자의 첫 번째 시장이지 마지막 시장인 것은 아닙니다.

창업자가 처음에 설정한 거점시장에서 신뢰를 얻고, 거기에서 기술을 갈고닦으면 더 큰 시장으로 쉽게 진출할 수 있습니다. 거점시장은 창업자가 처음으로 도전할 시장입니다. 여기서 더 중요한 질문은 '내가 거점시장을 기반으로 해서 앞으로 나가게 될 전체적인 시장이 어디인가'라는 겁니다.

▶ 경쟁 우위를 확보하기 위해선 핵심 역량을 찾는 것이 중요하다고 했습니다. 그렇다면 무엇이 핵심 역량이고, 처음 벤처를 시작하려는 사람들은 어디서 핵심 역량을 찾아내야 합니까?

핵심 역량이라는 것은 고객을 찾고 시장을 설정하기 위해 매우 중요한 요소입니다. 핵심 역량을 찾을 때 우리는 '왜 내가 이 일을 다른 사람들보다 더 잘할 수 있는가'를 생각해봐야 합니다. 또 '내가 무엇을 남들보다 잘할 수 있는가'와 '왜 고객들이 다른 사람들이 아닌 내가 만든 제품을 사려고 할까'를 고려해야 합니다. 남들이 가지지 못했지만 나만이 가진 독창적인 것이 무엇인지를 생각해야 합니다. 그런 뒤에 그것에 대한 가격을 매겨야 합니다. 이 과정을 생략해버린다면 결과물은 그저 하나의 상품에 그칠 뿐입니다.

핵심 역량이라는 것은 사업의 출발선상에서 남들보다 더 잘할 수 있는 것, 남들에 비해 우위를 가진 것입니다. 하지만 그것만으로는 충분하지 않습니다. 시간이 흘러도 내가 가진 우위를 계속 유지하고 성장시킬 수 있어야 합니다. 다른 경쟁자들이 나를 쫓아오더라도 내가 가지고 있는 역량이 여전히 그들보다 앞서 나갈 수 있어야 합니다. 거기에 내가 가진 우위가 세월이 흘러도 계속 발전할 수 있는 것이라면 더 좋은 것이고요.

예를 들어 페이스북은 기술적으로는 다른 경쟁자들에 비해 엄청나게 비교우위를 가진 것은 아니었습니다. 다만 페이스북이 다른 소셜네트워크서비스 업체와 비교해서 차별화되었던 점은 내가 페이스북에 접속해 있고 나의 친구들도 접속해 있다면 네트워크를 형성할 수 있다는 것이었습니다. 그것이 페이스북의 강렬한 핵심 역량이었습니다.

핵심 역량이라는 것이 반드시 남들보다 한참 앞서는 3D 터치 기술과 같은 기술적인 것이 될 필요는 없습니다. 페이스북의 사례에서 보듯이 'SNS를 통한 네트워킹' 같은 것이 될 수도 있습니다. 다만 남들과 얼마나 차별화되는 나만의 것을 내세울 수 있느냐의 차이지요.

▶ 그런 핵심 역량을 찾아내기란 쉽지 않습니다. 어떻게 해야 창업 지망생들이 자신의 핵심 역량을 발견할 수 있을까요?

창업의 24단계 과정에서 가장 많은 시간을 할애하고 학생들이 가장 많이 신경을 쓰는 부분은 '누가 나의 고객이 될 것인가', '그들이 나의 제품, 나의 기업으로부터 원하는 것은 무엇인가', '고객들이 고민하는 것이 무엇인가'에 대한 조사를 하는 겁니다. 그것을 위해서 학생들은 직접 밖에 나가 발로 뛰면서 해답을 발견하려 하죠. 그런데 그것 못지않게 내가 어떤 기술을 갖고 있는지, 내가 갖고 있는 특수한 능력은 무엇인지, 나의 열정은 무엇인지, 내가 남들과 어떤 부분에서 다르고 어떤 인맥을 형성하고 있는지 등과 같이 밖이 아니라 안을 잘 살펴보는 것도 중요합니다. 향후에 나를 남들과 차별화시켜줄 수 있는 부분이 어떤 것인지를 스스로 통찰해보고 잘 분석해야 합니다.

스포츠에 비유를 하자면 나만의 기술이 무엇인지, 나만의 강점이 무엇인지를 먼저 아는 것이겠지요. 우리가 사는 동안 라이벌들은 끊임없이 우리를 공격할 것입니다. 라이벌의 무수한 공격에서도 끝까지 버티고 살아남을 수 있는 나만의 전략적 기술과 강점이 무엇인지를 파악해서 그것을 지속적으로 갈고 닦아야 합니다.

올렛 교수는 예상 고객을 설정할 때 '중학교 교사'와 같이 고객을 일반화시키지 말고 '3D 프린터를 생물 수업 시간에 자주 활용하는, 컴퓨터와 IT 기술에 능숙한 30대 초반의 중학교 남자 교사'와 같은 식으로 잠재 소비자들을 구체화해야 한다고 조언했다. 즉 개별 소비자들에 주목해야 한다는 것이다.

그런 개별 소비자들이 누구인지 정확하게 파악하기 위해 그는 학생들에게 '페르소나 만들기'를 권장했다. 개별 소비자를 모호하게 상상하기보다 구체적이고 매우 상세하게 그 인물상을 그려보는 것이다. 예를 들어 B2B로 기계식 정수 시스템 사업을 시작하려는 학생들은 주요 고객군인 시설물 유지관리 매니저의 페르소나를 이런 식으로 설정한다. '이름은 척 캐롤, 아일랜드 이민자 2세, 매사추세츠 주 메드퍼드 출신, 메드퍼드 고등학교와 미들섹스 커뮤니티 칼리지 졸업, 두 아이의 아빠, 40대, 중간급 관리자, IBM에서 18년 근무했고 이직 의사는 없음, 5년간 세 곳에서 데이터 매니저를 역임, 연봉 6만 5,000달러, 성과급 5퍼센트…….'

▶ 교수님은 책에서 특이한 용어를 사용했습니다. 바로 '페르소나'인데요. 우리가 보통 연극에서 '가면'이라는 뜻으로 쓰는 이 페르소나라는 말을 책 속에서는 '개별 사용자'라는 뜻으로 사용하고 있습니다. 그러면서 보편적 최종사용자가 아닌 개별 사용자를 설정해야 할 필요가 있다고 강조하지요. 페르소나를 설정할 때 연봉이나 직장 등 객관적인 수치를 나타내는 팩트 시트가 근거가 될 수 있겠지만, 그것만으로는 많이 부족할 것 같습니다. 그렇다면 페르소나는 어떻게 설정하고, 만약 페르소나가 목표 고객을 대표할 수 없을 경우엔 어떻게 해야 하나요?

아주 정확한 지적을 했습니다. 페르소나라는 것을 단순히 '연령대가 어떤지', '얼마나 많은 돈을 버는지' 등의 수치만으로 판별할 수는 없습니다. 그것은 단순히 양적인 데이터에 불과하지요. 물론 그런 데이터들이 페르소나를 설정할 때 필요하기는 합니다. 다만 충분하지 못할 뿐이죠. 중요한 것은 '무엇이 그들에게 동기를 부여하는가'입니다. 그 동기라는 것은 경제적인 측면이 될 수도 있고, 사회적인 측면이 될 수도 있으며 또 감정적인 측면이 될 수도 있습니다.

그러니 우리가 이해하기 위해 노력해야 할 것은 개별 사용자 후보군의 연령이나 직업군, 소득 수준뿐만 아니라 누가, 무엇이 그들에게 영향을 미치는지, 왜 그들이 그러한 요인에 영향을 받는지 또 그들이 가장 신경을 쓰고 관심을 기울이는 것은 무엇이고 그 이유는 어떤 것인지 등과 같은 것입니다. 잠재 고객들의 나이라든지 사회적 배경 같은 정보는 이러한 핵심적인 의문에 답할 수 있게 된 뒤 부가적으로 필요한 사항입니다. 개별 고객들의 페르소나를 설정하기 위해 그들이 무엇을 원하고 무엇이 그들에게 동기를 부여하며 무엇이 그들을 움직이게 하는지를 알아보기 위해 할 수 있는 단 하나의 방법은 밖에 나가서 사람들을 직접 만나고 관찰하는 겁니다.

▶ 사람들을 지켜보라는 거군요.

그렇습니다. 그들을 지켜보고, 그들의 일부가 되는 겁니다. 종종 아주 성공한 회사를 살펴보면 회사와 회사가 만드는 물건을 사용하는 고객 사이의 벽이 뚜렷하게 존재하지 않는 것을 알 수 있습니다. 그렇지 못한 회사는 고객과 회사 사이에 벽이 존재합니다. 가장 좋지 않은 경우는 예를 들어 동물원을 찾은 사람들이 동물원 우리 사이로 수달 같은 동물을 멀뚱멀뚱 구경하는 것처럼 고객과 회사 사이의 경계가 서로 나눠져 있고, 서로가 서로를 완전히 다른 존재로 인식하는 겁니다.

성공 기업이 되기 위해서는 그런 방식에서 벗어나 나 스스로가 고객이 되어야 합니다. 고객의 입장에서 바라보고 느낄 수 있어야 합니다. 그것을 위해선 다양한 접근법이 있을 수 있습니다. 고객들과 수시로 어울리거나 장시간 관찰하거나 하는 식으로요. 어떤 식으로든 잠재 고객을 충분히 이해하고 그들과 융화될 수 있어야 합니다.

▶ 교수님은 예비 창업자들이 사업 계획을 세울 때 항상 '최종사용자'가 누구인지를 명확히 해야 한다고 했습니다. 그런데 이 최종사용자가 시장에서 구매를 강하게 원하는 '챔피언'과 불일치할 경우엔 어떻게 해야 합니까?

또 다른 좋은 질문인데요. 우리는 항상 사용자들에게 신경을 써야 하지만 최종사용자들이 제품을 사용하지 않을 경우엔 가치가 창출되지 않습니다.

구글을 예로 들어 봅시다. 많은 사람들이 구글을 사용하지요. 저도 마찬가지고요. 하지만 구글의 경우, 사용자가 사용료를 지불하지는 않습니다. 구글에게 돈을 지불하는 것은 구글에 광고를 하는 광고주들이죠. 그렇기 때문에 기업은 돈을 지불하는 광고주들에게 주의를 기울여야 합니다. 그런데 그 유일한 방법은 바로 사용자인 우리들이 구글 검색 엔진을 많이 사용하도록 하는 겁니다. 최종사용자들이 제품을 많이 사용하도록 하는 거지요. 즉, 최종사용자들이 제품의 사용료를 지불하지 않을 경우엔 최종사용자들이 제품을 많이 사용하도록 해서 비용을 지불하는 제3자가 그 비용을 지불할 수 있게 만들어야 합니다. 가치가 제3자에게서 창출되도록 하는 거지요. 가치가 반드시 사용자에게서 창출될 필요는 없습니다. 하지만 지적한 것처럼 소비재의 경우 대개 제품을 사용하는 사용자가 돈을 지불하기 마련입니다. 그 사용자가 반드시 시장에서 막강한 영향력을 발휘하는 챔피언은 아닌 경우도 많습니다. 시장에서 가치를 창출하는 것은 챔피언이죠. 챔피언은 구매를 촉진시킵니다. 그러니 창업을 준비하는 사람들은 최종사용자 못지않게 누가 시장의 챔피언이 될 것인가에 대해서도 숙지해야 합니다. 최종사용자, 실제적 구매자 그리고 시장에서 강력한 영향력을 발휘하는 챔피언, 이 세 가지 요소 중 그 어느 것도 소홀히 해서는 안 됩니다. 이 셋이 시장을 움직이는 하나의 팀이나 마찬가지니까요.

▶ 그렇다면 이 셋을 잘 이해한 하나의 구체적인 사례를 들어주실 수 있나요?

예를 들어 기업 고객을 대상으로 한 정수 시스템 아이디어를 내건 창업 팀이 있습니다. 쉽게 말하자면 대형 건물이 배출하는 이산화탄소 배출량을 줄여주는 시스템입니다. 이 창업 팀이 겨냥한 거점시장은 냉각 장치를 갖춘 대기업의 대규모 데이터센터나 다수 고객이 공동으로 사용하는 대형 데이터센터를 갖춘 건물입니다.

창업 팀이 조사한 결과, 이 경우 최종사용자는 시설물 유지 관리 매니저입니다. 또 정수 시스템 구매에 필요한 예산권 관리도 이들이 하고 있었습니다. 이들이 제품을 사용해서 기업의 가치를 창출하는 거죠. 하지만 만약 이들이 제품에 시큰둥하다고 칩시다. 그럴 경우 챔피언에게 눈을 돌릴 수 있습니다. 구매를 결정짓는 데 강력한 권한을 갖고 있는 챔피언은 매니저보다 직급이 높은 데이터센터의 센터장이죠. 그러면 챔피언인 센터장에게 시스템의 좋은 점을 집중 홍보하는 게 한 방법입니다. 그러면 센터장은 시설물 매니저에게 'ㅇㅇ 시스템을 알아? 그거 참 좋던데. 그걸 사용하면 이산화탄소 배출량이 줄어들고, 환경 지속성을 높일 수 있어. 요즘 그게 중요한 과제잖아?'라고 사용을 권유할 수 있습니다.

또 이런 경우도 있지요. 예를 들어 제가 휴대전화를 직접 사서 사용한다고 할 경우, 저는 휴대전화의 최종사용자이면서 실제적 구매자이고 또 챔피언이기도 합니다. 시장을 움직이는 셋이 전부 하나의 주체로 나타나기도 하는 겁니다.

▶ 제품 가격을 결정하는 것도 사업 모델을 만들 때 굉장히 중요한 절차 가운데 하나입니다. 그렇다면 가격은 얼리 어댑터나 전기 수용자, 후기 다수 수용자, 지각 수용자 등 여러 사용자 군群 가운데 어디에 초점을 맞춰서 결정해야 할까요?

가격을 설정할 경우엔 전기 수용자들에게 집중해야 합니다. 물론 기술에 관심이 많은 이들이나 얼리 어댑터들을 대상으로 가격을 결정하면 좀 더 높은 가격대를 선택할 수 있겠지요. 그들은 그런 비용을 부담하고서라도 제품을 사용하고자 할 테니까요.

하지만 가격을 결정할 경우엔 전기 수용자들을 대상으로 해야 합니다. 그들이 수요를 만들고 바이럴 마케팅을 통해서 입소문을 내서 실제로 구매를 결정짓습니다. 또 사용자 외에도 시장 자체가 어느 정도 성숙했는지를 생각해야 합니다. 예를 들어 컴퓨터가 제일 처음 나왔을 때는 매우 비싸게 팔렸습니다. 하지만 PC가 일반화된 이후, 지금은 초창기의 가격에 비해 아주 싸졌죠.

제가 공동 창업한 센스에이블 테크놀로지스는 3차원 입체 영상이라는 원천 기술을 토대로 만든 회사입니다. 우리는 '팬텀'이라고 불리는, 손가락으로 터치스크린을 눌렀을 때 스크린에 가해지는 힘을 감지해서 형태, 동작, 무게 등 다양한 물리적 특성을 구현해내는 기계를 만들었습니다. 처음에 이 기계가 나왔을 때는 소수 기술 애호가들이 소비자였습니다. 하지만 점차 일반 기업에서도 이걸 구매하기 시작했죠. 처음에 나왔을 땐 가격이 2만 달러 선이었지만, 시장에 알려지고 소비자들이 늘어난 뒤에는 처음보다 가격을 10분의 1 수준으로 낮췄습니다. 제품이 일반화되고 많은 사람들이 그것을 사용하게

▲ MIT 기업가정신센터에서 만난 빌 올렛 교수

되면 제품이 희귀했던 초창기처럼 많은 돈을 주고 구입하려 하지 않으니까요.

　그러니 가격을 설정할 때는 시장이 제품을 수용하는 과정에서 어느 단계에 와 있는지, 제품을 팔려고 하는 시장이 어느 정도 성숙해 있는지를 고려해야 합니다. 그런데 때로 창업 준비생들은 가격을 어떻게 설정할지에 대해서는 신경을 아주 많이 쓰는 반면, 비즈니스 모델을 설정하는 것에는 거의 신경을 쓰지 않기도 합니다. 비즈니스 모델이라는 것은 내가 고객들을 통해서 어떻게 가치를 창출할 것인지를 설정하는 것입니다. 제가 제시한 24가지 단계 중에서 15단계인 비즈니스 모델 설정 단계에 이르면 학생들은 '지금 당장 밖에 달려가서 시장 조사를 한 다음에 이것을 얼마에 팔지 결정하자. 2만 5,000달러로 하는 게 어떨까?'라는 식으로 생각합니다. 하지만 적절한 가격을 설정하는 것도 중요하지만 소비자들이 어떻게 가격을 지불하도록 만들 것인지에 대한 비즈니스 모델을 설정하는 것도 중요합니다. '가격 지불을 일시불로 하도록 할까, 아니면 할부나 정기적인 방식으로 지불하도록 할까. 그렇지 않으면 한번 사용할 때마다 1회분씩 가격을 매길까?'와 같이 세부적인 상황의 비즈니스 모델을 설정하는 것과 그냥 가격만 결정하는 것은 커다란 차이점이 있습니다.

▶ 기업가를 키우기 위해선 교육도 중요하지만, 교육만으로는 창업을 장려하는 것에 많은 어려움이 따릅니다. 그렇다면 정부는 어떻게 해야 기업가정신을 키울 환경을 조성할 수 있나요?

정부는 지켜볼 수 있어야 합니다. 기업가정신이라는 것은 위에서부터 아래로 내려오는 방식으로 형성되는 게 아닙니다. 오히려 기업가정신은 아래에서 형성돼서 위로 올라오는bottom up 형식으로 진행되지요. 기업가정신이라는 것은 과거엔 한 번도 하지 않았던 것을 할 때 발현되는 것이기 때문입니다.

　위에서부터 어떤 지시가 내려오는 방식이 효과적인 경우는 그것이 과거에 시행된 적이 있고, 그래서 일이 어떻게 진행되어야 하는지를 알 때입니다. '우리는 이것을 전에 한번 해본 적이 있고, 이렇게 하는 것이 좋아. 그러니 이 방식을 따라'라는 식으로 말입니다. 하지만 창업이라는 것은 세상에 없던 것을 처음 시도해보는 방식입니다. 기업가정신의 핵심은 바로 그것입니다. 그렇기 때문에 기업가정신이라는 것은 기업가 집단 안에서 생기는 것이고, 창의적인 마인드와 창의적인 정신이 그것을 장려합니다.

　요즘 독일의 베를린이 기업가정신이 매우 활발하게 나타나는 핫 플레이스hot place라고 볼 수 있습니다. 안젤라 메르켈 총리가 베를린의 젊은 벤처 기업가들의 이야기를 들어보기 위해 모임을 가진 적이 있었는데, 그들은 메르켈 총리에게 한 가지 조건을 내걸었죠. "당신이 일장 연설을 하거나 정부 정책을 들먹이지만 않는다면 만나자는 제안을 받아들이겠습니다"라고요. 그들은 누군가가 자신들에게 지시를 내리거나 '무엇을 어떤 식으로 하라'는 투의 이야기를 듣고 싶어 하지 않았으니까요. 정부는 강압적이지 않고, 위에서 지시를 내리지 않으면서 자유롭게 의견을 공유하고 창의력을 발휘할 수 있는 환경을 조성할 수 있도록 노력해야 합니다.

▶ 미국이나 이스라엘의 기업가정신이 일본이나 중국 등 아시아의 기업가정신과 어떻게 차별화된다고 생각하십니까?

먼저 이스라엘과 미국의 기업가정신도 상당히 다르다고 이야기하고 싶습니다. 이스라엘은 미국처럼 커다란 시장을 물려받지 않았어요. 그렇기 때문에 이스라엘의 벤처 창업가들은 처음부터 글로벌 마켓을 의식할 수밖에 없습니다. 그들이 무언가를 만들어서 팔려고 하더라도 이스라엘의 국내 시장은 너무 작았으니까요. 그렇기 때문에 어떤 식으로든 세계 시장을 무대로 사업 구상을 해야 했고, 그런 비즈니스 모델을 만들어야 했습니다. 그것이 이스라엘이 성공적인 벤처 강국이 되는데 아주 큰 역할을 했습니다.

제 생각에 이스라엘, 미국과 한국, 일본 등 아시아 국가—중국도 어느 정도는 같은 카테고리에 속한다고 볼 수 있는데—의 기업가정신에서 가장 큰 차이가 나는 부분은 이들 국가에선 실패를 미국처럼 자연스럽게 받아들이지 못한다는 겁니다. 미국에서 실패라는 것은 경험의 일환입니다. 아까도 말했지만, 내가 농구를 하는데 공을 던져서 모두 다 골대로 집어넣을 수 있었다면 그것은 오히려 안 좋은 것으로 받아들입니다. 내가 했어야만 하는 수준만큼 슛을 많이 던지지 않았기 때문에 실패가 나오지 않았다고 생각하기 때문입니다. 미국 문화권에서 실패는 자연스러운 것이고 실패를 통해서 우리는 무언가를 배울 수 있다고 생각합니다. 하지만 동양 문화권에선 실패를 받아들이는 자세가 좀 경직되어 있다고 생각합니다. 실패를 두고 '체면을 손상시킨다'lose face라고 생각하는 경우가 많지요. 그러나 벤처 창업은 혁신적인 데서 시작하고, 혁신이라는 것은 실패 없이는 나올 수 없습니다. 실패가 없는 혁신이라는 것은 존재하지 않습니다. 그건 '여기에 엄청나게 먹음직스러우면서 칼로리는 하나도 없는 초콜릿 케이크가 있어'라는 말과 같습니다. 그건 꾸며낸 것fabrication이고, 실제 세상엔 존재하지 않는 겁니다.

▶ 요즘은 이스라엘이나 미국 실리콘밸리처럼 전통적으로 벤처 창업이 강한 지역 외에도 아시아권이나 유럽 혹은 그외 다른 지역에서도 많은 벤처 기업들이 성장하고 있습니다. 새롭게 성장하는 그들에게 해주고 싶은 말씀이 있으실까요?

과거엔 지역별로 벤처 기업 활동의 격차가 심했습니다. 하지만 지금은 그런 격차가 많이 줄어들었죠. 다양한 국가에서 다양한 벤처 기업들이 나오고 있습니다. 훌륭한 벤처 기업가들을 살펴보면 대개 글로벌한 시각을 갖고 있다는 것을 알 수 있습니다. 왜냐하면 오늘날 창업을 통해 성공하기 위해서는 세계화를 해야 하기 때문이죠. '나는 미국의 기업인이야', '나는 독일의 혹은 한국의 기업인이야'라는 좁은 마인드를 가지고 있다면 성공하기 어렵습니다. 내가 하는 이 일을 우리나라뿐만 아니라 전 세계적으로 통용되게 만들겠다는 글로벌한 사고를 할 수 있어야 성공할 수 있습니다. 세상을 넓게 보라는 말을 하고 싶습니다. 그러나 단계는 1단계부터 차곡차곡 밟아 나가기를 바랍니다.

인터뷰를 마친 뒤 우리나라에서 벤처 창업이 활성화되기 위해선 무엇이 필요할지에 대해 고민해봤다.

우선 벤처 기업에 대한 투자를 전문적으로 하고 있는 벤처 자본의 질을 높여야 한다. 참신한 아이디어로 무장한 스타트업 기업의 잠재력을 냉정히 평가하고, 그들의 부족함을 채워 줄 수 있는 실력 있는 벤처 자본가가 우리에겐 필요하다. 이를 위해선 선진국의 경험 많은 벤처 자본을 끌어 들이는 것도 한 방법이 될 수 있다. 이스라엘에선 미국 실리콘밸리 등에서 들어온 해외 자금이 벤처 투자의 60퍼센트를 차지한다.

둘째, 스타트업 기업이 마음껏 잠재력을 펼칠 수 있는 장場을 마련해주는 것도 중요하다. 정부는 제2의 벤처 붐을 조성하기 위해 대규모 자원을 투입하기로 했지만 그것만으론 충분하지 않다.

1991년 맥슨전자의 영업 사원이 직원 네 명과 함께 팬택이라는 무선 호출기(삐삐) 회사를 세웠다. 팬택은 1997년 CDMA 방식으로 휴대 전화 사업을 확장했고, 현대큐 리텔과 SK텔레텍을 인수하면서 승승장구하는 것처럼 보였다. 하지만 2007년 4월, 팬 택은 워크아웃에 들어갔다. 2011년 말 워크아웃을 졸업했지만, 2015년 2월에 다시 2 차 워크아웃을 신청했다. 무리한 세계 시장 공략이 자금난으로 이어진 것도 원인이지 만 단말기 보조금을 앞세운 대기업과의 경쟁이 팬택에게 상대적으로 불리하게 작용 한 것도 원인이었다. 스타트업 기업이 지속적으로 성공 신화를 이어가기 위해서는 정 부가 단순히 자본을 보조해주는 것에 그치지 않고, 그들이 대기업 틈바구니에 끼어 성 장의 활로를 잃어버리지 않도록 제도적인 측면에서도 지원해줘야 할 필요가 있다.

하지만 이러한 조치들은 모두 부가적인 사항에 불과하다. MIT를 나오면서 문득 머 릿속에 떠오른 것은 베이징 출장에서 봤던 처쿠車庫(창고라는 뜻) 카페였다. 처쿠 카페 가 있는 곳은 중국 베이징 서부 하이뎬海澱구에 있는 중관춘中關村, 흔히 '중국의 실리콘 밸리'라 불리는 곳이다. 카메라와 전자제품 상가가 밀집한 모습이 겉보기엔 서울 용산 전자상가를 연상케 하지만, 이곳엔 중국 이공계의 최고 명문으로 꼽히는 칭화淸華대를 비롯해 베이징대, 런민人民대 등 명문대가 밀집해 있고, 중국의 구글 격인 검색 포털 사 이트 바이두百度 같은 세계 유수의 기업도 1만여 개나 된다. 중국 PC 시장에서 1위를 놓치지 않는 레노버Lenovo도 중관춘의 허름한 건물에서 벤처회사 형태로 시작했다.

처쿠는 벤처 기업이 아니라 그저 이곳의 외진 건물에 자리 잡고 있는 허름한 카페 다. 이곳에서는 여느 카페처럼 커피를 팔지만, 이곳을 이용하는 사람의 90퍼센트 이상 이 예비 창업자다. 투자자 모집은 차치하고서라도 중국에서 젊은이가 창업한다는 것 자체가 결코 쉬운 일이 아니다. 사원 다섯 명이 함께 일할 수 있는 사무실을 구하려면 임대료가 한 달에 약 1만 위안(한화 180만 원)이 들고, 인터넷과 전기 이용료까지 합치면 한 달에 2만 위안(한화 360만 원) 이상의 유지비가 필요하다.

카페의 주인인 쑤띠 씨는 젊은이들에게 인터넷을 마음껏 이용하게 하고, 창업자와 투자자가 만나는 공간을 만들어주기 위해 카페를 열었다. 현재 처쿠 카페는 새로 카페를 찾은 젊은이들이 자신의 사업 아이템을 소개하고, 카페를 이용하는 다른 사람들과 아이템을 토론할 시간도 만들어 준다.

기자가 카페를 찾은 날은 800제곱미터(약 240평)의 널찍한 공간에 빈 자리 하나 찾을 수 없을 만큼 사람들이 빽빽하게 모여 있었다. 운영자에 따르면, 늘 100명 정도가 자리를 지킨다고 한다. 테이블 위에 노트북을 펼쳐 놓고 자료를 찾거나 삼삼오오 모여서 시끌벅적한 토론을 하고 있었다. 출입구 옆의 벽면에는 카페 고정 출석자의 자리 배치표와 함께 '구인: 엔지니어 모집' '○○창업준비회, 투자자 구함' 같은 공고문이 가득했다.

창업자 쑤띠 씨는 '회사와 투자자가 매번 일대일로 만날 필요 없이 모두가 한곳에 모여 있는 공간을 만들 수 없을까?'라는 생각으로, 특히 벤처회사를 차리려는 젊은이들을 위한 공간을 만들자는 꿈을 품고 2011년 4월에 카페를 차렸다. 개점한 뒤부터 처쿠 카페는 단 하루도 쉰 적 없이 1년 365일 24시간, 직원 3~4교대로 운영되고 있다. 커피 가격은 평균 30위안(약 5,200원)으로, 중국 스타벅스의 카페라테 한 잔 가격과 비슷한 수준이다. 예비 창업자들은 커피 한 잔 가격으로 온종일 이곳을 이용하며 창업의 꿈을 키울 수 있다. 이곳의 운영진은 창업 희망자에게 장소를 제공하는 것 외에도 크게 두 가지 방면에서 도움을 주고 있다. 그중 하나가 투자자와 창업 희망자를 연결해주는 것이다. 운영진은 투자자들이 어떤 분야 혹은 어떤 사업에 관심이 있는지 자세히 듣고 가장 적합한 창업 지원자를 소개해준다. 카페에 새로운 사람이 올 때마다 자기소개를 듣고, 되도록 단골 하나하나의 신상을 자세하게 파악하고 있기 때문에 가능한 일이다. 또 단골 이용자 좌석 배치도를 만들어 처음 카페를 방문하는 사람이라도 만나고자 하는 사람을 쉽게 찾을 수 있도록 했다.

창업자를 꿈꾸는 이런 중국 젊은이들의 열정이 '알리바바'나 '바이두' 같은 세계적인 IT 기업을 키워낸 원동력이었을 것이다.

돈을 지원하고 제도를 만들어 주는 것은 어찌 보면 간단한 일이다. 하지만 스타트업 성공의 핵심인 기업가정신을 젊은이들에게 심어주는 일은 쉽지 않다. '당신이 벤처 창업가라서 결혼할 수 없어요'라는 사회 분위기에서 벗어나 '해적이 되는 편이 해군에 입대하는 것보다 훨씬 재미있다'고 생각하는 젊은이들을 많이 양성하기 위해 정부와 교육 기관이, 아니 우리 사회 전체가 어떤 노력을 기울여야 할지를 고민하는 것이 제2의 벤처 열풍을 현실화시키는 지름길이 될 것이다.

오윤희 기자는 2005년부터 조선일보에서 근무했다. 사회부 경찰기자를 거쳐 사회정책부(교육, 복지 담당), 산업부(유통, 부동산 담당)에서 근무했으며, '위클리비즈'에서 해외 유명 기업인과 석학들을 만나 그들로부터 생생한 경험담을 듣고 삶의 지혜를 배웠다. 현재는 국제부 소속이다.